主　编　李中生
副主编　陈　希　刘街生　夏茵英　林　玮　程　露

# 应用高等语文

华南理工大学出版社
SOUTH CHINA UNIVERSITY OF TECHNOLOGY PRESS
·广州·

图书在版编目（CIP）数据

应用高等语文 / 李中生主编. -- 广州：华南理工大学出版社，2024.9. （2025.8 重印） -- ISBN 978 - 7 - 5623 - 7817 - 4

Ⅰ．H193.9
中国国家版本馆 CIP 数据核字第 20247019ZH 号

Yingyong Gaodeng Yuwen

应用高等语文

李中生　主编

出　版　人：房俊东
出版发行：华南理工大学出版社
　　　　　（广州五山华南理工大学17号楼，邮编510640）
　　　　　http://hg.cb.scut.edu.cn　E-mail：scutc13@scut.edu.cn
　　　　　营销部电话：020 - 87113487　87111048（传真）
责任编辑：葛泳娟　林起提
责任校对：黄文卿　梁晓艾
印　刷　者：广州一龙印刷有限公司
开　　本：787mm×1092mm　1/16　印张：17.75　字数：417千
版　　次：2024年9月第1版　印次：2025年8月第3次印刷
定　　价：39.80元

版权所有　盗版必究　印装差错　负责调换

# 编委会

**主　　编**：李中生
**副 主 编**：陈　希　刘街生　夏茵英　林　玮
　　　　　　程　露
**执行编委**：（按音序排列）
　　　　　　程　露　李　想　李中生　林　玮
　　　　　　吴良生
**编　　委**：（按音序排列）
　　　　　　包　莹　陈送文　陈小辉　胡孝根
　　　　　　何　研　黄晓辉　李　想　李洁玲
　　　　　　刘　皓　刘　姝　马姬慧　邵言言
　　　　　　谭　清　王　惠　张翠玲　庄　敏

# 编写说明

随着时代的发展和教育改革的深入，大学语文教育正面临着前所未有的机遇与挑战。本教材以教学实践为基础，结合当今社会对大学生知识结构的实际要求，在内容的设计与安排上紧扣应用型高校培养高素质应用型人才的办学目标。本教材在提高学生的阅读能力、欣赏能力、语言表达能力、写作能力，开阔学生视野，锻炼学生思维，启发学生思考，全面培养和提升学生人文素养及综合素质方面发挥着积极而重要的作用。

为了更好地适应新的教育背景，满足当代大学生的学术需求和实际应用能力的提升，我们秉承注重"高等语文"与中学语文教育的衔接与区别之理念，积极探索更适合大学生的"语文教学结构和学习方法"①。

作为"应用高等语文"，本教材适用于培养应用型人才的高等院校，突出教材的应用性，主要体现在以下几个方面。

第一，有别于一般的大学语文教材，本教材采用"文章选读""常见应用文写作"和"汉语运用基础知识"三部分的体例。当今时代，"由于中国的高考制度导致了常识教育这一环节的缺失，大学语文教育包含了基础语文的内容，这也是该学科现阶段的任务之一。所谓大学语文教育的普及化，一方面是面向中文学科之外的所有学科进行语文教育，另一方面是进行基础的高级语文教育"②。常见应用文写作与汉语运用基础知识是当今社会迫切需要大学生具备的、极具应用性的、基础的高级语文教育。

第二，"文章选读"部分对应用性的凸显，除了在"演讲稿""书信""日记""碑铭"等应用性很强的文体中选编一些经典文章，让那些因种种因素影响在真实生活中逐渐失去表达的欲望与能力的学生通过品读想说话，并且能说好要说的话。教材还精选了一些语文大师谈语言运用、谈写作的文章，我们认为这对时下大学生汉语实际应用能力的提高也将会带来切实的帮助。另外，本教材将已经为过往实践所认可的"文学作品选读"作为主要内容，并且选择具有代表性的我国各个时期、各种类型、各种文体的经典文章，也适当精选了几篇优秀的外国文学作品。同时，我

---

① 《高等语文》，温儒敏主编，"《高等语文》的编写和使用说明"（代前言），江苏教育出版社，2008年5月第2版。

② 张福贵《大学语文教育的学科定位与功能特性》，《中国大学教学》2014年第1期。

们还精选了一些反映现代社会发展和岭南文化特色的文学作品，例如现代诗人郑敏的充满现代主义诗作气息的《金黄的稻束》、当代诗人舒婷的《双桅船》、当代作家贾平凹的长篇小说《秦腔》以及清初"岭南三大家"之一的屈大均的《南海神祠古木棉花歌》等。所选文学作品篇目尽量不与中学教材重复。但即便是这部分内容，我们同样有重视应用性的考虑。文学作品"好文章"的阅读既可培养审美情趣、涵养人文精神，也可提高语言实际运用能力。我们在选择"美文""范文"的时候，充分考虑到入选作品的语言典范性以及写作技巧上能具有很好的借鉴意义，使学生在阅读过程中潜移默化地提高自身的写作能力。此外，我们还有意识地多选一些"短文"，这一方面可以熏陶学生作文简洁明快的文风；同时也能够使学生提高学习的兴趣，从而调动学习的积极性。我们认为，只有让学生"悦读"，才能让学生"悦学"，并进而越学越读；而只有"悦读""悦学""越学越读"，才能让学生切实通过阅读提高自身的语言实际应用能力。

第三，本教材的应用性还体现在与语文活动的相结合。广州新华学院这几年的大学语文教学，有一个活动是让学生通过语言生活调查，收集时下校园和社会用语的病句；然后教师以学生收集到的病句为例，在课堂上分析讲解汉语运用。为了让这一活动更有效地与语文教学结合起来，本教材"汉语运用基础知识"部分精心编写了"韵律""结构""表达"的常识内容；还把《中华人民共和国国家通用语言文字法》编进教材作为"附录"，使它对学生的语言生活调查起到指导作用。语文教学，不但要让学生会写，还要让学生能说，这已成为共识。因此，广州新华学院这几年的大学语文教学，特别重视演讲训练，既有"课前演讲三分钟"活动，还在课外举行分初赛、复赛、决赛三个阶段的全校性中文演讲比赛。为了配合演讲训练，本教材除了在"常见应用文写作"部分有较详细的关于演讲稿特点及写作知识的介绍，还在"文章选读"部分特别地精选了3篇经典、精彩的演讲稿。

本次编写，我们还邀请了中山大学中文系的陈希、刘街生等教授、专家担任顾问，编写内容则由广州新华学院中文系的一线教师参与完成。这些年他们在广泛了解学生需求和学习难点的基础上，建立教材内容更新机制，定期收集反馈，持续优化教材内容。本教材的编写，凝聚了他们对大学语文教育的热爱与心血。

我们期待这本《应用高等语文》教材能够为教师提供更丰富的教学资源，为学生提供更高质量的学习体验。同时，作为一本命名为《应用高等语文》的教材，我们的编写工作处于持续探索阶段，不妥之处在所难免，诚邀广大师生提出宝贵的意见和建议。

李中生

2024年7月1日

# 目录

## 文章选读

氓（《诗经》） ………………………………………………… 3
国殇（屈原） …………………………………………………… 6
古诗十九首（其一） …………………………………………… 8
读山海经（其一）（陶渊明） ………………………………… 10
北风行（李白） ………………………………………………… 12
秋兴八首（其一）（杜甫） …………………………………… 14
旧将军（李商隐） ……………………………………………… 16
明妃曲（其一）（王安石） …………………………………… 18
和子由渑池怀旧（苏轼） ……………………………………… 20
南海神祠古木棉花歌（屈大均） ……………………………… 22
八月十五夜太平洋舟中望月作歌（黄遵宪） ………………… 24
八声甘州（柳永） ……………………………………………… 27
八六子（秦观） ………………………………………………… 29
武陵春（李清照） ……………………………………………… 31
菩萨蛮·书江西造口壁（辛弃疾） …………………………… 33
摊破浣溪沙（纳兰性德） ……………………………………… 35
论语（十则） …………………………………………………… 37
秋水（节选）（庄子） ………………………………………… 39
祭十二郎文（韩愈） …………………………………………… 42
伤仲永（王安石） ……………………………………………… 46
秋声赋（欧阳修） ……………………………………………… 48
游沙湖（苏轼） ………………………………………………… 51

寒花葬志（归有光） …………………………………… 53
与丘长孺书（袁宏道） …………………………………… 55
游万柳堂记（刘大櫆） …………………………………… 57
牡丹亭（节选）（汤显祖） ……………………………… 59
世说新语（二则）（刘义庆） …………………………… 63
三国演义（节选）（罗贯中） …………………………… 66
预言（何其芳） …………………………………………… 70
金黄的稻束（郑敏） ……………………………………… 72
双桅船（舒婷） …………………………………………… 74
谈交友（钱钟书） ………………………………………… 76
土地（秦牧） ……………………………………………… 82
箱子岩（沈从文） ………………………………………… 87
秦腔（贾平凹） …………………………………………… 92
我改变的事物（刘亮程） ………………………………… 97
透明的红萝卜（节选）（莫言） ……………………… 100
神谱（节选）（赫西俄德） …………………………… 105
哈姆莱特（节选）（莎士比亚） ……………………… 109
少年维特的烦恼（节选）（歌德） …………………… 114
叶甫盖尼·奥涅金（节选）（普希金） ……………… 121
吉檀迦利（节选）（泰戈尔） ………………………… 127
敬畏生命（阿尔贝特·史怀泽） ……………………… 130
在葛底斯堡国家烈士公墓落成典礼上的演说（亚伯拉罕·林肯） …… 134
在斯坦福大学2005年毕业典礼上的演讲（史蒂夫·乔布斯） …… 136
在哈佛大学2009年毕业典礼上的演讲（朱棣文） … 140
为学与做人（梁启超） ………………………………… 143
答李石岑书（顾颉刚） ………………………………… 148
致父母（徐志摩） ……………………………………… 152
傅雷家书（三则）（傅雷） …………………………… 154
沧洲日记（四则）（郁达夫） ………………………… 157
清华大学王观堂先生纪念碑铭（陈寅恪） …………… 161
珠海市桂山镇文天祥广场序（黄天骥） ……………… 164
略论语言形式美（王力） ……………………………… 166
文章底美质（陈望道） ………………………………… 173
精进的程序（朱光潜） ………………………………… 177

## 常见应用文写作

第一讲　公文写作 …………………………………………………… 183
　第一节　公文的概念、种类 ……………………………………… 183
　第二节　公文拟制及处理 ………………………………………… 183
　第三节　公文格式 ………………………………………………… 184
　第四节　公文行文规则 …………………………………………… 185
　第五节　公文写作基本要求 ……………………………………… 186
　第六节　常用公文写作 …………………………………………… 188

第二讲　事务文书写作 ……………………………………………… 196
　第一节　事务文书的含义和特点 ………………………………… 196
　第二节　事务文书的种类和写作要求 …………………………… 196
　第三节　常用事务文书举隅 ……………………………………… 197

第三讲　日常应用文写作 …………………………………………… 209
　第一节　日常应用文的含义、种类和写作特点 ………………… 209
　第二节　求职信 …………………………………………………… 209
　第三节　申请书 …………………………………………………… 211
　第四节　启事 ……………………………………………………… 212
　第五节　慰问信 …………………………………………………… 213
　第六节　演讲稿 …………………………………………………… 214

第四讲　新闻写作 …………………………………………………… 221
　第一节　新闻的定义、特点及作用 ……………………………… 221
　第二节　消息的写作格式和要求 ………………………………… 221

## 汉语运用基础知识

第一讲　韵律 ………………………………………………………… 229
　第一节　韵律和韵律的基本单位 ………………………………… 229
　第二节　古代诗歌的节律 ………………………………………… 229
　第三节　韵律影响词法 …………………………………………… 230
　第四节　韵律影响句法 …………………………………………… 230

第二讲　结构 ………………………………………………………… 234
　第一节　句子的构造 ……………………………………………… 234

　　第二节　主语和谓语……………………………………235
　　第三节　动语和宾语……………………………………236
　　第四节　定语、状语和中心语…………………………236
　　第五节　中心语和补语…………………………………238
　　第六节　相关问题………………………………………239
　第三讲　表达………………………………………………240
　　第一节　混杂和牵扯……………………………………240
　　第二节　歧义和别解……………………………………241
　　第三节　活用和误用……………………………………242
　　第四节　关系和层次……………………………………242

## 附　录

中华人民共和国国家通用语言文字法……………………247
标点符号用法………………………………………………250

# 文章选读

# 氓①

《诗经》

◎《诗经》是我国第一部诗歌总集，原名《诗》，或称"诗三百"。相传经孔子编订。汉代被儒家尊为经典之一，始称《诗经》。全书收录了西周初年至春秋中叶500多年间的诗歌305篇，分为"风""雅""颂"三类。"风"有《周南》《召南》《秦风》《卫风》等15国风，共160篇，是15个地区的土风民谣，多为人民口头创作的民歌，这部分文学成就最高，主要反映下层劳动人民的生活和思想感情，是《诗经》的精华所在。"雅"有《大雅》《小雅》，共105篇，主要为诸侯朝会和贵族宴享的乐歌；"颂"有《周颂》《鲁颂》《商颂》，共40篇，为贵族宗庙祭祀之乐歌。《诗经》是一部伟大的现实主义作品，从各个方面反映了周代的社会生活、社会各阶层的精神风貌及各地的民俗风情，其中的风诗最富有战斗性和现实主义精神，它揭露了统治阶级对人民的残酷压迫和剥削，反映了人民的婚姻、爱情和劳动生活，表达了人民追求自由、幸福的愿望。《诗经》句式以四言为主，但又灵活多变，多用重章叠句、反复咏叹的形式和赋、比、兴的表现手法，描写形象生动，语言质朴优美，音节和谐明快，有强烈的艺术感染力，对后世文学艺术，尤其是诗歌的发展产生了深远的影响。

◎本文选自《先秦文学史参考资料》，北京大学中国文学史教研室选注，中华书局1962年版。

氓之蚩蚩，抱布贸丝②。匪来贸丝，来即我谋③。送子涉淇，至于顿丘④。匪我愆期，子无良媒⑤。将子无怒，秋以为期⑥。

乘彼垝垣，以望复关⑦。不见复关，泣涕涟涟⑧；既见复关，载笑载言⑨。尔卜尔筮，体无咎言⑩。以尔车来，以我贿迁⑪。

桑之未落，其叶沃若⑫。于嗟鸠兮，无食桑葚⑬！于嗟女兮，无与士耽⑭！士之耽兮，犹可说也⑮；女之耽兮，不可说也⑯！

桑之落矣，其黄而陨⑰。自我徂尔，三岁食贫⑱。淇水汤汤，渐车帷裳⑲。女也不爽，士贰其行⑳。士也罔极，二三其德㉑！

三岁为妇，靡室劳矣㉒；夙兴夜寐，靡有朝矣㉓！言既遂矣，至于暴矣㉔。兄弟不知，咥其笑矣㉕。静言思之，躬自悼矣㉖！

及尔偕老，老使我怨㉗。淇则有岸，隰则有泮㉘；总角之宴，言笑晏晏㉙，信誓旦旦㉚，不思其反㉛。反是不思，亦已焉哉㉜！

【注释】

①氓（méng）：民，代指诗中的男主人公。
②蚩蚩（chī）：敦厚的样子。一说，"蚩蚩"同"嗤嗤"，笑嘻嘻的样子。布：古时候的一种

钱币名。一说,"布"为布匹。贸:买,交易。

③匪:通"非"。即:就,接近。谋:商量。这句是说"来与我商量婚事"。

④子:你。涉:渡水。淇:淇水,卫国的河流。顿丘:地名。

⑤愆(qiān)期:过期,指拖延婚期。愆,过,拖延。

⑥将(qiāng):请,愿。秋以为期:以秋为期。期,指约定的婚期。

⑦乘:登上。垝(guǐ)垣:已坏的墙。复关:地名,这里指氓所居住的地方。

⑧涟涟:泪流不断的样子。

⑨载:助词,起关联作用,相当于"又"的意思。

⑩尔:你。卜:用龟甲卜卦。筮(shì):用蓍草占卦。体:卦体,卦象,指龟甲、蓍草上所显示的情况。咎言:凶辞,指不吉利的话。

⑪车:迎新妇的车。贿:财物,指陪嫁之物。

⑫沃若:新鲜润泽的样子,这里比喻女子的年轻美貌。

⑬于(xū)嗟:即"吁嗟",叹词。鸠:鸟名。桑葚:桑果,成熟时味甜,可生食。传说鸠鸟贪食桑葚以致伤身。这里以鸠鸟不可贪食桑葚,比喻女子不可沉迷爱情。此句比兴连用,引起下句。

⑭士:古代指男子。耽:沉迷。

⑮说:通"脱",解脱。

⑯这句是说女子既与男子相爱,就不可解脱。

⑰黄:指叶黄。陨:落下。这里比喻女子容貌衰老。

⑱徂(cú)尔:嫁往你家。徂,往。三岁:泛指多年。岁,年。食贫:过着贫苦的日子。

⑲汤汤(shāng):水大的样子。渐(jiān):渍,浸湿。帷裳:女子车上的布幔。这句指女子被休弃后渡过淇水回娘家。

⑳爽:过失,差错。贰其行:行为前后不一,指变心。

㉑罔极:没有定准,反复无常。二三其德:指三心二意。

㉒靡:无、不。室:室家之事,指家务。这里意为不以操持家务为劳苦。

㉓夙兴夜寐:早起晚睡。靡有朝矣:指不止一日,日日如此。

㉔言:助词,无义。遂:久。这句是说"你的心愿满足之后,你就对我粗暴了"。

㉕咥(xì):大笑,讥笑。

㉖言:助词,无义。躬:自身。悼:悲伤。

㉗及:和,与。

㉘隰(xí):低湿的地方。泮:通"畔",水岸边。这句是说"淇水(再宽)总有个岸,低湿的洼地(再大)也有个边,而丈夫却行为放荡,没有拘束",一说此句反比,比喻自己怨恨无边。

㉙总角:古代未成年男女的发式,代指幼时。宴:安乐、欢乐。晏晏:和睦的样子。

㉚旦旦:诚恳的样子。

㉛反:违反,变心。

㉜已:止,完,指爱情终止,婚姻结束。焉哉:两个语气助词连用,有加重语气的作用,表示坚决。

### 阅读提示

《氓》选自《诗经·卫风》,是一篇著名的弃妇诗。诗中以一位普通女子的口吻叙述

自己从恋爱、结婚到被弃的经过，塑造了一个勤劳、温柔、坚强的妇女形象。诗歌共六段，层次清晰。第一、二段追忆恋爱时的生活，追述女子对氓的真诚相思及订婚、成婚的经过。第三、四、五段追忆婚后的生活，女子自我悲叹不幸的遭遇，抒发被遗弃的悔恨之情并谴责氓的反复无常。第六段女子再次忆起年少时一起说笑玩耍的情景，谴责氓的负情，表明与之决裂的决心。整首诗叙事与抒情巧妙结合，运用比兴、对比等艺术手法，沿着女子命运的发展，描述了她的内心活动和感情变化，从初恋的甜蜜、迎娶的喜悦，到受虐的痛苦、被弃的悲哀，最后她意识到当时的男女在婚恋问题上的不平等和社会的不公，呼吁天下女子要小心谨慎，"无与士耽"，在万般无奈中表示要与"二三其德"的负心汉在感情上彻底决裂，体现了女子对爱情与婚姻的忠贞，以及对负心人的强烈愤慨。诗歌基于现实，写得曲折多变、跌宕起伏，具有浓厚的生活气息和强烈的感染力。

◈ 读后思考题 ◈

1. 《氓》中造成女主人公婚姻悲剧的原因是什么？
2. 女主人公和氓的思想性格各有什么特点？
3. 这首诗是如何使用比兴手法叙事和抒情的？

# 国 殇[①]

## 屈 原

◎屈原（约前340—前278），名平，字原。战国后期楚国人。他出身贵族，博闻强记，明于治乱，善于辞令，曾得楚怀王信任，任左徒、三闾大夫等官职。他主张修明法度，举贤授能，联齐抗秦，具有远大的政治理想；后遭上官大夫等人诬陷去职，被怀王疏远，顷襄王时再遭谗毁，被流放于江南。公元前278年，秦破楚都郢。他目睹国势衰危，政治腐败，奸邪害公，悲愤忧郁，于是自投汨罗江，以身殉国。屈原是我国文学史上第一位伟大的爱国诗人。他在楚国民歌的基础上，创制了"楚辞"这种新诗体。作品有《离骚》、《九歌》（11篇）、《九章》（9篇）、《天问》等共25篇。他的作品大量运用神话传说，想象丰富、感情浓烈、构思奇特、文辞绚丽、韵味隽永，是我国古代积极浪漫主义诗歌的典范。

◎本文选自《先秦文学史参考资料》，北京大学中国文学史教研室选注，中华书局1962年版。

操吴戈兮被犀甲[②]，车错毂兮短兵接[③]。
旌蔽日兮敌若云，矢交坠兮士争先[④]。
凌余阵兮躐余行[⑤]，左骖殪兮右刃伤[⑥]。
霾两轮兮絷四马[⑦]，援玉枹兮击鸣鼓[⑧]。
天时怼兮威灵怒[⑨]，严杀尽兮弃原野[⑩]。
出不入兮往不反[⑪]，平原忽兮路超远[⑫]。
带长剑兮挟秦弓[⑬]，首身离兮心不惩[⑭]；
诚既勇兮又以武[⑮]，终刚强兮不可凌。
身既死兮神以灵[⑯]，魂魄毅兮为鬼雄[⑰]！

【注释】

①国殇：指为国牺牲死于战场。殇，古代称未成年而死或在外而死为殇。
②操：持。吴戈：吴地所产的戈，以锋利著名。兮：感叹词，相当于"啊"，在《楚辞》中往往起舒缓语气的作用。被：通"披"。犀甲：犀牛皮制成的盔甲。
③错：交错。毂（gǔ）：车轮中心，代指整个车轮。短兵：短的兵器，如刀剑。
④坠：落。士：战士。
⑤凌：通"凌"，侵犯。躐（liè）：践踏。行（háng）：行列，指楚军队伍。
⑥骖：在两旁驾车的马。殪（yì）：倒地而死。右：指右骖。刃伤：被兵刃所伤。
⑦霾：同"埋"，指车轮深陷于地下。絷（zhí）：绊住。
⑧援：拿着。玉枹（fú）：用玉嵌饰的鼓槌。

⑨天时：天象。怼（duì）：怨、恨。天时怼，意为天昏地暗。威灵怒，意为神灵震怒。
⑩严杀：指痛杀。弃原野：骸骨被丢弃在原野。
⑪反：通"返"。这句是说战士们出战时抱着一去不返的必死决心。
⑫忽：渺茫无际。超远：遥远。
⑬秦弓：秦地所产的弓。秦地以产良弓而著名。
⑭惩：悔恨。
⑮诚：实在是。武：威武。
⑯这句意为身体虽然死了，但精神仍存在着。
⑰毅：威武不屈。鬼雄：鬼中雄杰。

### 阅读提示

《国殇》是《楚辞·九歌》中的一篇。《九歌》是屈原根据楚国民间祭神歌曲改写的一组诗，共有11篇，主要为祭祀自然之神的祭歌。其中唯有《国殇》是祭祀为国阵亡的将士，风格刚健悲壮，声调慷慨激越，语言朴素优美，是《九歌》中别具一格的一首。诗歌主要采用了现实主义的创作手法，按照战争发展的过程，用简练的笔触勾勒出楚军将士的英雄形象，通过对战场景象的描写烘托出楚国将士为国牺牲的英勇悲壮。同时，在现实的描写中，也有敌军若云、天威神怒的浪漫主义色彩。全诗可分为两部分。从开头至"严杀尽兮弃原野"为第一部分，这部分重在叙事，叙写将士们与敌人激烈战斗及壮烈牺牲的经过，突出表现将士们临阵不惧、争先杀敌、慷慨赴死的英雄气概，也寄托了诗人的爱国情怀。从"出不入兮往不反"至结束为第二部分，重在抒情，抒发诗人对为国牺牲的将士的深切悼念与热情颂扬，歌颂了他们英勇刚强、视死如归的崇高精神，赞美他们是鬼中豪杰，其英灵永存。全诗以爱国精神为灵魂，是一篇歌颂爱国主义、歌颂牺牲精神的光辉诗篇，具有强烈的感召和鼓舞的力量。

### 读后思考题

1. 《国殇》与《九歌》中的其他作品相比有什么不同？
2. 《国殇》从哪些方面描写激烈的战争场面？
3. 这首诗是如何表现楚军将士英勇不屈的战斗精神和英雄气概的？
4. 这首诗具有浪漫主义特色吗？请找出表现该特色的诗句并加以说明。

# 古诗十九首（其一）①

◎《古诗十九首》最早见于南朝梁萧统的《文选》，指汉代无名氏所作的19首五言古诗。前人怀疑是曹植、王粲所作，而现在一般研究者认为这些诗并非一时一人所作，约产生于东汉末年。《古诗十九首》习惯上以首句为标题，主要有《行行重行行》《青青河畔草》《西北有高楼》《涉江采芙蓉》等。内容上主要描写游子思妇的相思别离之苦，或表现对功名富贵的强烈追求，或抒写仕途失意的苦闷哀愁。艺术上，比兴手法运用突出，语言明白晓畅、浅近自然，而又精练丰富、情味隽永。刘勰誉其为"五言之冠冕"，钟嵘称其"惊心动魄""一字千金"，历来受到人们推崇。它的出现标志着我国古代文人五言诗歌的成熟。

◎本文选自《中国历代文学作品选》上编第一册，朱东润主编，上海古籍出版社1980年版。

> 涉江采芙蓉②，兰泽多芳草③。
> 采之欲遗谁④？所思在远道⑤。
> 还顾望旧乡⑥，长路漫浩浩⑦。
> 同心而离居⑧，忧伤以终老⑨。

## 【注释】

①《涉江采芙蓉》出自《古诗十九首》中的第六首，抒发了游子思妇的恋亲之情。
②芙蓉：古时莲花、荷花的别名。又称菡萏、芙蕖。采芙蓉就是采莲。
③兰泽：长有兰草的低湿之地。
④遗（wèi）：赠予。古代有赠香草、结恩情的习俗。
⑤远道：即远方。
⑥还顾：回头看。旧乡：故乡。
⑦漫浩浩：即"漫漫浩浩"，形容路途的遥远望不到尽头。
⑧同心：古时多指男女之间的爱情或夫妇感情融洽。这句是说彼此感情深厚却没有生活在一起。
⑨终老：度过晚年直至去世。

## 阅读提示

这首诗借思妇的口吻抒发了游子思乡恋亲之情。前两句写一个女子渡过江水去采摘莲花，河岸边长满了芬芳的兰草。用"芙蓉""兰草"侧面烘托了女子形象的雅洁，感情的纯洁和美好。她采了这么多美丽的莲花要送给谁呢？原来是要送给远方的丈夫。前四句将女子思夫的忧伤，放在美好、欢乐的采莲环境里，更具有以"乐"衬"哀"的强烈效果。五、六句采取"从对面曲揣彼意"的表现方式,想象远方的丈夫此刻也正带着无限忧愁,回望着妻子所在的故乡。"漫浩浩"写出了距离的邈远,表现了思念的绵延无尽。以上六句画面感很强:一边是拈花忧伤的妻子,一边是返身回望、面容愁苦的丈夫,他们之间遥隔着缥缈的白云、层叠的山峦、浩荡的江河。而在这样展开的空间中回荡着一声声凄厉的浩叹:"同心而离居,忧伤以终老。"相爱却不能相守,黯然的心情令人销魂,这是妻子的心声,是"对面"丈夫的心声,也是天南海北、古往今来一对对同心离居的夫妇那痛苦叹息的合鸣,意蕴悠长,撼人心魄。全诗是游子思乡之作,"在穷愁潦倒的客愁中,通过自身的感受,设想到家室的离思,因而把同一性质的苦闷,从两种不同角度表现出来"(马茂元《论〈古诗十九首〉》),婉曲细腻,真切感人。

## 读后思考题

1. 《涉江采芙蓉》是游子思乡之作却从思妇角度写起,体会这种写法的妙处。
2. 比较阅读《古诗十九首》中的《庭中有奇树》与《涉江采芙蓉》。

# 读山海经（其一）[①]

## 陶渊明

◎陶渊明（365—427），字元亮，一说名潜，字渊明，自号五柳先生。浔阳柴桑（今江西九江）人，东晋著名诗人、散文家、辞赋家。陶渊明早年曾任江州祭酒、镇军参军、彭泽县令等小官，因厌恶官场污浊，秉性刚直，"不为五斗米折腰"，遂在41岁时毅然弃官归隐，洁身守志，躬耕田园，诗酒自娱，直至贫病而卒。卒后亲友私谥"靖节"，世称"靖节先生"。陶渊明是中国文学史上第一位大量创作田园诗的著名诗人，他将平常的田园生活写进诗歌，描写田园风光，歌咏劳动生活，反映农村凋敝，抒发美好理想，创造了一种平淡自然而又韵味醇厚的艺术风格，在中国诗歌史上开创了田园诗派，对后代诗人的创作产生了深远影响。代表作有诗歌《归园田居》《饮酒》、散文《桃花源记》、辞赋《归去来兮辞》等。

◎本文选自《魏晋南北朝文学史参考资料》，北京大学中国文学史教研室选注，中华书局1962年版。

　　孟夏草木长[②]，绕屋树扶疏[③]。
　　众鸟欣有托[④]，吾亦爱吾庐。
　　既耕亦已种，时还读我书。
　　穷巷隔深辙[⑤]，颇回故人车[⑥]。
　　欢然酌春酒，摘我园中蔬。
　　微雨从东来，好风与之俱[⑦]。
　　泛览周王传[⑧]，流观山海图[⑨]。
　　俯仰终宇宙[⑩]，不乐复何如。

## 【注释】

①《山海经》是一部记载我国上古时代神话传说和地理状况的文献。《读山海经》诗共13首，大约写于陶渊明归隐前期。本篇为第一首，写隐居赋闲、耕种之暇泛览图书的乐趣。

②孟夏：夏历四月，初夏。长：生长。

③扶疏：枝叶繁茂舒展的样子。

④托：依靠。

⑤穷巷：陋巷，指偏僻的住处。隔：隔绝，指不便大车来往。深辙：代指显贵者所乘大车的车辙。

⑥颇：多，常。回：使之回转，调转。故人：旧交。这两句是说自己居于偏僻之所，断绝了所有应酬，不仅无贵人往来，而且连过去官场的朋友也不来往。

⑦俱：一起来。

⑧泛览：浏览。与"流观"义同。周王传：即《穆天子传》，记周穆王驾八骏西征的故事，多为神话传说。

⑨山海图：即《山海经图》，是根据《山海经》中的传说绘制的图。

⑩俯仰：低头、抬头间的工夫，即时间短暂。终：穷尽。这句是说俯仰之间就可以从图书中穷尽宇宙之事。

### 阅读提示

陶渊明是中国诗歌史上真正达到了"自我实现"境界的一位诗人。苏轼曾这样评价他："欲仕则仕，不以求之为嫌；欲隐则隐，不以隐之为高。饥则扣门而乞食；饱则鸡黍以迎客。古今贤之，贵其真也。"（《书李简夫诗集后》）陶渊明以真正闲淡的心情去抒写山水田园之闲淡，在娓娓道来之间显现自然之闲趣，这也是陶诗具有经久不衰魅力的主要原因。这首诗写的是耕读之乐，表达诗人辞官归隐后自然淡泊的生活和怡然自得的心态。诗歌前半部分写耕，后半部分写读，最后以乐结尾，而这一切的前提就是"穷巷隔深辙"。全诗紧扣一个"读"字，正如清人吴淇所言："'孟夏'二句，好读书之时。'众鸟'二句，好读书之所。'既耕'二句，农务将毕，正好读书。'穷巷'二句，人客不到，正好读书。'微雨'二句，好读书之景。'泛览'二句，好读书之法。"（《六朝选诗定论》）整首诗在看似平淡质朴的叙写中蕴含着优美和谐的意境，充分体现了诗人幽居自得的生活乐趣和怡情悦性的读书态度。用语淡雅清新，以白描为主，节奏舒缓适度，读之诗味隽永，充分体现了陶渊明田园诗平淡自然而又韵味醇厚的风格特点。

### 读后思考题

1. 结合这首诗谈谈陶渊明诗歌的特色。
2. 陶渊明的人格魅力和诗歌风格对后代诗人的影响很大，请以唐宋诗人为例，略举数例加以说明。

# 北风行①

## 李 白

◎李白（701—762），字太白，号青莲居士，又号"谪仙人"。祖籍陇西成纪，后迁绵州昌隆县（今四川江油）。天宝初年（742），供奉翰林，不久被谗去职。安史乱起，入永王李璘幕，永王兵败，流放夜郎，中途遇赦。晚年往来金陵、宣城间，病逝当涂。李白是我国伟大的浪漫主义诗人，被后人誉为"诗仙"，与杜甫并称为"李杜"。其诗豪迈奔放，清新飘逸，语言轻快，想象丰富，是盛唐时期诗歌成就最高的诗人之一。尤擅乐府歌行和五七言绝句。其乐府歌行感情激荡，气势磅礴，开阖变化，不可端倪。绝句超妙俊逸，神韵天然。著有《李太白集》，现存诗900多首。

◎本文选自《李太白全集》，王琦注，中华书局1977年版。

烛龙栖寒门②，光曜犹旦开。
日月照之何不及此③？惟有北风号怒天上来。
燕山雪花大如席④，片片吹落轩辕台⑤。
幽州思妇十二月，停歌罢笑双蛾摧⑥。
倚门望行人，念君长城苦寒良可哀。
别时提剑救边去，遗此虎文金鞞靫⑦。
中有一双白羽箭，蜘蛛结网生尘埃。
箭空在，人今战死不复回。
不忍见此物，焚之已成灰⑧。
黄河捧土尚可塞⑨，北风雨雪恨难裁⑩。

## 【注释】

①北风行：乐府旧题。鲍照有《北风行》，伤北风雨雪，行人不归，太白拟之而作。

②烛龙：中国古代神话传说中的龙。人面龙身而无足，居住在不见太阳的极北的寒门，睁眼为昼，闭眼为夜。

③此：指幽州，诗中思妇之所在。

④燕山：指自蓟县东南绵延而东，直至海滨的燕山山脉。诗用燕山概举燕地之山。

⑤轩辕台：乃黄帝轩辕氏与蚩尤战于涿鹿之处。王琦注引《直隶名胜志》："轩辕台在保安州西南界之乔山上。"

⑥双蛾摧：双眉紧锁，形容悲伤、愁闷的样子。

⑦鞞（bǐng）靫（chá）：当作鞴靫。虎文鞞靫，绘有虎纹图案的箭袋。

⑧已成：以为。

⑨"黄河捧土"句：见于《后汉书·朱冯虞郑周列传》："此犹河滨之人，捧土以塞孟津，多见其不知量也。"此句以黄河捧土可塞反衬出思妇恨之绵绵。

⑩雨（yù）雪：下雪。《诗经·邶风·北风》："北风其凉，雨雪其雱。"裁：消除。

### 阅读提示

这首诗作于唐玄宗天宝十一载（752），当时李白游幽州，伤北风雨雪，行人不归，故有此作。该诗袭用了古乐府传统题材，却并没有停留在"伤行人不归"的一般意义上，而是挖掘开去，控诉了战争给普通人民生活带来的深重苦难。诗从"烛龙栖寒门"至"片片吹落轩辕台"为第一部分，该部分极力渲染了北方燕地阴风啸怒、日月无光、雪花如席的苦寒天气，主要写景。诗从"幽州思妇十二月"至诗歌结尾为第二部分，转为写幽州思妇，主要写人。诗句开头写思妇触景生情，想起远戍边关的良人，长城边关阴寒尤甚，思妇不禁为之黯然神伤。接着，思妇的目光由室外转向室内，望着蛛网尘结的箭袋，当时慷慨赴边的丈夫已战死沙场，令其肝肠寸断，以致不忍再见遗物。然而箭袋可烧，其思念、痛苦及悲愤又岂是一烧可以了之的？这正如北风雨雪一样，绵绵不绝，无止无休。该诗成功地运用了夸张的手法，深刻地揭露了战争的罪恶，给人以强烈的艺术感染力。

### 读后思考题

1. 分析这首诗的修辞手法。
2. 比较阅读鲍照的《北风行》，体会两者的不同之处。

# 秋兴八首(其一)①

## 杜 甫

◎杜甫(712—770),字子美,自号"少陵野老"。生于河南巩县(今河南巩义)。35岁时,他赴京应试落第,困居长安十年。在此期间,他目睹统治者生活的奢侈淫靡,并把这些写入《丽人行》《乐游园歌》等名篇中。44岁时杜甫被任命为右卫率府胄曹参军。"安史之乱"爆发后,杜甫逃出被叛军占据的长安,投奔驻在甘肃凤翔的唐肃宗,被任为左拾遗。不久,宰相房琯因兵败被免职,杜甫上疏营救,触怒了肃宗,被贬为华州司功参军。此后一年,杜甫目睹了人民的苦难,写下了"三吏""三别"等作品。47岁时,杜甫辞去官职,携家定居成都。他的故交严武出任剑南节度使,在生活上对他多加照顾,后来又推荐他担任节度参谋、检校工部员外郎(虚衔),这就是杜甫被后人称为"杜工部"的来历。严武死后,蜀中发生大乱,杜甫在成都的生活也失去了依靠,他便带全家乘舟东下,在夔州住了两年,留下了《秋兴八首》等名篇。唐代宗大历五年(770),杜甫病逝在湘江的一小舟上。杜甫是我国伟大的现实主义诗人。他的诗歌内容丰富,广泛深刻地反映了唐王朝由盛而衰的变化,被誉为"诗史"。杜甫一生精心创作,尤其对七言律诗的发展作出了杰出贡献,后人尊为"诗圣"。杜诗众体兼备,风格鲜明,以沉郁顿挫为主。

◎本文选自《中国历代文学作品选》中编第一册,朱东润主编,上海古籍出版社1980年版。

玉露凋伤枫树林②,巫山巫峡气萧森③。
江间波浪兼天涌④,塞上风云接地阴⑤。
丛菊两开他日泪⑥,孤舟一系故园心⑦。
寒衣处处催刀尺⑧,白帝城高急暮砧⑨。

## 【注释】

①这首诗是杜甫《秋兴八首》组诗中的第一首。诗人于大历元年(766)秋流寓夔州,诗中写夔州一带的秋景,寄寓了诗人自伤漂泊、思念故园的心情。秋兴(xìng):秋日的感兴。
②玉露:秋天的霜露,颜色洁白,像玉一样。凋伤:草木在秋风中凋落。
③巫山巫峡:指夔州(今奉节)一带的长江和峡谷。萧森:萧瑟阴森。
④兼天涌:波浪滔天。
⑤塞上:巫山。接地阴:风云盖地。
⑥丛菊两开:杜甫在永泰元年(765)夏离开成都,他打算出峡向东走,没想到秋天滞留在夔州,一直到第二年秋天仍没有离开,在夔州他经历两次菊花开,所以说是"两开"。"开"字双关,既指菊花开,又指泪眼开。他日:往日,指多年来的艰难岁月。
⑦孤舟一系(jì):孤舟和诗人都被挽系在江岸,回乡受到阻碍。故园:这里指长安。
⑧催刀尺:这里指赶裁冬衣。处处催:家家都是这样。

⑨白帝城：现在的奉节城，在瞿塘峡上口北岸的山上，与夔门隔岸相对。东汉末公孙述自号白帝，把这里的山称作白帝山，这个地方称作白帝城。砧：捣衣石。

## 阅读提示

《秋兴八首》是大历元年（766）秋杜甫在夔州时创作的一组七言律诗，历来被公认为杜甫抒情诗中艺术性最高的诗。他因为秋天而感发诗兴，所以命名为《秋兴》。这一组诗共八首，是一个完整的乐章，主题是"故国之思"。这里选的是第一首。首联开门见山，点明时节、地点，奠定了全诗凄清的感情基调；颔联表现故国之思，是全篇诗意所在；尾联进一步加深了诗人的孤独与忧伤。全诗格律精切，章法严谨，感情起伏曲折，境界阔大雄浑，是杜甫"沉郁顿挫"诗风的代表。

## 读后思考题

1. 分析诗人是如何通过写景抒情来反映其复杂丰富的内心世界的。
2. 体会诗歌沉郁顿挫的风格特点。

# 旧 将 军

李商隐

◎李商隐（约813—858），字义山，号玉溪生、樊南生。祖籍怀州河内（今河南沁阳），出生于郑州荥阳，晚唐诗人。大和三年（829），李商隐因文才深得牛党要员天平军节度使令狐楚的赏识，引为幕府巡官。开成二年（837），进士及第。令狐楚死后，受聘于泾原节度使王茂元，辟为书记，并被招为女婿。当时朝廷内部牛李党争激烈，王茂元接近李党，李商隐因此遭到牛党的排斥。此后，他便在牛李党争的夹缝中求生存，辗转于各藩镇幕府当幕僚，郁郁不得志，潦倒终身。李商隐和杜牧并称"李杜"，为了区别于李白、杜甫，又称为"小李杜"。存诗600多首，最有创造性的是爱情诗和无题诗，情致缠绵，意境幽渺，辞藻精丽，声调和美，风格秾丽。但部分诗歌过于深曲隐晦，难于索解，至有"诗家总爱西昆好，独恨无人作郑笺"之说。李商隐生前自编骈文集《樊南甲集》《樊南乙集》，今人刘学锴、余恕诚编有《李商隐诗歌集解》，资料最为详备。

◎本文选自《李商隐选集》，周振甫译注，上海古籍出版社2012年版。

云台高议正纷纷①，谁定当时荡寇勋②。
日暮灞陵原上猎③，李将军是旧将军④。

【注释】

①云台：汉代宫中的高台。汉明帝于永平三年下令将汉光武帝时的功臣二十八人像画于云台。故"云台"在后世文学中往往指论功行赏的地方。高议：指在朝者关于画像人选的评议。"高"字暗含讽刺之意。

②荡寇勋：指扫荡敌人的功臣。

③灞陵：汉孝文帝刘恒陵墓。灞即灞河。灞陵靠近灞河，因此得名。

④"李将军"句：典出《汉书·李将军列传》。李广在抗击匈奴的战争中屡建功勋，但没有封侯。后退居蓝田南山，每天以射猎消遣。有一次夜出饮酒晚归，被醉酒的灞陵尉呵斥。李广的从骑说："故李将军。"尉说："今将军尚不得夜行，何'故'也！"于是禁止李广通行。"故"一作"旧"，此处以旧将军暗指李德裕。

【阅读提示】

这首诗作于大中二年（848）秋，李商隐借咏两汉史事，以汉人李广影射唐人李德裕，揭露了封建统治者对功臣良将的压抑和迫害，表达了对李德裕的同情。前两句说汉宫云台上议论纷纷，到底应该评定谁是当年抗敌的功勋呢？这里以汉宫云台画像喻唐代凌烟阁事。唐太宗曾经画二十四功臣于凌烟阁，"小太宗"宣宗也于大中二年续画三十七人像。当时朝议纷纷，朝廷上的人都在为自己争功，竟然没有人为李德裕这个真正的功臣讲句公道话。"高议""纷纷"显示出诗人嘲讽和愤慨的语气。后两句用典，自然贴切，借灞陵醉尉侮辱李广的事情，喻李德裕被朝廷摈弃。汉代飞将军李广功勋卓越，一旦失去权势，连一个小小的灞陵尉都敢随便欺负他。唐武宗会昌年间，宰相李德裕任用名将石雄，大破回纥，平定泽潞藩镇叛乱。而唐宣宗大中初年，李德裕被贬崖州，置于死地。而李商隐此时正在长安京兆府负责"典章奏"，看到这样龌龊的现实，内心愤懑不平，对李德裕产生由衷的同情。诗歌用典贴切，讽喻手法高明，大胆揭露了封建统治者的丑态丑行，体现了诗人可贵的勇气。

### 读后思考题

1. 试分析李商隐用典的技巧。
2. 唐代牛李党争中，李商隐对两党并不怀有偏见，也没有攀附其中一个。在李党李德裕掌权的年代，李商隐没有写诗去恭维他，请求他的提携。后来李德裕失势了，很多人借机踩着他往上爬，而李商隐这个无亲无故的人却替他深抱不平，这反映了李商隐怎样的品质？

# 明妃曲（其一）①

## 王安石

◎王安石（1021—1086），字介甫，号半山。抚州临川（今江西抚州）人。宋仁宗庆历二年（1042）王安石中进士，入仕后，曾历任地方行政、司法官。做官期间，他兴修水利，兴建学校，了解民间疾苦。嘉祐三年（1058），王安石向仁宗上万言书，主张培养人才，变法革新，未被获准。神宗即位后，熙宁二年（1069）王安石被任命为参知政事，主持变法。因保守派反对，新法推行受阻。熙宁七年（1074），王安石被罢相，出知江宁府，第二年复相。熙宁九年（1076），他再次被罢相，退居江宁（今江苏南京）半山园，从事著述。死后封舒国公，后改为荆国公，谥文。王安石不仅是我国古代著名的改革家，而且博学多才，擅长诗文创作。诗词清新高峻，散文雄健、简洁，被后人列为"唐宋八大家"之一。王安石的著作有《王文公文集》《临川先生文集》。

◎本文选自《中国历代文学作品选》中编第二册，朱东润主编，上海古籍出版社1980年版。

明妃初出汉宫时，泪湿春风鬓脚垂。
低徊顾影无颜色②，尚得君王不自持③。
归来却怪丹青手④，入眼平生未曾有⑤。
意态由来画不成，当时枉杀毛延寿⑥。
一去心知更不归，可怜着尽汉宫衣⑦。
寄声欲问塞南事⑧，只有年年鸿雁飞。
家人万里传消息，好在毡城莫相忆⑨。
君不见咫尺长门闭阿娇⑩，人生失意无南北！

## 【注释】

①王安石《明妃曲》原诗二首，此处选第一首。明妃：王嫱，字昭君，汉元帝宫人。晋代避司马昭讳，改称明君，后人又称明妃。

②低徊：徘徊不前，顾影自怜。

③尚得：还能够引得。

④丹青手：这里指给王昭君画像的画师毛延寿。

⑤未曾：一作"几曾"。

⑥按史书记载和传说，因为王昭君不肯贿赂画师毛延寿，所以他故意把她画丑，使昭君一直未被元帝召见。直到昭君出嫁辞别汉宫前，元帝才见到美貌的昭君，元帝非常恼怒，责怪画师，并把他处死。

⑦着尽汉宫衣：离开汉宫的时间太久，带去的衣服都穿尽了。

⑧塞南：边塞以南，指汉地。

⑨毡城：指匈奴人居住的毡帐。

⑩阿娇：汉武帝的表姐陈阿娇，武帝曾说要是娶到阿娇，就造一座金屋把她藏起来。后来阿娇做了皇后，没过多久就失宠。闭：幽闭。

### 阅读提示

这首诗作于宋仁宗嘉祐三年（1058）以后，王安石当时被任命为三司度支判官，他向宋仁宗上万言书，陈述变法改革措施，未被采纳。这首诗中他以美女昭君的遭遇暗喻贤士不遇，寄寓了深沉的政治感慨。诗歌前六句从侧面描写了王昭君的美艳。"意态由来画不成，当时枉杀毛延寿"，王安石为历史上的毛延寿翻案：人的内在神情之美，是绘画这种艺术形式画不出来的，皇帝不能亲省佳丽，才使佳人不遇，遗恨终生，责怪毛延寿，实在是枉杀了画家。紧接着诗歌描绘了王昭君出塞后的凄苦境遇，并进行一番劝慰。诗人对昭君寄予了深切的同情和悲悯，同时也寄托了自己不能为朝廷效忠的遗憾和悲愤。全诗立意新颖，独辟蹊径，在叙事描写中加入议论，议论中又带有情韵，融情于理，意蕴深沉，耐人寻味。

### 读后思考题

1. 试分析诗歌中昭君的形象。
2. 赏析"意态由来画不成，当时枉杀毛延寿"，体会诗歌的深刻寓意。
3. 分析"君不见咫尺长门闭阿娇，人生失意无南北"有无言外之意。

# 和子由渑池怀旧①

## 苏 轼

◎苏轼（1037—1101），字子瞻，号东坡居士，眉州眉山（今属四川）人。与父亲苏洵、弟弟苏辙合称"三苏"，同列在"唐宋八大家"中。苏轼21岁中进士。宋神宗时期他曾在凤翔、杭州、密州等地任职。元丰三年（1080），苏轼因为"乌台诗案"受诬陷被贬到黄州任团练副使，他曾在黄州城东的东坡开荒种田，故自号"东坡居士"。哲宗即位后，曾任侍读学士、礼部尚书等职，并出知杭州、颍州等地，晚年被贬广东惠州及儋州（今属海南）。后来遇到大赦北返，途中病死在常州，追谥文忠公。苏轼的诗现约存四千首，诗歌内容广阔，风格多样，以豪放为主，善用夸张、比喻，笔力纵横，穷极变幻，具有浪漫主义色彩，为宋诗发展开辟了新的道路。苏轼著有《东坡七集》《东坡乐府》等。

◎本文选自《苏轼诗集》第一册，（清）王文诰辑注，孔凡礼点校，中华书局1982年版。

> 人生到处知何似？应似飞鸿踏雪泥②。
> 泥上偶然留指爪，鸿飞那复计东西③。
> 老僧已死成新塔，坏壁无由见旧题④。
> 往日崎岖还记否，路长人困蹇驴嘶⑤。

## 【注释】

①子由：苏轼弟弟苏辙，字子由。渑（miǎn）池：今河南渑池县。这首诗是针对苏辙《怀渑池寄子瞻兄》而作的和诗。

②飞鸿：大雁。雪泥：融化着雪水的泥土。

③计：推断，指推断飞鸿的去向。

④老僧：这里指奉闲。嘉祐三年（1058），苏轼与苏辙赴京应试，途中他们曾寄宿在奉闲的僧舍并在墙壁题诗。坏壁：指奉闲的僧舍。

⑤蹇驴：跛脚的驴。苏轼诗中有自注说："往岁，马死于二陵（即崤山，在渑池西），骑驴至渑池。"

## 【阅读提示】

北宋嘉祐六年（1061）秋，苏轼出任凤翔府（今属陕西）判官，他的弟弟苏辙送他到郑州。苏辙送别返回后，写了一首《怀渑池寄子瞻兄》给苏轼。苏辙19岁时曾被任命为渑池县主簿，但是后来考中进士没有到任，他在诗中主要抒发了一种人生偶然的感慨。本篇《和子由渑池怀旧》是苏轼的和诗。苏轼这次赴任凤翔，又经过渑池，两人都对这个地方有特殊的感情。这首诗前两联诗人以雪泥鸿爪这一独到、新颖而警策的比喻，表达了世事无常、人生沧桑的感慨。后两联回忆往事，对前两联的哲理做出形象具体的诠释与补充，进一步深化了主题，即使人生无常，但不可放弃努力。全诗前后贯通，寓哲理于形象之中，内涵丰富，耐人寻味。宋人"以文为诗"，注重表现诗的理趣，苏轼这首诗理和趣相统一，达到水乳交融的境界。

### 读后思考题

1. 结合苏轼的人生经历和人生态度，谈谈诗歌揭示的人生哲理。
2. 分析这首诗的比喻手法。

# 南海神祠古木棉花歌①

屈大均

◎屈大均（1630—1696），字翁山，初名绍隆，广东番禺人。幼好学能诗，师从陈邦彦。明末诸生。南明永历五年（1651）曾投身抗清斗争，失败后，削发为僧，法名今种，字一灵，又字骚余。康熙元年（1662），蓄发还俗。康熙五年（1666），北游关中、山西各地，与顾炎武等交往，力图恢复。康熙十三年（1674），又参加吴三桂反清军事行动。不久，即失望辞归，隐居著述。他是明末清初著名学者、诗人，与陈恭尹、梁佩兰并称"岭南三大家"。诗有李白、屈原的遗风，沉雄悲慨。著有《翁山诗外》《翁山文外》《广东新语》等书。

◎本文选自《岭南历代诗选》，陈永正编，广东人民出版社1985年版。

　　十丈珊瑚是木棉②，花开红比朝霞鲜。天南树树皆烽火③，不及攀枝花可怜④。
　　南海祠前十余树，祝融旌节花中驻⑤。烛龙衔出似金盘⑥，火凤巢来成绛羽⑦。
　　收香一一立花须⑧，吐绶纷纷饮花乳⑨。参天古干争盘拏⑩，花时无叶何纷葩⑪。
　　白缯枝枝蝴蝶茧⑫，红烧朵朵芙蓉砂⑬。受命炎州丽无匹⑭，太阳烈气成嘉实⑮。
　　扶桑久已摧为薪⑯，独有此花擎日出。高高交映波罗东⑰，雨露曾分扶荔宫⑱。
　　扶持赤帝南溟上⑲，吐纳丹心大火中⑳。二月花开三月叶，半天飞落人争接。
　　东风乱剪猩红绒㉑，儿女拾来柔可折。正及春祠百谷王㉒，神灵不使马蹄蹀㉓。
　　还怜飞絮白如霜，织为緤布作衣裳㉔。银钗叩罢双铜鼓，岁岁看花水殿旁。

## 【注释】

①南海神祠：在广州市东郊黄埔庙头村，因祠中旧有波罗蜜树，又称波罗庙。祠祀火神祝融。
②十丈：指木棉树高。珊瑚：木棉先叶开花，花大，簇生枝上，如巨大红珊瑚。
③天南：诗指岭南。
④攀枝花：木棉的别称。因其花多聚生于枝端，故称。可怜：可爱。
⑤祝融：火神。旌节：古代使者出行所持的旌旗与使节。
⑥烛龙：神龙名。王逸注谓："天之西北有幽冥无日之国，有龙衔烛而照之也。"
⑦绛羽：指火凤凰深红色的羽毛。
⑧收香：收香鸟。又名桐花凤。
⑨吐绶：吐绶鸡，诗指真珠鸡。
⑩盘拏：形容纤曲强劲。
⑪纷葩：繁丽。
⑫蝴蝶茧：罗浮仙蝶吐的白茧。
⑬芙蓉砂：朱砂。

⑭炎州：南方。

⑮嘉实：指木棉的蒴果。

⑯扶桑：扶桑树。传说日出于扶桑之下，拂其树杪而升，因谓为日出之处。

⑰波罗：即南海神祠。祠前有波罗江，为珠江的一支。

⑱扶荔宫：汉宫殿名。汉武帝曾把南粤的奇花异草移植于此。

⑲赤帝：指火神祝融。

⑳吐纳：指木棉花的开谢。

㉑猩红绒：猩红色的木棉花绒。

㉒春祠：春季祭祀。百谷王：指南海神。

㉓蹀：踏。

㉔䑓布：用木棉絮织成的布。

### 阅读提示

这首诗作于屈大均北游归来之后，他与张穆、陈子升、梁佩兰、陈恭尹等人在广州诗酒唱酬，消磨岁月。然而诗人仍是愤激不平的，身世之感，家国之悲，时时袭上心头，其满腔壮志豪情只好一一寓于诗中。该诗开篇用了"珊瑚""朝霞""烽火""祝融""烛龙"等一系列词语来形容南海祠前十余株木棉树花开之盛况，打造了一个日映花艳、鸟语蝶舞，红彤彤的人间胜境。中间寄寓了诗人的理想，弘光朝在南京灭亡后，即诗中所谓"扶桑久已摧为薪"，他希望在肇庆兴起的永历朝，即诗中所谓"独有此花擎日出"，能在南方人士的扶持下耀日而出。该诗结尾描绘了广州人民二月间在南海神祠祭祀祝融时的场景。全诗热情洋溢，催人奋发。以对英雄树的歌颂来寄托其对亡明之思念以及对抗清复明仁人志士之希望。诗歌比喻新颖确切，诗风绚丽，为我们呈现了一幅雄奇壮彩的图画。

### 读后思考题

1. 分析这首诗的比喻手法。
2. 结合屈大均的身世，体会木棉花树的深刻寓意。

# 八月十五夜太平洋舟中望月作歌

黄遵宪

◎黄遵宪（1848—1905），字公度，广东嘉应（今梅州）人。1876年考中举人后，放弃科举考试，加入外交行列。1877年随何如璋出使日本，成为清政府驻日本使馆参赞。1882年，调任美国旧金山总领事。1885年，领事任满回国。1890年，任驻英使馆二等参赞。1891年，任新加坡总领事。1896年，创办《时务报》，梁启超任主笔。黄遵宪是中国旧体新诗最早的探索者和开拓者，著有诗集《人境庐诗草》《日本杂事诗》等。他也是一位民俗专家，其记录的客家山歌是重要的民俗学资料，其《日本杂事诗》与《日本国志》是研究日本文化最早的也是最重要的著作。青年黄遵宪写诗主张"有我""率真""俗语"入诗和学习"民歌"等，其诗句"我手写我口，古岂能拘牵"（《杂感》）为世人所称颂。在《人境庐诗草》的序跋中，康有为和丘逢甲如此评价黄遵宪的诗："自是久废无所用，益肆其力于诗。上感国变，中伤种族，下哀生民，博以环球之游历，浩渺肆恣，感激豪宕，情深而意远，益动于自然，而华严随现矣。""四卷后七古乃美而大；七绝大矣，而未尽化也。已大而化，其五古乎！七律乎！"

◎本文选自《黄遵宪诗选》，曹旭选注，中华书局2008年版。

茫茫东海波连天，天边大月光团圆。送人夜夜照船尾，今夕倍放清光妍。一舟而外无寸地，上者青天下黑水。登程见月四回明，归舟已历三千里。大千世界共此月，世人不共中秋节①。泰西纪历二千年，只作寻常数圆缺②。舟师捧盘登舵楼，船与天汉同西流。虬髯高歌碧眼醉③，异方乐只增人愁④。此外同舟下床客⑤，梦中暂免共人役。沉沉千蚁趋黑甜⑥，交臂横肱睡狼藉。鱼龙悄悄夜三更，波平如镜风无声。一轮悬空一轮转，徘徊独作巡檐行。我随船去月随身，月不离我情倍亲。汪洋东海不知几万里，今夕之夕惟我与尔对影成三人⑦。举头西指云深处，下有人家亿万户，几家儿女怨别离？几处楼台作歌舞？悲欢离合虽不同，四亿万众同秋中。岂知赤县神州地，美洲以西日本东，独有一客欹孤篷⑧。此客出门今十载，月光渐照鬓毛改。观日曾到三神山⑨，乘风竞渡大瀛海⑩。举头只见故乡月，月不同时地各别，即今吾家隔海遥相望，彼乍东升此西没⑪。嗟我身世犹转蓬⑫，纵游所至如凿空⑬，禹迹不到夏时变，我游所历殊未穷⑭。九州脚底大球背⑮，天胡置我于此中？异时汗漫安所抵⑯？搔头我欲问苍穹。倚栏不寐心憧憧⑰，月影渐变朝霞红，朦胧晓日生于东。

【注释】

①"大千世界"两句：大千世界，佛教用语，这里泛指全世界。这两句意为全世界的人都对着八月十五的圆月，但并不都过中秋节。

②"泰西"两句：泰西，当时人们对西欧各国的泛称。二千年，当时为1885年，二千年是举其成数。数（shǔ），谈论、看待。这两句意为西欧人用公历纪年已二千年，但两千年来只把中秋的月亮看作寻常的圆缺，并不过中秋节。

③虬髯（rán）：卷曲的连鬓胡须。虬髯、碧眼均指西方白种人。

④"异方乐（yuè）只增人愁"句，语出李陵《答苏武书》："异方之乐，只令人悲增忉怛耳。"

⑤下床客：指睡在底舱的劳工。此处化用《三国志·魏志·陈登传》的典故："许汜曰：昔遭乱过下邳，见元龙。元龙无客主之意，久不相与语，自上大床卧，使客卧下床。"即暗含受歧视、受排挤之意。本句揭示了当时轮船上洋人和劳工的不同生活与待遇，表现了作者对西洋人的不满和对劳工们的同情。

⑥千蚁：形容挤在船舱中的劳工。黑甜：古代俗语，即熟睡。

⑦三人：月亮、自己和月下身影，本句是对李白《月下独酌》"举杯邀明月，对影成三人"之句的改写。

⑧攲（qī）：古同"欹"，倾斜，斜靠。

⑨三神山：传说中位于渤海的蓬莱、瀛洲、方丈三座仙山。这里指日本。

⑩大瀛海：这里指太平洋。

⑪此句写东西半球昼夜相反的现象。月亮在中国东升之际，正是途中所见西沉之时。

⑫转蓬：蓬草随风飞旋，比喻自己游踪无定。

⑬凿空：语出《汉书·张骞传》："于是西北国始通于汉矣，然骞凿空。"原指开阔通道，此指自己出使美国，游历了国人足迹未至的西欧各国。

⑭禹迹：相传大禹治水，足迹遍及九州，其所至之处称禹迹。夏时：即夏历，又称阴历。此句意为：我所游历的地方是禹迹未至、不用阴历的地方。

⑮整个中国在脚下的另一侧，自己乘坐的船正行驶在地球的背面。大球背指西半球。

⑯"异时"句：汗漫，语出《淮南子·道应训》："吾与汗漫期于九垓之上。"谓漫无边际而不可知。整句之意：他日出使何处，仍漫无边际而不可知。

⑰憧憧（chōng）：心意不定的样子。

## 阅读提示

1885年8月，黄遵宪从美国旧金山回国，在浩浩渺渺的太平洋上恰逢八月十五中秋节，诗人仰望月空，思乡情切，耳听异国歌曲，触景生情，写下了著名的七古长诗《八月十五夜太平洋舟中望月作歌》。透过这首长诗，我们可以感受到时代之风云、世界之图景、国家之危难、民生之多艰、身世之不遇。这首诗既是一幅波澜壮阔而恢宏悲怆的历史画卷，同时也是一个满怀热血的近代中国知识分子的心路历程。诗中所描绘的住下等舱的劳工，诗人的漂泊身世，国家的动荡不安，言语不通的孤独，无不给人造成一种悲壮感，全诗雄奇奔放，沉郁壮阔。

《八月十五夜太平洋舟中望月作歌》继承了中国古代文人咏月的传统，黄遵宪明显受到《春江花月夜》《望月怀远》及"李杜"望月诗的影响，但是其海上观月这一视角却是前人未见之景、未历之境，而且诗人将思乡怀人、忧生叹世的主题放在世界大背景下认识，使该诗具有前所未有的世界性眼光及世界性情感。在经典咏月诗中，张九龄的"海上生明月，天涯共此时"与苏轼的"但愿人长久，千里共婵娟"极有代表性，前者意味着时间的同一性，后者代表了空间的统一性，在古人看来，人类是在同一时间看到同样的月亮。但是，黄遵宪的诗作颠覆了这一传统认识，表现出与古人完全不同的世界观。"举头只见故乡月，月不同时地各别，即今吾家隔海遥相望，彼乍东升此西没。"诗句描写的地理常识反映出诗人世界性的时间观念。"大千世界共此月，世人不共中秋节。泰西纪历二千年，只作寻常数圆缺。"除了写传统的思家情绪外，诗人更明确意识到世界上不同民族面对月圆有着不同的情感，更多了一种空间意识与全球视野。"三千里""大千世界""二千年""几万里""亿万户""四亿万众"等词也不同于古人诗中常用的模糊写法，它们不再是一种虚指，而是实指诗人所认识的当今世界。

王一川在《"望月"与回到全球性的地面——读黄遵宪〈八月十五夜太平洋舟中望月作歌〉》一文中如此评价："借助望月体验而刻画中国人的全球性体验的复杂演变过程，典范地体现出黄遵宪自己的美学原则——'诗之外有事'和'诗之中有人'，他通过描写个人的望月体验的演变，而揭示了中国人生存境遇的全球性转变这一历史性事件。这样，一种望月体验显然已成为全球性中国形象的一部分。"张永芳在《新世界诗第一篇——黄遵宪〈八月十五夜太平洋舟中望月作歌〉解析》中也做出了同样的论断："本诗的更重要的价值，在于为人们提供了一个中国人认识世界的历史样板，是最早具有全球性体验的前人留下的生动的感观写照。"

## 读后思考题

1. 这首诗与中国古代的咏月诗有何不同？
2. 试比较这首诗与张若虚的《春江花月夜》的异同。
3. 试分析这首诗所具有的"全球性"特征。

# 八声甘州①

柳 永

◎柳永(约987—约1053),原名三变,字景庄,后改名永,字耆卿,排行第七,故俗称柳七,福建崇安(今福建武夷山)人。早年生活放荡,屡试不第,经常出入歌楼妓馆,为乐工歌伎作词,为达官贵人所不齿,于是他索性放浪于汴京、苏杭等地,以填词为专业。仁宗景祐元年(1034)始登进士第,历任睦州团练推官、定海晓峰盐场监官、太常博士等职,终官屯田员外郎,世称柳屯田。柳永一生穷困潦倒,独以词著称于世。他精通音律,是北宋第一个专力填词的作家,多写城市风光及市民生活,表达羁旅行役之苦,将自己的身世之感融于词中,具有一定的现实意义。柳永也是北宋大量创制慢词的第一人。他善用白描手法,工于铺叙,情景相融,并以俚语入词,受到广大市民的欢迎,流传甚广,有"凡有井水饮处,即能歌柳词"(《避暑录话》)之说,对宋词的发展产生了深远的影响。柳永著有《乐章集》。

◎本文选自《中国历代文学作品选》中编第二册,朱东润主编,上海古籍出版社1980年版。

对潇潇暮雨洒江天②,一番洗清秋。渐霜风凄紧③,关河冷落,残照当楼。是处红衰翠减④,苒苒物华休⑤。惟有长江水,无语东流。

不忍登高临远,望故乡渺邈⑥,归思难收。叹年来踪迹,何事苦淹留?想佳人、妆楼颙望⑦,误几回、天际识归舟⑧。争知我、倚阑干处⑨,正恁凝愁⑩!

【注释】

①八声甘州:从唐教坊大曲《甘州》中截取一段而成的慢词,因全词总共有八韵,故名八声。

②潇潇:形容雨势急骤的样子。

③渐:又。凄紧:寒气逼人。

④是处:到处。红衰翠减:指红花绿叶枯萎凋落。李商隐《赠荷花》:"此荷此叶常相映,翠减红衰愁煞人。"

⑤苒苒:渐渐地。物华:美好的景物。休:消逝。

⑥渺邈:渺茫又遥远。

⑦颙(yóng)望:定神仰望。颙,仰着头不转动的样子。

⑧"误几回"句:多少回错把远处驶来的船只当成是爱人的归舟。语出谢朓《之宣城郡出新林浦向板桥》诗:"天际识归舟,云中辨江树。"

⑨争:宋时俗语。争知:怎知。阑:通"栏"。

⑩恁(nèn):宋时俗语,即如此,这般。凝愁:凝结不解的愁苦。

### 阅读提示

这首词大约写于柳永游宦江浙时，是其羁旅行役词的代表作之一。词的上阕铺叙秋景，描绘了一幅风雨交加的秋江雨景，营造了一派萧瑟肃杀的悲秋氛围。词人从大处落笔，由"对"字领起，以"潇潇暮雨洒江天"写出雨势之狂猛，呈现一派浩大壮阔的清秋景象，又以关河冷落、夕阳残照进一步强化暴雨冲洗后，江天苍茫、澄澈如洗的凄凉寂寞之感。而后从"红衰翠减"一片凋落的近景描写中，词意由苍莽悲壮转入细腻沉思，寄托了词人的失意和哀伤，用"物华休"隐喻美好年华的流逝；又以"无语东流"的长江水暗指词人内心的愁苦、悲怆，抒发了岁月蹉跎、人生短暂、世事无常的人生感慨，空添几分伤感。词的下阕触景生情，以铺叙手法，直抒思乡念亲的情怀。词人登高临远，抒写了"故乡渺邈"之悲、踪迹"淹留"之叹。"不忍"二字形象地写出了词人对自我生命价值反省之后的悲哀，浸透了人生幻灭之感。"想佳人、妆楼颙望"，描写居家的佳人误识归舟之情状，以假想之词进而反照自身，写出游子"倚阑""凝愁"的思归之感。整首词结构缜密，情景交织，以通俗的语言、白描的手法及领字的恰当运用，层层往复地展示了羁旅悲秋、思乡怀人的情感，把复杂的思绪表达得声情并茂。王国维曾将此与苏轼的《水调歌头》媲美，认为二者皆"格高千古，不能以常调论也"（《人间词话》），可见它在词史上占有重要地位。

### 读后思考题

1. 谈谈这首词层层铺叙的艺术特点。
2. 这首词中的景与情是怎样融合在一起的？结合作品谈谈你的看法。

# 八 六 子①

秦 观

◎秦观（1049—1100），字太虚，一字少游，号淮海居士，高邮（今江苏高邮）人。其少年豪俊，胸怀壮志，攻读兵书，欲建立一番伟业。然世事难料，元丰八年（1085）才中进士，不久就被卷入党争之中，后因苏轼而受到牵连，先后被流放到郴州、横州和雷州。他师从苏轼，与黄庭坚、晁补之和张耒并称"苏门四学士"。秦观以词盛名，是婉约词人的代表。词中情调悲苦，柔情感伤，风格婉约清丽，这与他的经历和个性气质有很大关系。其诗现存430多首，亦被后人称为"女郎诗"。秦观著有《淮海词》《淮海集》。

◎本文选自《淮海词笺注》，王辉曾笺注，中国书店出版社1985年版。

倚危亭②。恨如芳草，萋萋刬③尽还生。念柳外青骢④别后，水边红袂⑤分时，怆然⑥暗惊。

无端天与娉婷⑦。夜月一帘幽梦，春风十里柔情。怎奈向⑧欢娱，渐随流水，素弦⑨声断，翠绡香减，那堪片片飞花弄晚，濛濛残雨笼晴。正销凝⑩。黄鹂又啼数声。

## 【注释】

①八六子：词牌名。始见《尊前集》所收杜牧之作，一名《感黄鹂》。
②危亭：高处的亭子。
③刬（chǎn）：同"铲"，铲除。
④青骢：马名。毛色青白相间。
⑤红袂：即红袖，代指女子、情人。袂，袖子、衣袖。
⑥怆然：悲伤的样子。明毛晋刻本作"凄然"。
⑦娉婷：形容身姿轻盈美好的样子。此指美女。
⑧怎奈向：即奈何、如何。宋时方言。向，语尾助词。
⑨素弦：素琴的弦。素琴是指空琴，有名无实的琴。《宋书·陶潜传》："潜不解音声，而畜素琴一张，无弦，每有酒适，辄抚弄以寄其意。"指陶渊明的一种雅趣。
⑩销凝：销魂、凝恨，指因伤感而出神。

## 阅读提示

这首词作于元丰三年（1080），此时少游还未入仕。本词写对一个女子的怀念。元丰年间，少游偶遇佳人，一帘幽梦，十里柔情，一直萦绕心间，于是在归来途中作词诉相思离别之苦。"一上高城万古愁"，作者开篇即写"倚危亭"，在高高的亭子上，作者目眺远方，思念着佳人，于是道出后一句"恨如芳草"。用一个"恨"字将离愁与芳草联系起来，让读者不禁遐想，作者望到一望无际的碧绿芳草时，勾起了心中对佳人无限的思念，遗恨万千，这种遗恨像漫无边际的芳草一样，就算铲尽，也能够"春风吹又生"。而后作者回忆起当年分别时的景象，自己骑着青骢，水边伊人穿着红衣折柳送别，这两句话道出了绿色、黑色、白色、红色四种色彩，将离别时的愁绪渲染得分外多姿多彩。而这些多姿多彩而今都化作一个色调——"暗"。在色调的转换中，多姿多彩与黯淡无光的对比中，作者让读者感受到了"怆然"的味道。下阕中，作者三次埋怨上天：第一次用"无端"二字开始埋怨上天，为何上天生下这美丽的女子，为何这美丽的女子会与我相遇，道出了自己痴恋的原因——因为女子不仅外表娉婷，也是"夜月一帘幽梦，春风十里柔情"；第二次又使用"怎奈向"进行埋怨，道出了此后分离的无可奈何——"欢娱渐随流水，素弦声断，翠绡香减"；最后，作者用一句"正销凝。黄鹂又啼数声"埋怨黄莺的啼声又扰乱了自己的凝神相思，离别本已哀愁，扰乱相思更添遗恨。这三重埋怨看似无理，实则有情。少游的词是锐敏的、柔婉的，融景入情，全词清新自然，情辞相称，精工而无斧凿之痕。用语含蓄，意象朦胧，给人以无尽的遐想。《词源》评价："矧情至于离，则哀怨必至，苟能调憾怆于融会中，斯为得矣。……秦少游八六子……离情当如此作，全在情景交练，得言外意。"

### 读后思考题

1. 这首词表达了秦观怎样的情感。
2. 冯煦评论秦观词："他人之词，词才也；少游，词心也。得之于内，不可以传。"请通过《八六子》（倚危亭）分析秦观词的内涵。

# 武　陵　春[①]

李清照

◎李清照（1084—约1155），号易安居士，山东济南人，南宋著名的女文学家，宋代婉约词派的代表作家。其父李格非是当时著名学者，官至礼部员外郎。李清照幼承家学，早有才名，工书能文，通晓音律。她18岁与吏部侍郎赵挺之之子赵明诚结婚，早期生活优裕，与赵明诚志趣相投，共同致力于书画金石的搜集整理，编写了《金石录》。北宋灭亡后，夫妻相继南渡避难，不久赵明诚病逝，从此她只身漂泊于绍兴、杭州、金华一带，晚景凄凉。李清照的词以南渡为界，分为前后两期。前期作品多写其悠闲生活，闺情相思，风格清丽明快。后期词作多表现国破家亡之痛、孤苦飘零之悲，表达怀念往昔、眷恋故土之情怀，风格哀婉凄凉。李清照以词著名，兼工诗文，并著有词论，是中国文学史上创造力最强、艺术成就最高的女作家之一。其词工于白描，写景状物细腻精巧，语言清新自然，抒情委婉含蓄，音律和谐优美，在两宋词坛独具风貌，被后人称为"易安体"。著有《漱玉词》。

◎本文选自《李清照集笺注》，徐培均笺注，上海古籍出版社2002年版。

风住尘香花已尽[②]，日晚倦梳头[③]。物是人非事事休。欲语泪先流。
闻说双溪春尚好[④]，也拟泛轻舟[⑤]。只恐双溪舴艋舟[⑥]，载不动、许多愁。

【注释】

①武陵春：词牌名。又名《武林春》《花想容》。
②风住尘香：指风停了，尘土中带有落花的香气。
③日晚：即日暮、黄昏。晚，太阳落了的时候。
④双溪：河流名，在浙江金华，是当时的游览胜地。
⑤拟：打算。
⑥舴艋（zé měng）舟：指小船。

### 阅读提示

这首词为李清照避乱金华时所作，是她南渡以后一首著名的词作。在金兵入侵、国土沦丧、百姓流离失所、朝廷腐败黑暗的社会背景之下，词人借暮春之景，抒发了国破家亡、夫死飘零、天涯沦落的无限悲苦，具有一定的时代色彩。上阕首句"风住尘香花已尽"，不仅交代了季节特征，更让人联想到此前风雨飘摇、落红无数的情景，开篇即透露出一股惜春自伤的愁绪。"日晚倦梳头"，日暮时分，仍懒于梳理，形象地写出了心境之落寞。几经丧乱，国破、家亡、夫死，睹物思人，"物是人非事事休"，词人不觉悲从中来，感到万事皆休，对一切都提不起兴致。"欲语泪先流"，鲜明又深刻地表现了一种难以抑制的满腹悲愁，这种悲愁是不可触碰的，即便一想到也会涕泪横流，再次体现了词人心境悲凉到了极点，动人心弦、感人肺腑。下阕笔触一转，意趣微扬，写到听闻双溪春色不错，竟有泛舟游赏的冲动，从而写出了词人渴望摆脱现状的心理，她渴望寻找一个能够消除哀愁的地方，但最终还是在沉重的愁情面前打消了念头。"只恐双溪舴艋舟，载不动、许多愁"，词人担心的是双溪上那艘小船载不动自己内心沉重的哀愁，巧妙地把抽象的愁思具体化、形象化，写出了内心哀愁之多、之重。词人连用"闻说""也拟""只恐"三组虚词细腻地表露了自己的思想活动，充分挖掘内心感情，情感起伏，感人至深。整首词的语言朴素自然，构思新颖奇巧，写景抒情含蓄曲折，缠绵哀怨，极富艺术感染力，具有震撼人心的力量。

### 读后思考题

1. 在这首词中，词人采用了什么方式来抒写内心"愁"情？
2. 试结合李清照的人生经历分析这首词的内容与风格。
3. 读李清照《声声慢》（寻寻觅觅）一词，试分析其与本词抒发的"愁"情是否一致。请谈谈各自的妙处。

# 菩萨蛮·书江西造口壁①

辛弃疾

◎辛弃疾（1140—1207），字幼安，号稼轩，山东历城（今山东济南）人，南宋著名词人，与苏轼齐名，并称"苏辛"。他出生时家乡已沦陷。绍兴三十一年（1161），辛弃疾率两千民众参加北方抗金义军，失败后南归，先后任江阴签判、建康通判、滁州知州、江西提点刑狱、湖北与湖南转运使等职。辛弃疾一生坚决主张抗金，收复失地。在其《美芹十论》《九议》等奏疏中，他力主恢复中原。他所提出的抗金建议，均未被采纳，并遭到主和派的打击。辛弃疾曾在江西上饶一带长期闲居，光复故国的大志雄才得不到施展，一腔忠愤发而为词。辛弃疾今存词620余首，为两宋之最。其词作题材广泛，多抒写自己的英雄情怀和报国志向，以及满腔的忠愤不平之气，也有不少吟咏祖国河山的作品。其词风格多样，以豪放为主，笔力雄厚，是南宋豪放词派的主要代表，对后世词坛产生了重要的影响，催生出"辛派词人"。著有词集《稼轩长短句》。

◎本文选自《中国历代文学作品选》中编第二册，朱东润主编，上海古籍出版社1980年版。

郁孤台下清江水②，中间多少行人泪③。西北望长安④，可怜无数山。
青山遮不住，毕竟东流去。江晚正愁余⑤，山深闻鹧鸪⑥。

【注释】

①造口：又称皂口。在今江西省万安县西南六十里处有皂口溪，水经此处流入赣江。
②郁孤台：古台名，因郁然孤峙得名。在今江西省赣州市西南，赣江经此向北流去。唐代李勉登台而感怀魏阙（朝廷），因改名为望阙台。清江：即赣江。
③行人：指流离失所的人们。这句是追述当年金兵侵扰赣西地区时老百姓受难的惨状。
④长安：这里借指北宋京城汴京（今河南开封市）。
⑤愁余：倒装，指我愁苦。
⑥鹧鸪：鸟名，传说啼声凄苦。

## 阅读提示

宋孝宗淳熙三年（1176），辛弃疾任江西提点刑狱，驻节赣州，其间在造口壁上题写此词以抒怀。据南宋罗大经《鹤林玉露·辛幼安词》载："盖南渡之初，虏人追隆祐太后御舟至造口，不及而还。幼安自此起兴。"即这首词是词人在造口有感于40多年前金人渡江南侵，追赶隆祐太后之事而写。词人追昔抚今，通过具体的景物烘托复杂的内心世界，含蓄地表达了对祖国山河惨遭敌人踩躏的悲痛心情及对南宋朝廷屈辱求和、不思收复的愤慨，抒写了渴望祖国统一的爱国情怀。上阕以山水起兴，寓情于景，写词人临江兴发的种种复杂情感。面对东流不息的清江水,词人回想起金兵侵扰赣西地区时给老百姓造成的灾难,继而遥望故都汴京却望而不见,唯见无数青山默默耸立,由此联想到沦陷的中原地区一直未能收复,曲折地批评了南宋投降主和政策,揭露了朝廷的腐朽无能。词人以怀古开端,由江水联想到史事,又从青山联系到现实,国耻未雪,收复无望,故国之思,满腔悲愤油然而生。下阕的前两句,感慨多情的青山挽不住东逝的江水。面对无情而逝的江水,词人摧刚为柔,含蓄地抒写了渴望光复、抗金复国的决心,流露了壮志难酬的身世之感。结尾两句以鹧鸪的悲鸣烘托词人抱负不展的愁苦和对国事的担忧,反映了深沉的爱国情思。整首词的语言平易,气韵沉雄,篇幅虽小,意蕴深厚,正如唐圭璋所言:"小词而苍莽悲壮如此,诚不多见。盖以真情郁勃,而又有气魄足以畅发其情。"(《唐宋词简释》)

### 读后思考题

1. 试分析这首词的艺术手法。
2. 这首词抒发了词人什么样的情感,刻画了词人怎样的形象?谈谈你的看法。

# 摊破浣溪沙[①]

纳兰性德

◎纳兰性德（1655—1685），原名成德，因避讳改名性德，字容若，号楞伽山人。满洲正黄旗人，太傅纳兰明珠长子。康熙进士，官至一等侍卫，文武相济，深受皇帝宠信，但他厌倦随驾扈从的仕宦生涯，又目睹官场的贪污与腐败，便日益失望烦恼。他主张诗须才学，其词长于小令，清淡朴素，内容涉及友谊、边塞江南、咏史咏物、杂感等。著有《通志堂集》《纳兰词》等。

◎本文选自《纳兰词笺注》，张草纫笺注，上海古籍出版社2003年版。

一霎[②]灯前醉不醒，恨如春梦畏分明。澹[③]月澹云窗外雨，一声声。

人到情多情转薄，而今真个不多情。又听鹧鸪啼遍了，短长亭。

【注释】

①摊破浣溪沙：又名《添字浣溪沙》，实为词牌《浣溪沙》之别体，即将《浣溪沙》后阕结尾的七字摊破为十字，改为七言一句、三言一句，于三言句末协韵，别成一体。

②一霎：一瞬间，形容时间极短。

③澹（dàn）：安静、恬淡。

### 阅读提示

本词的写作时间史料未有记载，从词的内容来看为一首离愁之作。上阕写景，下阕写情，情景相互映衬，道出了作者的点点愁绪。开篇写道作者酒"醉不醒"，在恍惚昏暗的灯光之下，作者酒醉而心却未醉，愁绪迷离如同春梦，害怕变得清醒，否则更添感伤。此情此景，如"举杯消愁愁更愁"一般，点明了全词的基调。听着帘外潺潺细雨，月与云也昏黄不定，暗淡了下来。此时作者又营造出一种"一声声，空阶滴到明"的昏暗氛围。上阕完全展现出作者孤身一人，茕茕孑立的境况。下阕转而写情，"人到情多情转薄，而今真个不多情"两句，作者直抒胸臆，指出人如果太多情，深情反而会变为薄情，但如今的自己已不再多情。"真个"这看似极平常极淡的两字，却值得玩味再三。情深者因多情而转薄，但作者却是情深到无。加之"真个"作为强调，有反语的意味，而这一反语，恰体现了作者的心酸与无奈，这个"不多情"正是作者多情至深后的决绝，让人读来更感凄绝。在词尾用鹧鸪意象入词来写离愁之苦。《本草纲目》中写道："鹧鸪……今俗谓其鸣曰行不得也哥哥。"长亭送别，连鹧鸪都懂得离愁之苦，希冀离人不要远行。然世事无奈，离人终渐行渐远，那么情感是否也会随之变淡？全词不涉用典，但似醒似醉，意境飘摇，令人低徊，为之恻然。

纳兰容若的词纯任性灵，虽属婉约风格，但摆脱了浮艳颓靡的文风，以真切自然的风格和悲戚哀婉的情调为世人所称道。其词语言平白晓畅，纯真自然，清新超逸，言语间透露出真性情。难怪王国维先生盛赞纳兰性德："北宋以来，一人而已。"

### ❧ 读后思考题 ❧

1. 试分析"人到情多情转薄，而今真个不多情"的内在情感。
2. 试比较本词与李煜《相见欢》（无言独上西楼）两首词中体现的韵味。

# 论语（十则）①

◎孔子（前551—前479），名丘，字仲尼，春秋晚期鲁国陬邑（今山东曲阜）人。孔子是儒家学派的创始人，是我国古代伟大的思想家和教育家，"世界十大文化名人"之一。其思想的核心是"仁"。孔子在政治上宣扬"仁者爱人""克己复礼"，教育上提出"有教无类""因材施教"等主张。孔子一生培养弟子三千余人，曾周游列国，终未见用，晚年整理《诗》《书》等古代文献，对保存和传播我国古代文化有重要贡献。

◎《论语》是儒家经典之一。全书20篇，主要记录孔子及其弟子的言行，由孔子的弟子及再传弟子记录编纂而成，是研究和了解孔子思想生活及儒家学说的重要资料。全书是记言的语录体散文，内容涉及政治、哲学、教育、伦理、文化等各个方面，语言简练，内涵深刻，对中国后代思想、政治、文化等方面都有巨大而深远的影响。

◎本文选自《论语译注》，杨伯峻译注，中华书局1980年版。

子曰："不患人之不己知，患不知人也②。"（《学而》）

子曰："学而不思则罔，思而不学则殆③。"（《为政》）

子曰："富与贵，是人之所欲也；不以其道得之④，不处也⑤。贫与贱，是人之所恶也⑥；不以其道得之，不去也⑦。"（《里仁》）

子曰："饭疏食饮水⑧，曲肱而枕之⑨，乐亦在其中矣。不义而富且贵，于我如浮云。"（《述而》）

子曰："三人行，必有我师焉：择其善者而从之，其不善者而改之。"（《述而》）

子曰："岁寒，然后知松柏之后凋也⑩。"（《子罕》）

子曰："志士仁人，无求生以害仁，有杀身以成仁⑪。"（《卫灵公》）

子贡问曰："有一言而可以终身行之者乎？"子曰："其恕乎⑫！己所不欲，勿施于人。"（《卫灵公》）

孔子曰："益者三友，损者三友。友直，友谅，友多闻，益矣⑬。友便辟，友善柔，友便佞，损矣⑭。"（《季氏》）

子张问仁于孔子⑮。孔子曰："能行五者于天下为仁矣。""请问之。"曰："恭，宽，信，敏，惠⑯。恭则不侮，宽则得众，信则人任焉，敏则有功，惠则足以使人⑰。"（《阳货》）

【注释】

①本篇从《论语》中选取了十则语录。这些语录原散见于原书各章之中，这里按照在原书中出现的先后顺序排列。

②患：忧虑、担心。不己知：不了解自己。这句意思是说，不要担心别人不了解我，更重要的是怕我不了解别人。

③罔：无，无所得。殆：疑惑。一说危险。

④道：这里指正当的途径。

⑤处：接受。

⑥恶：厌恶，不喜欢。

⑦去：除去，摆脱。

⑧饭：作动词，吃。疏食：指粗粮。

⑨曲肱（gōng）：指弯着胳膊。肱，胳膊。

⑩岁：年。彫：通"凋"，凋零、残落。

⑪杀身：献出生命。

⑫恕：推己及人，仁爱待物。

⑬友直：与正直的人交朋友。谅：信实。多闻：见多识广。

⑭便辟：虚浮。善柔：善于谄媚而不信实。便佞：花言巧语、夸夸其谈。

⑮子张：孔子的学生，姓颛孙，名师，字子张。

⑯恭：恭敬、庄重。宽：宽厚。信：诚实，讲诚信。敏：勤奋。惠：恩惠。

⑰侮：侮辱。得众：得到大家的拥护。人任：得到人们的信任。功：指贡献大。使人：指使唤人，指挥人。

### 阅读提示

《论语》具有格言化特征，是以记言为主的语录体散文。本篇从《论语》中选择了十则孔子的语录。这些语录虽篇幅短小，却生动地展现了孔子勤奋好学、安贫乐道、积极向上的人生态度以及儒家的一些基本理念，是孔子对生活经验的概括与长期学识的积累。《论语》每篇皆以首句前二字为标题。语言简洁精练，生动形象，隽永含蓄。《论语》还大量运用排比、比喻、对偶等多种修辞手法，句式长短交错，富于变化。几千年来，《论语》中的许多语录仍对我们有启发意义，许多蕴含哲理的语句成为后世的格言警句，被人们广为传诵，对于提高文化素质与道德修养起到重要的作用。

### 读后思考题

1. 结合今天的现实环境，谈谈"仁爱"的现实意义。
2. 了解孔子的文化地位和《论语》的基本内容。
3. 仔细品读以上十则语录。

# 秋水（节选）①

庄　子

◎庄子（约前369—前286），名周，战国早期宋国蒙城（今河南商丘）人。战国时期哲学家，和老子合称“老庄”，是继老子之后道家学派的代表人物，曾为蒙地漆园吏。庄子一生清贫，不慕权贵，曾拒绝楚威王聘任为相。庄子的学说以“道”为核心，主张顺应自然，强调无为而无不为，承认事物的相对性，但又否认客观事物间的差别，提出“心斋”“坐忘”等理论。

◎《庄子》一书，亦称《南华经》，由庄子及其后学所作，是道家学派的重要代表作。《汉书·艺文志》记有52篇，今存33篇，其中“内篇”7篇，“外篇”15篇，“杂篇”11篇。一般认为“内篇”为庄子自撰，其余为其后学之作。庄子散文思想深邃，构思精巧，想象丰富，文笔恣肆，妙趣横生，大多采用寓言故事，善用譬喻，具有浓郁的浪漫主义色彩，在艺术上代表了先秦诸子散文的最高成就。

◎本文选自《先秦文学史参考资料》，北京大学中国文学史教研室选注，中华书局1962年版。

秋水时至②，百川灌河③；泾流之大④，两涘渚崖之间⑤，不辩牛马⑥。于是焉河伯欣然自喜⑦，以天下之美为尽在己⑧；顺流而东行，至于北海；东面而视，不见水端⑨。于是焉河伯始旋其面目⑩，望洋向若而叹曰⑪：“野语有之曰⑫，‘闻道百，以为莫己若’者⑬，我之谓也⑭。且夫我尝闻少仲尼之闻而轻伯夷之义者⑮；始吾弗信，今我睹子之难穷也⑯，吾非至于子之门，则殆矣⑰。——吾长见笑于大方之家⑱。”

北海若曰：“井蛙不可以语于海者⑲，拘于虚也⑳；夏虫不可以语于冰者，笃于时也㉑；曲士不可以语于道者㉒，束于教也㉓。今尔出于崖涘㉔，观于大海，乃知尔丑㉕，尔将可与语大理矣㉖。天下之水，莫大于海；万川归之，不知何时止而不盈㉗；尾闾泄之㉘，不知何时已而不虚㉙；春秋不变，水旱不知；此其过江河之流㉚，不可为量数㉛。而吾未尝以此自多者㉜，自以比形于天地㉝而受气于阴阳㉞，吾在于天地之间，犹小石小木之在大山也。方存乎见少，又奚以自多㉟？计四海之在天地之间也，不似礨空之在大泽乎㊱？计中国之在海内，不似稊米之在大仓乎㊲？号物之数谓之万㊳，人处一焉㊴；人卒九州㊵，谷食之所生，舟车之所通㊶，人处一焉㊷。此其比万物也，不似豪末之在于马体乎㊸？五帝之所连㊹，三王之所争㊺，仁人之所忧㊻，任士之所劳㊼，尽此矣㊽！伯夷辞之以为名㊾，仲尼语之以为博㊿；此其自多也。不似尔向之自多于水乎(51)？”

**【注释】**

①本文节选自《庄子》的《秋水》篇。原文由七部分组成，此处节选的是第一部分。

②时：按时、定时，这里指按季节。

③灌：注入。河：古代的河专指黄河。

④泾（jīng）流：水流。

⑤涘：河岸、水边。渚（zhǔ）崖：河洲岸边。渚，水中小洲。

⑥辩：通"辨"，分辨。

⑦焉：句中语气词，通"乎"。河伯：黄河之神。

⑧尽在己：全集中在自己这里。

⑨端：边际，尽头。

⑩旋：转，改变。

⑪望洋：仰视的样子。若：即海若，海神名。

⑫野语：俗语。

⑬莫己若：即"莫若己"的倒装，指没有人比得上自己。

⑭我之谓：即"谓我"的倒装。

⑮少：用作意动词，以为……少，小看的意思。闻：学问，学识。轻：用作意动词，以为……轻，轻视的意思。伯夷：商诸侯孤竹君的长子，与其弟叔齐互让君位，逃亡到周。周武王伐纣，兄弟二人以为臣伐君是不义之举。商亡后，他二人不食周粟，饿死在首阳山。在封建社会他们被作为义士的典型。

⑯难穷：难以穷尽。

⑰殆：危险。

⑱大方之家：明白大道理的人。大方：大道。

⑲以：与、和。语：谈论。

⑳拘于虚：指眼界受狭小的居处环境的局限。拘，受拘束，受局限。虚，同"墟"，场所，这里指居住的地方。

㉑笃：守、限制。时：时令季节。

㉒曲士：指见识浅陋的人。

㉓束于教：受所受教育的限制。

㉔尔：你。

㉕丑：鄙陋。

㉖大理：大道理。

㉗盈：满。

㉘尾闾：神话里排泄海水的地方。

㉙已：停止。虚：空。

㉚过：超过。这句是说大海的容量超过了长江、黄河的水流。

㉛量数：计算，测量。

㉜自多：自我夸耀。多，赞美。

㉝比：并列。形：身形。

㉞这里是说秉承了阴阳之气。

㉟奚以：何以，怎么。

㊱礨（lěi）空：蚁穴，小孔穴。

㊲中国：古时指中原地区。稊（tí）米：一种像稗籽一样小的米。大（tài）仓：大，通

"太",储粮的大仓库。

㊳号:称。

㊴人处一焉:即人在这里面只占其一。焉,相当于"于之"。本句话指人在天下万物中只占一类。

㊵人卒九州:指九州都有人。卒,尽。九州,天下。

㊶通:通过,到达。

㊷人处一焉:这里指一个人只是天下众人中的一个。

㊸豪末:"豪"同"毫",即毫毛的末梢。这里是说它与整个马体相比,就很小了。

㊹五帝:指传说中的黄帝、颛顼(zhuān xū)、帝喾(kù)、尧、舜。一说是指伏羲、神农、黄帝、尧、舜。所连:所连续统治的。

㊺三王:指夏启、商汤、周武王。所争:所争夺的。

㊻仁人:指崇尚仁的人。

㊼任士:指以天下为己任的贤能之士。

㊽尽此矣:指全在这里了。尽此,尽于此。意思指全是马体之毫末。

㊾辞之:指辞让君位。以为名:指凭此获得名声。

㊿语之:指谈论天下。以为博:凭此显示知识渊博。

㊑向:刚才。

## 阅读提示

《庄子》散文善于选取人们熟知的事物,将抽象的哲理化为具体的形象,借助生动可感的客观事物、景象来阐述深微玄奥的哲学道理。本文典型地体现了这个特点。文章虚构了河神和海神两个具体的形象,通过他们的对话展开说理,阐明文章主旨:在无限广袤的宇宙中,人的认识无法超越所生存的环境,必定会受到有限的主客观条件的制约、影响,个人的见识和作为是十分有限的,而人的认识是无止境的,因此人们不能囿于个人有限的见识而自满自足,应该永不自满、不断进取。文章开篇即对河水与海景进行了描写,以具体形象的比照陪衬河神和海神不一样的认识境界,可谓由景入事,由事入理,逐层深入。说理时语言妙趣横生、寓意深刻。论证时善于运用比喻、对比等艺术手法,大量使用排比和反诘的句式。这不仅把抽象的观点寓于形象的比喻之中,使道理变得深入浅出,而且形成文章激扬雄辩的气势,增强了说理的力量,发人深思。

## 读后思考题

1. 了解庄子其人及其主要的哲学思想。
2. 本文揭示了什么道理,这种道理在现实中有何意义?
3. 结合本文分析庄子的散文是怎样把抽象的哲理化为具体形象的。

# 祭十二郎文①

韩 愈

◎韩愈（768—824），字退之，河内河阳（今河南孟县）人。郡望河北昌黎，所以韩愈自称"昌黎韩愈"，后世称"韩昌黎""昌黎先生"。谥文，后世又称"韩文公"。唐代著名诗人、散文家。韩愈是唐代古文运动的首领，他推尊儒学，力排佛老，反对六朝以来骈偶的文风，提倡散体，主张"陈言务去"。他与柳宗元并称为"韩柳"，二人提出"文以明道"的古文理论。其诗歌气势壮阔，力求新奇，开创了"以文为诗"的风气。他与孟郊并称为"韩孟"，"韩孟诗派"主张"不平则鸣"与"笔补造化"，对宋诗产生了深远的影响。著有《昌黎先生集》四十卷，《外集》十卷。

◎本文选自《韩昌黎文集校注》（上册），马其昶校注，马茂元整理，上海古籍出版社2014年版。

年月日②，季父③愈闻汝丧之七日，乃能衔哀致诚④，使建中远具时羞之奠⑤，告汝十二郎之灵：

呜呼！吾少孤，及长不省所怙⑥，惟兄嫂是依。中年兄殁南方⑦，吾与汝俱幼，从嫂归葬河阳⑧，既又与汝就食江南⑨，零丁孤苦，未尝一日相离也。吾上有三兄⑩，皆不幸早世，承先人⑪后者，在孙惟汝，在子惟吾；两世一身⑫，形单影只。嫂尝抚汝指吾而言曰："韩氏两世，惟此而已！"汝时尤小，当不复记忆；吾时虽能记忆，亦未知其言之悲也！

吾年十九，始来京城；其后四年，而归视汝⑬。又四年，吾往河阳省坟墓，遇汝从嫂丧来葬。又二年，吾佐董丞相于汴州⑭，汝来省吾，止一岁，请归取其孥⑮；明年丞相薨⑯，吾去汴州，汝不果⑰来。是年，吾佐戎徐州⑱，使取汝者始行，吾又罢去，汝又不果来。吾念汝从于东⑲，东亦客也，不可以久；图久远者，莫如西归，将成家而致汝。呜呼，孰谓汝遽去吾而殁乎！吾与汝俱少年，以为虽暂相别，终当久相与处；故舍汝而旅食京师，以求斗斛之禄⑳；诚知其如此，虽万乘之公相㉑，吾不以一日辍汝而就也！

去年孟东野往㉒，吾书与汝曰："吾年未四十，而视茫茫，而发苍苍，而齿牙动摇。念诸父与诸兄，皆康强而早世，如吾之衰者，其能久存乎！吾不可去，汝不肯来，恐旦暮死，而汝抱无涯之戚也！"孰谓少者殁而长者存，强者夭而病者全乎！呜呼，其信然邪？其梦邪？其传之非其真邪？信也，吾兄之盛德而夭其嗣乎？汝之纯明而不克蒙其泽乎？少者强者而夭殁，长者衰者而存全乎？未可以为信也，梦也，传之非其真也，东野之书，耿兰㉓之报，何为而在吾侧也？呜呼！其信然矣，吾兄之盛德而夭其嗣矣！汝之纯明宜业其家㉔者不克蒙其泽矣！所谓天者诚难测，而神者诚难明矣！所谓理者不可推，而寿㉕者不可知矣！虽然，吾自今年来，苍苍者或化而为白矣，动摇者或脱而落矣，毛血日益衰，志气日益微，几何不从汝而死也！死而有知，其几何离；其无知，悲不几时，而不悲者无穷期矣！汝之子㉖始十岁，吾之子㉗始五岁，少而强者不可保，如此孩提者又可冀其成立邪？呜呼哀哉，呜呼哀哉！

汝去年书云：比㉘得软脚病，往往而剧。吾曰：是疾也，江南之人常常有之。未始以为忧也。呜呼！其竟以此而殒其生乎？抑别有疾而至斯乎？汝之书六月十七日也；东野云：汝殁以六月二日，耿兰之报无月日：盖东野之使者不知问家人以月日，如耿兰之报不知当言月日，东野与吾书乃问使者，使者妄称以应之耳。其然乎？其不然乎？

今吾使建中祭汝，吊汝之孤与汝之乳母。彼有食可守以待终丧㉙，则待终丧而取以来；如不能守以终丧，则遂取以来。其余奴婢，并令守汝丧。吾力能改葬，终葬汝于先人之兆㉚，然后惟其所愿。呜呼！汝病吾不知时，汝殁吾不知日；生不能相养以共居，殁不得抚汝以尽哀，敛㉛不凭其棺，窆㉜不临其穴；吾行负神明而使汝夭，不孝不慈，而不得与汝相养以生，相守以死；一在天之涯，一在地之角，生而影不与吾形相依，死而魂不与吾梦相接：吾实为之，其又何尤？彼苍者天，曷其有极！

自今已往，吾其无意于人世矣。当求数顷之田于伊颍㉝之上，以待余年，教吾子与汝子幸其成，长吾女与汝女待其嫁：如此而已。呜呼！言有穷而情不可终，汝其知也邪？其不知也邪？呜呼哀哉，尚飨㉞！

### 【注释】

①十二郎：韩老成。韩愈的侄子，韩愈仲兄韩介的次子，出嗣韩会为子。由于韩老成在家中排行第十二，故称为"十二郎"。韩愈年幼丧父，由韩会夫妇抚养成长，他和韩老成生活在一起，叔侄间的感情非常亲密深挚。本文写于贞元十九年（803），得知韩老成去世消息后的第七天。

②年月日：此为拟稿时原样。《文苑英华》本作"贞元十九年五月二十六日"。但依据文中"汝之书六月十七日也"，可推断，五月并不恰当。

③季父：家中排行老四的叔父。古人兄弟姐妹排行，从大至小顺序为：伯、仲、叔、季。韩愈在家中排行老四，故称为季父。

④衔哀：内心含有悲哀。致诚：表达真挚的诚意。

⑤建中：人名，韩愈家中的仆人。时羞：应季新鲜的食品。羞，同"馐"。

⑥省：知，知道。所怙（hù）：《诗经》有"无父何怙，无母何恃"诗句，后世于是用"怙"代指父亲，用"恃"代指母亲。韩愈父亲韩仲卿于大历五年（770）去世，韩愈当时仅3岁。

⑦兄殁南方：代宗大历十二年（777），韩愈哥哥韩会被贬韶州刺史，次年卒于韶州贬所，时年42岁，当时韩愈12岁。

⑧河阳：唐代地名，在淮洲修武县的南阳，今在河南省孟县西，是韩氏祖宗坟墓的所在地。

⑨江南：见《祭郑夫人文》："既克返葬，遭时艰难。百口偕行，避地江濆。"可推断出江南应指宣州，今属安徽省宣城县。

⑩三兄：是指韩愈的三个哥哥，分别是韩会、韩介，还有一位死时尚幼，还未来得及起名字。

⑪先人：指韩愈的父亲韩仲卿。

⑫两世一身：指韩愈和韩老成子孙二人都只剩下一个男丁。

⑬视：探望。古时探亲，上对下为视，下对上为省。贞元二年（786）韩愈19岁，从宣州游长安，贞元八年（792）登第，中间回过一次宣州探望韩老成。

⑭董丞相：董晋（723—779），字混成，官至宰相。汴州：唐代地名，今属河南省开封市。

⑮孥（nú）：妻子、儿女的统称。本句话的意思是，韩老成请求回宣州将家眷接来在汴州同住。

⑯薨（hōng）：唐以后二品以上官员死曰薨。在古代，等级制度森严，不同官职、阶层的人死有不同的表达方式：帝王、天子、太后的死为崩；诸侯或爵位的官员死为薨；大夫阶层的死为卒；士的死为不禄；百姓、差役的死为死；未成年人的死为殇等。

⑰不果：不能够，未能。

⑱徐州：唐代地名，今属江苏省徐州市。

⑲东：指汴州和徐州。在地理位置上，汴州和徐州都在修武的东面。

⑳斗斛（hú）：古代十斗为一斛，在此比喻自己的俸禄微薄。

㉑万乘：古代兵车一乘，有马四匹。封国的大小是以兵赋来计算的。在战国时代，封凡地方千里的大国，称为万乘之国。汉至唐，以户口来计算封邑的大小。这里的万乘，是指封邑很大。公：三公。相：宰相。

㉒去年：指贞元十八年（802）。孟东野：孟郊（751—814），字东野，唐代著名诗人，代表作《游子吟》等，是韩愈的挚友。

㉓耿兰：人名，与前文建中均为韩愈家的仆人。

㉔宜业其家：指很好地继承先人的事业。

㉕寿：一作"年"。

㉖汝之子：指韩老成长子韩湘。韩老成有两个儿子。长子韩湘，次子韩滂。韩老成离世的时候，韩湘10岁。

㉗吾之子：指韩愈长子韩昶（chǎng），小名府。韩老成离世时5岁。

㉘比：最近，近来。

㉙终丧：服满三年丧期。

㉚先人：前人。在这里指韩愈的祖先。兆：墓地。

㉛敛：通"殓"，为死者穿衣装入棺材。

㉜窆（biǎn）：落葬下棺。

㉝伊颍：伊水、颍水。今属河南省境内。在此指韩愈的故乡。

㉞尚飨：古代祭文结语用辞。意为希望死者享用祭品。

### 阅读提示

本文被誉为"祭文中千年绝调"，是韩愈在得知其侄韩老成去世之后的第七天所作。韩愈在《祭十二郎文》中抒发了与亡侄天人相隔、不复相见的悲痛，同时透露出人生际遇的无奈、宦海浮沉的哀伤。

文中先叙述自己身世凄苦，自幼丧父，由兄嫂抚养，与韩老成孤苦为伴，名为叔侄，实为兄弟，由此点出二人情谊深厚。接着写作者19岁离家，与韩老成三次分别最终不得相见，猝然听闻韩老成离世，不禁悲从中来。进而通过回忆二人书信的往来，引出"少者殁而长者存，强者夭而病者全"的感慨，作者悲痛之余甚至不相信韩老成的离去。于是作者开始质疑，但东野的来信、耿兰的报丧无一不证实着这个残酷的现实。然而，更让作者感到绝望与无奈的是，韩老成的死因死期全部没有确切的信息——"汝病吾不知时，汝殁吾不知日"，只能凭仅有的线索进行于事无补的推测。哀痛不仅仅来自韩老成的离世，更来自自己对死者的未知，对人生际遇的无法掌控。行文中，作者的情感越发浓厚，从遗憾到伤痛，到无法接受，再到绝望，直至无可奈何，无一不突出一个"情"字。文中出现十次的"呜呼"，更显作者对亡侄的悼念之情。可以说，《祭十二郎文》是作者用生命和泪水写成的一部哀祭之文。作者童年的不幸，为求功名与韩老成聚少离多，少殁长存……这一切的一切，都是"理者不可推""寿者不可知"。生死的无奈，官场的沉浮，自己都无法掌握、无法挽救，甚至无力解脱。

同时，本文不仅继承了祭文抒发哀思的特点，更从其内容和形式上对悼文进行了双重突破。韩愈推尊儒学，反对六朝以来骈偶的文风，提倡散体。在《祭十二郎文》中，作者打破了祭文骈文或四字一句的韵文传统风格，通篇用散体。读罢全文，让人体会到作者对韩老成离世的哀痛之外，还品出了别样的情思。最后，文中采用的第一人称、第二人称的对话形式，为后世祭文的写作提供了新的思路与写作模式，成为祭文中的典范。

### 读后思考题

1. 韩愈此文情致丰厚，试分析其"以情胜"的艺术特色。
2. 结合全文，试谈谈作者怎样表达对十二郎离去的悲痛与遗憾之情。

# 伤仲永①

王安石

◎王安石生平事迹参见《明妃曲》篇。王安石在文学上彪炳千秋，是"唐宋八大家"之一。他重视文章的社会意义，主张文应"有补于世"，强调"文章合用世"。他的散文逻辑严谨，语言精绝，鞭辟入里，笔力雄健峭拔。

◎本文选自《王荆公文集笺注》中册，李之亮笺注，四川出版集团巴蜀书社2005年版。

　　金溪②民方仲永，世隶耕③。仲永生五年，未尝识书具④，忽啼求之。父异焉，借旁近与之，即书诗四句，并自为其名。其诗以养父母、收族为意⑤，传一乡秀才观之。自是指物作诗立就⑥，其文理⑦皆有可观者。邑人奇之，稍稍宾客其父⑧，或以钱币乞之。父利其然也，日扳仲永环谒于邑人⑨，不使学。

　　予闻之也久，明道中，从先人还家，于舅家见之，十二三矣。令作诗，不能称前时之闻。又七年，还自扬州⑩，复到舅家，问焉。曰："泯然众人矣。"王子⑪曰：仲永之通悟，受之天也⑫。其受之天也，贤于材人⑬远矣。卒之为众人，则其受于人者不至也。彼其受之天也，如此其贤也，不受之人，且为众人。今夫不受之天，固众人，又不受之人，得为众人而已邪？

**【注释】**

①本文写自康定元年（1040），王安石当时尚未中第，随其父亲游宦，在其舅舅家再次见到方仲永，本文为悼叹方仲永"泯然众人"而写。伤：哀伤、惋惜。一说伤害，遭到伤害。

②金溪：宋代县名，今属江西省金溪县。

③隶耕：隶属耕种。指仲永祖上世代为农。

④书具：书写所使用的器具。

⑤养父母：赡养父母。孝文化是中华民族传统文化的重要组成部分。《礼记》中讲求孝敬父母中最基本的层次就是赡养父母。收族：指同族的人按照上下尊卑、礼法宗法关系团结共处。见《仪礼·丧服》："大宗者，收族者也。不可以绝。"

⑥就：完成，成功。

⑦文：辞藻华丽，有文采。理：道理，规律，原理。

⑧稍稍：渐渐。宾客：名词意动用法，这里指将仲永的父亲当作宾客，以礼相待。

⑨扳：同"攀"，攀折、牵引。环：周遍，四处，到处。谒：拜访。

⑩扬州：宋代州名，今属江苏省扬州市。

⑪王子：王安石的自谦之称。

⑫受之天也：天，原本作"人"，后依据龙舒本、缪氏本、《王荆公年谱考略》改为"天"字。

⑬材人：指有才能的人。材，同"才"，才能。

### 阅读提示

　　本文为一篇借事说理的随笔。全文讲述了一个名叫仲永的神童 5～20 岁之间才能变化的故事。仲永 5 岁时天资聪颖，但由于父亲未加以栽培，使得十二三岁的他"不能称前时之闻"，在 20 岁的时候"泯然众人矣"。作者在文章末尾大发议论，提出了天赋人为的观点。文章构思别致，体现了作者超凡的思辨能力和精当的布局技巧。题眼"伤"字，不仅点出了自己对无人提携教授仲永，使其沦为众人而感到惋惜，还道出了仲永之所以沦为众人中的一个，是因为他的父亲把仲永看作获利之资，而不加以指导，泯灭了天才，伤害了仲永。一语双关，用字精辟。在文中，作者用"闻""见""问"三个动词巧妙地将仲永不同年龄段的变化衔接在一起，加以有序的描述，既加入作者亲眼所见、亲耳所闻的真实感，又为后文的议论做了铺垫。同时，仲永在不同时期的变化，与"受之于天""贤于材人""泯然众人"一一对应，都表现出作者构思的精妙，看似信手拈来，实则思辨超人，笔力深厚。

　　全文贯串了王安石"文以载道"、文"有补于世"的文学主张。品读王安石的《伤仲永》，让我们了解到人的知识才能，不能单纯依靠天资，必须加以后天的学习和教育。若非，则"小时了了"而后"江郎才尽"。

### 读后思考题

1. 试通过《伤仲永》一文，谈谈作者的构思精妙之处。
2. 作者是如何评价仲永的？仲永的结局给了我们什么样的启示？

# 秋 声 赋

欧阳修

◎欧阳修（1007—1072），字永叔，号醉翁，又号六一居士，庐陵（今江西吉安）人，北宋政治家、文学家、史学家。幼年丧父，家境贫困，母亲以荻秆画地教他识字。宋仁宗天圣八年（1030）进士，官至枢密副使、参知政事。政治上支持范仲淹一派，主张革新。由于他直言敢谏，屡遭贬谪。晚年政治上趋向保守。死后追赠太子太师，谥文忠。欧阳修继承唐代韩愈"文以载道"的精神，提倡"文""道"并重，反对浮靡文风，是北宋诗文革新运动的领袖。他文、诗、词并工，以散文的成就最高，为"唐宋八大家"之一。其文简而有法，从容流畅。其诗受韩愈的影响较大，也有学李白、杜甫等人，语言自然流畅，风格清新，初开宋诗新局面。他还开创了"诗话"这一新体裁，著《六一诗话》，对后世诗歌理论的发展有一定影响。其词与晚唐五代词风一脉相承，清丽婉约，富有情韵。他在史学上有较高的成就，曾著《新唐书》（与宋祁等合撰）、《新五代史》。著有《欧阳文忠公集》。

◎本文选自《欧阳修选集》，陈新、杜维沫选注，上海古籍出版社1986年版。

欧阳子方夜读书①，闻有声自西南来者，悚然而听之②，曰："异哉！"初淅沥以萧飒③，忽奔腾而砰湃④，如波涛夜惊，风雨骤至。其触于物也，鏦鏦铮铮⑤，金铁皆鸣；又如赴敌之兵，衔枚疾走⑥，不闻号令，但闻人马之行声。余谓童子："此何声也？汝出视之。"童子曰："星月皎洁，明河在天⑦，四无人声，声在树间。"

余曰："噫嘻悲哉⑧！此秋声也，胡为而来哉⑨？盖夫秋之为状也，其色惨淡⑩，烟霏云敛⑪；其容清明，天高日晶；其气栗冽⑫，砭人肌骨⑬；其意萧条，山川寂寥⑭。故其为声也，凄凄切切，呼号愤发。丰草绿缛而争茂⑮，佳木葱茏而可悦⑯；草拂之而色变，木遭之而叶脱⑰。其所以摧败零落者，乃其一气之余烈⑱。"

"夫秋，刑官也⑲，于时为阴⑳；又兵象也㉑，于行用金㉒。是谓天地之义气㉓，常以肃杀而为心㉔。天之于物，春生秋实，故其在乐也，商声主西方之音，夷则为七月之律㉕。商，伤也㉖，物既老而悲伤；夷，戮也㉗，物过盛而当杀㉘。"

"嗟呼！草木无情，有时飘零。人为动物，惟物之灵。百忧感其心，万事劳其形，有动于中，必摇其精㉙。而况思其力之所不及，忧其智之所不能，宜其渥然丹者为槁木，黟然黑者为星星㉚。奈何以非金石之质，欲与草木而争荣？念谁为之戕贼，亦何恨乎秋声㉛！"

童子莫对㉜，垂头而睡㉝。但闻四壁虫声唧唧，如助余之叹息。

【注释】

①欧阳子：作者自称。
②悚然：吃惊的样子。
③淅沥：叠韵联绵词，形容雨、雪、落叶等声音轻微。萧飒：双声联绵词，形容风声稀疏。
④砰湃：同"澎湃"。浪涛冲击声。
⑤鏦鏦铮铮（cōng cōng zhēng zhēng）：金属相撞声。
⑥衔枚：古代秘密行军，叫士兵嘴里衔着枚以免发出声音。枚，形似筷子，竹制。
⑦明河：指银河。
⑧噫嘻：感叹声。
⑨胡为：为何，怎样。
⑩惨淡：浅淡。惨，浅色。
⑪烟霏云敛：云消雾散。霏，飘散。敛，收。
⑫栗冽：同"凛冽"，寒冷的样子。以下两句转入对秋景悲凉的描写。古人行文常常不用关联词，语义的转折需要细加体会。
⑬砭（biān）：用石针刺穴治病，这里是刺的意思。
⑭寂寥：寂静空旷。
⑮绿缛（rù）：碧绿茂密。
⑯葱茏：形容草木青翠而茂盛。
⑰"草拂之"两句：草触到秋气就会变色，树遇到秋气叶子就会脱落。
⑱一气：这里指秋气。余烈：余威。古人认为秋主杀，摧残草木是杀气威烈之余。
⑲刑官：周代以天地四时之名命六官，司寇为秋官，掌刑狱，后世因以秋官为刑部的通称，故秋属刑官。
⑳于时为阴：古人用阴阳二气的升降消长来解释季节的变化，并以阴阳二气配四时，春夏为阳，秋冬为阴。故秋在四时中受阴气支配。
㉑兵象：战争的象征。古代征伐、治兵，多在秋天，秋天属金，故秋为兵象。
㉒于行用金：秋在五行中属金。古人用金、木、水、火、土五行的学说来解释社会和自然现象，并用五行配四时，秋属金。
㉓义气：《礼记·乡饮酒义》："天地严凝之气，始于西南二盛于西北，此天地之尊严气，此天地之义气。"
㉔肃杀：严酷萧瑟的样子，指万物凋敝。
㉕"故其"三句：意谓因此表现在音乐上，"五音"中的商代表西方的声音，"十二律"中的夷则属于七月的律调。按古人把音乐的音调分为五音十二律，以五音与四时相配，用十二律与十二月相配。五音中的商音属秋（秋的方位属西），十二律的夷则与七月相配。
㉖商，伤也：商的意思就是悲伤。"商""伤"同音，这里以声为训。
㉗夷，戮也：夷的意思就是杀戮。
㉘杀：衰、减。
㉙"百忧"四句：人有忧愁劳苦，比草木更容易衰老。精：指人的精神、元气。
㉚"宜其"两句：难怪人们红润的面容忽然变得像枯木一样，乌黑的头发很快变白。渥（wò）然丹者：红润的脸色。渥：沾润，浓抹。丹：朱红色。《诗经·秦风·终南》："颜如渥

丹。"星星：形容鬓发花白。

㉛"念谁"两句：是谁使人受到这样的残害，还不是由于人的忧劳，又何必去怨恨无知的秋声呢？戕：残害。何：何必。

㉜莫对：不回答。

㉝睡：打瞌睡。

### 阅读提示

欧阳修的这篇《秋声赋》是宋代文赋的典范。本文作于宋仁宗嘉祐四年（1059）。它以秋声发端，描绘暮秋山川寂寥、草木凋零的萧条景象，极渲染之能事。在极情铺陈秋声秋色以及秋天的杀气之后，转出另一种潜在的、伤害人类身心的、更为酷烈的"秋"——忧愤和苦闷。

对于这篇文章的主题，有两种不同的看法：一种认为这是一篇典型的悲秋之作，抒发了作者在政治上不能有所作为的郁闷心情；另一种认为"同以往的许多'悲秋'之作相比，本文既无失意的惆怅，又无身世的感伤，体现了作者豁达超然的情怀"。我们赞成后一种看法，这篇赋充满乐观主义精神。它告诉我们两个修身要则：一是要保持心的宁静，因为"有动于中，必摇其精"。二是要去除非分之想，如果"思其力之所不及，忧其智之所不能"，则"宜其渥然丹者为槁木，黟然黑者为星星"。

这篇文章的开头写"我"夜间读书听到有声音从西南方向传来，点出文题（秋声）。又听到各种奇怪的声音，心有杂念，而童子只听到风声，心无杂念，提示文旨（清心养生）。结尾以"童子莫对，垂头而睡"（无忧无虑）衬托"我"忧虑叹息，照应文旨，构思十分精妙。此外，这篇赋散、骈、韵相间，清新流畅，读来朗朗上口，并将难以捉摸的秋声描绘得绘声绘色，体现了作者高超的写作技巧。

### 读后思考题

1. 请细心体会本文的写作技巧。
2. 请思考如何用欧阳修告诉我们的要则进行修身养性。

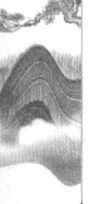

# 游 沙 湖

苏 轼

◎苏轼是北宋杰出的文学家,"唐宋八大家"之一。在苏轼一生所作的近四千篇散文中,以书札、笔记、序跋、传记、寓言和随笔等为表现形式的小品文,可以说代表了其散文的最高成就。《东坡志林》是苏轼的小品文集,是苏轼历时20余年(自元丰至元符年间)撰写的一部手稿,共203篇。书中收录的作品,或记人、或论事、或写物,内容丰富,长短不拘,或千言、或数语,而以短小为多,皆信笔写来,挥洒自如,体现了作者行云流水、涉笔成趣的文学风格,从中可以窥见东坡的学养、思想、世界观等诸多方面,对晚明小品文的写作影响较大。

◎本文选自《东坡志林》,刘文忠评注,中华书局2007年版。

　　黄州东南三十里为沙湖①,亦曰螺师店,予买田其间。因往相田得疾②,闻麻桥人庞安常善医而聋③,遂往求疗。安常虽聋,而颖悟绝人④,以纸画字,书不数字,辄深了人意⑤。余戏之曰⑥:"余以手为口,君以眼为耳,皆一时异人也。"

　　疾愈,与之同游清泉寺。寺在蕲水⑦郭门外⑧二里许,有王逸少⑨洗笔泉,水极甘,下临兰溪⑩,溪水西流。余作歌云:"山下兰芽⑪短浸溪,松间沙路净无泥,萧萧⑫暮雨子规啼⑬。谁道人生无再少?君看流水尚能西,休将白发唱黄鸡⑭。"是⑮日剧饮而归。

### 【注释】

①黄州:在今湖北省黄冈一带。元丰二年(1079),苏轼被贬为黄州团练副使。

②"因往"句:因去沙湖察看所买之地而得了病。相:察看。

③庞安常:当时有名的医生,不只医道高,而且著有不少医学著作,《宋史·方技传》里有他的传。

④颖悟:聪颖,有悟性。

⑤"辄深"句:就能够懂得别人的意思。辄:就。了:了解。

⑥戏:开玩笑。

⑦蕲(qí)水:县名,今湖北省浠水县,因蕲水(蕲河)而得名。

⑧郭门外:城外。郭,指外城的墙,古代在城的外围加筑的一道城墙,泛指城。

⑨王逸少:王羲之,字逸少,东晋大书法家。

⑩兰溪:指湖北蕲水东之兰溪,发源于箬竹山,以其侧多兰而得名。

⑪兰芽:刚长出的兰花幼芽。

⑫萧萧:风雨声。

⑬子规:指杜鹃鸟。

⑭"休将"句：白发、黄鸡，比喻世事匆促，光景催年而发出的悲吟。此处苏轼反其意而用之，在晚年的时光中不要只是去感慨时光易逝。

⑮是：这。

### 阅读提示

　　本文作于元丰五年（1082）三月，是苏轼因乌台诗案贬居黄州时留下的一篇写人记游的随笔小品。文中，作者运用风趣的语言，记述了他和聋人庞安常的结识和出游情形，体现了苏轼旷达乐观的一面。题为"游沙湖"，行文重点不在"游"，而在"感"，这明显有别于一般游记。作者到沙湖"相田"，因得病求医而结识了名医庞安常，病愈后二人同游清泉寺，作者写词抒怀。词的下片说明人生也有返老还童、青春能再的可能，不必枉自悲伤，哀叹光阴易逝，表明了作者积极乐观的人生态度。现代学人吕叔湘先生论苏轼随笔小品文，称其"不刻意为文，遇有可记，随笔写去""或直抒所怀，或因事见理，处处有一东坡，其为人，其哲学，皆豁然呈现"。《游沙湖》，前一部分以文写人，后一部分以词记游，文、词融为一体，是一篇充分显示作者人格品位，能让读者见"其为人，其哲学"的佳作。

### 读后思考题

　　1. 文中穿插的几句戏言有什么作用？本文通过叙事、写景、抒情，充分体现了作者怎样的生活态度？

　　2. 谈谈你对文中词的下半阕的理解。

# 寒花葬志①

归有光

◎归有光（1507—1571），字熙甫，人称震川先生，江苏昆山人，明代文学家。他为文主张继承唐宋古文传统，反对文必秦汉的主张，是唐宋派的重要作家。其文善用简洁质朴的笔墨，描写家人、朋友之间的日常琐事，言近旨远，充满感情。黄宗羲推其为明文第一人。有《归震川稿》存世。

◎本文选自《震川先生集》，周本淳校点，上海古籍出版社1981年版。

婢，魏孺人媵②也。嘉靖丁酉③五月四日死。葬虚丘④。事我而不卒⑤，命也夫！

婢初媵时，年十岁，垂双鬟，曳深绿布裳⑥。一日天寒，爇火⑦煮荸荠熟，婢削之盈瓯⑧，予入自外，取食之，婢持去不与⑨。魏孺人笑之。孺人每令婢倚几旁饭⑩，即饭，目眶冉冉⑪动，孺人又指予以为笑。回想是时⑫，奄忽⑬便已十年。吁！可悲也已⑭！

## 【注释】

①这篇文章是归有光为婢女寒花所写的墓志。寒花：文中婢女之名。志：墓志，一种文体。

②魏孺人：这里指作者的妻子魏氏。孺人，明清时七品职官的妻子封为孺人。媵（yìng）：陪嫁的奴婢。下文的"初媵时"则是"刚陪嫁过来的时候"的意思。

③嘉靖丁酉：即嘉靖十六年（1537）。嘉靖，明世宗朱厚熜的年号。丁酉，干支纪年，古代的一种纪年方法。

④虚丘：古虚丘邑在今山东省境内。这里的"虚丘"似应为"丘虚"，指荒地。

⑤事：服侍，侍奉。卒：终，这里是到头、到底的意思。

⑥曳：拖着。裳（cháng）：古时下身的衣服，类似于长裙，男女均穿。

⑦爇（ruò）火：即点火，烧火。爇，烧。

⑧盈：满。瓯（ōu）：瓦盆。

⑨持：拿。与：给。

⑩倚几旁饭：靠在几旁吃饭。倚，靠。几，一种小而矮的桌子。

⑪冉冉（rǎn）：犹说"徐徐"，形容眼睛忽忽悠悠转动的样子。

⑫是时：那个时候。是，代词，那个。

⑬奄忽（yān hū）：忽然，很快。

⑭已：通"矣"。

### 🍀 阅读提示 🍀

嘉靖十六年（1537）五月四日，归有光第一位妻子魏孺人的陪嫁丫头寒花死了，归有光为她写下了这篇墓志。

本文起笔简述寒花的身份及丧葬情况，接下来的第二段没有浓墨重彩地描写婢女寒花如何如何，而是首先追忆刚到归家时年仅10岁的小女孩装束，继而以两个日常生活中的场景，透过"持去不与""目眶冉冉动"两个动作情态的描述，已将寒花稚气可爱的形象托出纸背。读罢全段，掩卷而思：本文真的只是忆及寒花吗？仔细一想，便会发觉文中明写寒花，实则暗写了魏孺人。寒花每每做出稚气好笑的举动时，魏孺人即赶忙指给归有光看，这分明是一幅夫妻情深意笃，主仆和乐融融的画面。结尾"回想是时，奄忽便已十年"语虽淡，但斯人已去柔情依旧的沉痛不言而明。

归有光最擅从日常琐事中截取小细节勾画人物，笔调疏淡而有余韵，于此文中可见一斑。

### 🍀 读后思考题 🍀

1. 本文第二自然段从哪几个方面来写寒花，分别表现了寒花怎样的性格特点？
2. 请结合中学所学的《项脊轩志》，分析归有光散文的特点。

# 与丘长孺书[①]

袁宏道

◎袁宏道（1568—1610），字中郎，号石公，湖北公安人，明代文学家。与其兄宗道、其弟中道，并称"三袁"，为"公安派"创始者，其文学成就居"三袁"之首。他性爱山水，淡泊名利，一生有三次为官经历，但每次总是上任不久后即辞官，所以为官时间总计只有五六年。他主张文学应随时代变化而变化，反对拟古，强调诗文要"独抒性灵，不拘格套"，这在一定程度上有利于打破宋明理学对文学的禁锢，提高散文的文学性和创作的个性化。其作品率真自然，清新有韵致，特别是书简、序跋和山水游记成就较高。著有《袁中郎全集》。

◎本文选自《袁宏道集笺校》上册，钱伯城笺校，上海古籍出版社1981年版。

闻长孺病甚，念念[②]。若长孺死，东南风雅尽矣，能无念耶？

弟作令[③]备极丑态，不可名状。大约遇上官则奴，候[④]过客则妓，治钱谷则仓老人[⑤]，谕百姓则保山婆[⑥]。一日之间，百暖百寒，乍阴乍阳，人间恶趣，令一身尝尽矣。苦哉！毒哉！

家弟秋间欲过吴[⑦]。虽过吴，亦只好冷坐衙斋，看诗读书，不得如往时，携侯子登虎丘山故事也[⑧]。

近日游兴发不？茂苑主人虽无钱可赠客子[⑨]，然尚有酒可醉，茶可饮，太湖一勺水可游，洞庭一块石[⑩]可登，不大落莫[⑪]也。如何？

## 【注释】

①这是袁宏道于明神宗万历二十三年（1595）乙未，任吴县县令时给丘长孺的一封信。丘长孺：名坦，字坦之，号长孺，湖北麻城人，"公安派"作家之一。善诗，工书，喜游历。明万历三十四年（1606）举武乡试第一，官至海州参将。

②念念：书信习惯用语，意谓很是想念。

③令：县令。袁宏道时任江苏吴县（今江苏苏州）知县。

④候：侍候接待。

⑤仓老人：管理官仓的老吏。

⑥谕：旧时上告下，官府对百姓告诫叫"谕"。保山婆：媒婆。

⑦家弟：谦称自己的弟弟。这里指袁宏道之弟袁中道。吴：吴县。

⑧侯子：有的版本又作"胡孙"（即"猢狲"），喻小孩。一说此处"侯子"为袁宏道好友陶望龄外号。虎丘山：苏州名胜地。故事：先例。

⑨茂苑：苏州别称。吴县县治所在地，袁宏道是吴县令，故以茂苑主人自居。

⑩洞庭一块石：指太湖中的东西洞庭山。

⑪落莫：同"落寞"，冷落。

### 🞛 阅读提示 🞛

　　本文信笔直书，短小精致，意态横生，亦庄亦谐，可以说是直抒性灵的代表作。全文以问长孺之病，叹官场之苦，冀风雅之游三个层次来架构。开篇问病并以常人尤为忌讳的"死"字言之，调侃间，既表现了二人关系的亲密及作者对友人的高度关爱，也展示了作者耿介不同凡俗的个性。继而以四个排比句，向友人倾诉自己在吴县做县令的各种丑态，自嘲的外衣下是对苟且蝇营的官场生活的厌恶和讽刺。官场琐务纠缠在作者看来不亚于牢笼，连胞弟远道来访，自己也不能相与登虎丘游玩，难怪作者要发出"苦哉！毒哉！"之叹。结尾以吴县主人自居，邀友游吴县山水，表达了作者寄意山水、淡泊名利的雅趣。

### 🞛 读后思考题 🞛

1. 袁宏道此文颇有性情，试分析其行文风格。
2. 如何评价袁宏道在本文中所流露出的人生态度？

# 游万柳堂记[①]

刘大櫆

◎刘大櫆（1698—1779），字才甫，一字耕南，号海峰，安徽桐城人。清中叶最大的散文流派——"桐城派"的代表作家之一，他与方苞、姚鼐一起被尊为"桐城三祖"。他为文除了讲求"义理"，强调神气、音节、字句的统一，还重视散文的神韵和艺术表现。刘氏散文长于气势，富有文采，内容多为怀才不遇的牢骚，于时弊也时有指摘。工诗，其诗作也常为时人称道。著有《刘海峰诗文集》《论文偶记》等。《清史稿》有传。

◎本文选自《刘大櫆集》，吴孟复标点，上海古籍出版社1990年版。

昔之人贵极富溢[②]，则往往为别馆[③]以自娱，穷极土木之工而无所爱惜。既成，则不得久居其中；偶一至焉而已，有终身不得至者焉。而人之得久居其中者，力又不足以为之。夫贤公卿勤劳王事[④]，固将不暇于此；而卑庸者类欲以此震耀其乡里之愚[⑤]。

临朐相国冯公[⑥]，其在廷时，无可訾[⑦]，亦无可称。而有园在都城之东南隅，其广三十亩，无杂树，随地势之高下，尽植以柳，而榜[⑧]其堂曰"万柳之堂"。短墙之外，骑行者可望而见其中。径曲而深，因其洼以为池，而累其土以成山。池旁皆兼葭，云水萧疏可爱。

雍正之初，予始至京师，则好游者咸为予言此地之胜。一至，犹稍有亭榭；再至，则向之飞梁架于水上者[⑨]，今欹卧[⑩]于水中矣；三至，则凡其所植柳，斩焉无一株之存。人世富贵之光荣，其与时升降，盖略与此园等。然则，士苟有以自得，宜其不外慕乎富贵；彼身在富贵之中者，方殷忧之不暇[⑪]，又何必朘民之膏以为苑囿也哉[⑫]？

【注释】

①万柳堂：此处是指康熙年间刑部尚书冯溥的园林别墅。元朝宰相廉希宪曾在京西丰台（一说在钓鱼台）修建别墅"万柳堂"，冯溥借其名作为自己别墅之名。

②富溢：意谓富极。

③别馆：即别墅，指住宅以外另建的园林馆舍。

④勤劳王事：为朝廷辛劳效力。

⑤"而卑庸"句：意为卑陋庸俗之辈想以所造的豪华别墅向家乡的愚民百姓炫耀。

⑥冯公：即冯溥，山东临朐人，顺治年间进士，曾任吏部侍郎，康熙年间擢为刑部尚书、文华殿大学士，颇得康熙皇帝信任，曾为清廷广罗人才。《清史稿》有传。

⑦訾（zǐ）：毁谤、非议。

⑧榜：题名。

⑨飞梁：悬空修建的桥梁。
⑩攲卧：倾倒。攲（qī），倾斜。
⑪殷忧：深忧。
⑫朘（juān）：剥削。苑囿（yòu）：园林。

### 阅读提示

本文写于清代雍正初年（1723）。题名虽为《游万柳堂记》，但全文对风景名胜的着墨并不多，而是一篇寓世事沉浮于园林兴衰的讽世之作。

文章从昔之富贵者建别馆而不久居与可久居者却无力兴建的现象落笔，对"穷极土木之工而无所爱惜"的行为和以豪苑别馆炫富乡里的庸俗者进行了揭露和批判，字里行间充溢着作者的忧愤之情。紧接着笔锋一转，由古人而及今人，引出万柳堂的来历，并以白描手法具体描绘了园池景色（"径曲而深，因其洼以为池，而累其土以成山。池旁皆兼葭，云水萧疏可爱"），笔墨虽简而园林情韵自显。继而作者借三游万柳堂所见之景的日益衰败，由物事兴衰而思及人事荣枯，慨叹富贵之不可长保，然后进一步呼吁士大夫当勤劳国事，不要劳民伤财修建园囿（"何必朘民之膏以为苑囿也哉"）。作者的忧愤之情，溢于言表。本文虽然简短，但寓理于景，寓情于文，慷慨而有余韵。

### 读后思考题

1. 请仔细揣摩本文并思考其在当今所具有的现实意义。
2. 请把朱彝尊的《万柳堂记》找来，参照着读一读，思考两位作者在立意上有何不同。

# 牡丹亭（节选）①

汤显祖

◎汤显祖（1550—1616），字义仍，号海若、若士，晚年号茧翁，自署清远道人，江西临川（今江西抚州）人。明代著名戏曲作家、文学家。汤显祖少年好学，早有文名，但因不肯依附权贵而数次落榜，直至34岁才考中进士。汤显祖历任南京太常寺博士、詹事府主簿和礼部祠祭司主事等职，后因上《论辅臣科臣疏》，抨击朝政，触怒神宗，被贬为广东徐闻县典史，两年后调任浙江遂昌知县，在任上政绩显著，深受百姓爱戴。其因不满社会现实的黑暗，终隐归故里，以词曲自娱。汤显祖在思想上受泰州学派影响，崇尚真性情，追求个性解放，提出以情反理。在戏曲创作上，他主张以意趣神色为主，强调抒写真情实感，反对死守曲律。汤显祖以戏剧名世，在他的影响下，形成了"临川派"。其一生著述甚丰，有传奇剧本"临川四梦"，包括《牡丹亭》《紫钗记》《邯郸记》《南柯记》，其中以《牡丹亭》最为著名。另有诗文集《玉茗堂全集》。

◎本文选自《牡丹亭》，（明）汤显祖著，徐朔方、杨笑梅校注，人民文学出版社2002年版。

［绕池游］②（旦上③）梦回莺啭④，乱煞年光遍⑤。人立小庭深院。（贴⑥）炷尽沉烟⑦，抛残绣线，恁今春关情似去年⑧？

［乌夜啼］"（旦）晓来望断梅关⑨，宿妆残⑩。（贴）你侧着宜春髻子⑪恰凭阑。（旦）剪不断，理还乱，闷无端。（贴）已分付催花莺燕借春看。"（旦）春香，可曾叫人扫除花径？（贴）分付了。（旦）取镜台衣服来。（贴取镜台衣服上）"云髻罢梳还对镜，罗衣欲换更添香。"镜台衣服在此。

［步步娇］（旦）袅晴丝吹来闲庭院⑫，摇漾春如线。停半响、整花钿。没揣菱花⑬，偷人半面⑭，迤逗的彩云偏⑮。（行介⑯）步香闺怎便把全身现！（贴）今日穿插的好。

［醉扶归］（旦）你道翠生生出落的裙衫儿茜⑰，艳晶晶花簪八宝填⑱，可知我常一生儿爱好是天然。恰三春好处无人见⑲。不隄防沉鱼落雁鸟惊喧，则怕的羞花闭月花愁颤。（贴）早茶时了，请行。（行介）你看："画廊金粉半零星，池馆苍苔一片青。踏草怕泥新绣袜⑳，惜花疼煞小金铃㉑。"（旦）不到园林，怎知春色如许！

［皂罗袍］原来姹紫嫣红开遍，似这般都付与断井颓垣。良辰美景奈何天，赏心乐事谁家院㉒！恁般景致，我老爷和奶奶再不提起。（合）朝飞暮卷，云霞翠轩；雨丝风片，烟波画船——锦屏人忒看的这韶光贱㉓！（贴）是花都放了，那牡丹还早。

［好姐姐］（旦）遍青山啼红了杜鹃，荼蘼外烟丝醉软㉔。春香呵，牡丹虽好，他春归怎占的先！（贴）成对儿莺燕呵。（合）闲凝眄㉕，生生燕语明如剪，呖呖莺歌溜的圆。（旦）去罢。（贴）这园子委是观之不足也。（旦）提他怎的！（行介）

［隔尾］观之不足由他缱㉖，便赏遍了十二亭台是枉然。到不如兴尽回家闲过遣。

（作到介）（贴）"开我西阁门，展我东阁床。瓶插映山紫㉗，炉添沉水香。"小姐，你歇息片时，俺瞧老夫人去也。（下）（旦叹介）"默地游春转，小试宜春面㉗。"春呵，得和你两留连，春去如何遣？咳，恁般天气，好困人也。春香那里？（作左右瞧介）（又低首沉吟介）天呵，春色恼人，信有之乎！常观诗词乐府，古之女子，因春感情，遇秋成恨，诚不谬矣。吾今年已二八，未逢折桂之夫；忽慕春情，怎得蟾宫之客？昔日韩夫人得遇于郎㉙，张生偶逢崔氏㉚，曾有《题红记》《崔徽传》二书。此佳人才子，前以密约偷期㉛，后皆得成秦晋㉜。（长叹介）吾生于宦族，长在名门。年已及笄㉝，不得早成佳配，诚为虚度青春。光阴如过隙耳。（泪介）可惜妾身颜色如花，岂料命如一叶乎！

[山坡羊] 没乱里春情难遣㉞，蓦地里怀人幽怨。则为俺生小婵娟，拣名门一例、一例里神仙眷。甚良缘，把青春抛的远！俺的睡情谁见？则索因循腼腆㉟。想幽梦谁边，和春光暗流转？迁延㊱，这衷怀那处言！淹煎，泼残生，除问天㊲！身子困乏了，且自隐几而眠㊳。（睡介）……

### 【注释】

①选自《牡丹亭》第十出《惊梦》的前半出。

②[绕池游]：即为引子。引子：南曲曲调分为引子、过曲、尾声三大类，引子为散板曲，凡生、旦等脚色上场，一般先唱引子。

③旦：戏曲脚色名，扮演剧中的女主角。这里指扮演杜丽娘的演员。

④啭：形容鸟鸣婉转。

⑤乱煞年光遍：到处弥漫着撩乱人心的春光。

⑥贴：戏曲脚色名，是贴旦的简称，扮演剧中次要的女角色。这里指扮演丫环春香的演员。

⑦炷：焚烧。沉烟：香料名，即沉香。

⑧"恁今春"句：恁，为什么。关情，关切之情。似，胜似，含更胜之意。这句意思是为何今年对春光的关切之情胜过去年。

⑨梅关：在今江西大庾岭上。本剧故事发生在江西南安府，就在梅关附近。

⑩宿妆：隔夜的装束。

⑪宜春髻子：饰有"宜春"彩燕的发髻。古时在立春这天，妇女剪彩绸作燕子形状，戴在发髻上，上贴"宜春"字样。

⑫袅晴丝：昆虫吐出的丝缕在晴空中飘动。袅，飘忽摇曳的样子。

⑬没揣：没在意。菱花：古时候的铜镜，背面多为菱花，故称菱花镜，后用菱花作为镜子的代称。

⑭偷人半面：指在镜子中照见了自己的半个面容。

⑮迤逗：挑逗、引诱。彩云：指代美丽的发卷。

⑯介：戏曲术语，表动作。

⑰翠生生：形容服饰色彩鲜艳。出落的：衬托得，显得。茜（qiàn）：红色。

⑱艳晶晶：明亮光彩的样子。花簪八宝填：指用多种宝石镶嵌的簪子。填，镶嵌。

⑲三春好处：指女子的青春美貌。三春，即春天。

⑳泥：这里作动词用，被泥弄脏。

㉑惜花疼煞小金铃：据《开元天宝遗事》记载，唐代天宝初年，宁王因惜花之故，用红绳缀上小铃，系在花梢上，每有鸟鹊飞落，则让园吏拉响铃儿，将鸟赶走。

㉒"良辰"二句：是说大好春光，美丽景色，却无人欣赏，有负苍天；能使人赏心悦目的乐事，又在哪一家呢？写出了杜丽娘内心的无限怅惘之情。

㉓锦屏人：指隔绝在锦绣屏风里的人，即幽居深闺中的女子。忒（tuī）：太。韶光：春光。

㉔荼蘼：花名，晚春开花，花黄白色。

㉕凝眄（miǎn）：注视。

㉖缱：留恋。

㉗映山紫：杜鹃花的一种，亦称映山红。

㉘宜春面：指头上梳起宜春髻的装扮。

㉙韩夫人得遇于郎：唐代传奇故事。唐僖宗时，宫女韩氏以红叶题诗，从御宫中流出，被书生于祐拾到。于祐也以红叶题诗，从御沟上流流入宫中，寄给韩氏。后二人结为夫妻。

㉚张生偶逢崔氏：即张生和崔莺莺的爱情故事。见唐代元稹所作的传奇《会真记》。

㉛偷期：幽会。

㉜得成秦晋：指成为夫妻。春秋时期，秦晋两国世代联姻，后世称联姻为秦晋之好。

㉝及笄（jī）：古代女子十五岁开始用笄（簪）束发，称及笄。意指女子已成年，到了婚配的年龄。

㉞没（mò）乱里：指心绪烦乱。

㉟则索：只得。因循：守旧。

㊱迁延：指时间慢慢流逝。

㊲淹煎：受煎熬，受折磨。泼残生：苦命的意思。泼，原是骂人的话，这里表厌恶之情。

㊳隐几：靠着几案。

## 阅读提示

《牡丹亭》又名《还魂记》，共五十五出，是我国古代戏曲史上最优秀的作品之一。故事写贵族小姐杜丽娘为追求爱情因梦而死，死而复生，最终和书生柳梦梅结为夫妻的爱情故事。作品热情讴歌了青年男女对自由爱情生活的追求，流露出要求个性解放的思想倾向，具有浓郁的浪漫主义色彩。

《游园》是《牡丹亭》第十出《惊梦》的前半部分。故事讲杜丽娘在丫环春香的引逗、陪伴下，背着父母，来到后花园。大自然的美丽景色唤醒了她对美好春光的向往和对青春的热爱，也勾起了她内心的青春情怀和人生欲求。经过一番内心的挣扎之后，她大胆走出深闺，并唱出了内心的感伤怅惘和对封建礼教束缚的不满，由此走上了一条"叛逆"的道路。[绕池游]、[步步娇]、[醉扶归]三曲描写的是杜丽娘游园前的心情，既写了她的春愁，也形象表现了少女初出闺房的彷徨与羞涩；[皂罗袍]、[好姐姐]、[隔尾]三曲则是杜丽娘游园时所唱，既描写了满园美好的春色，也揭示了她内心的惆怅与哀愁，她感叹年华虚度，不满封建礼教的束缚。这是全剧中重要的一段，具有转折性的意义。在艺术方面，作者着意刻画杜丽娘的内心世界，采用情景交融的表现手法，把人物的心情和客观的景物结合起来，并通过一系列特定的细节描写来传达人物的心理活动，生动地展现了一个渴望挣脱精神枷锁，热切追求自由、向往美好爱情的光辉动人的少女形象。剧作语言典雅优美，文采飞扬，富有诗意，是《牡丹亭》中脍炙人口的一段。

### 读后思考题

1. 分析杜丽娘形象的主要特点。这一形象在当时具有怎样的社会意义？
2. 以上几支曲子是如何刻画杜丽娘的内心世界的？
3. 汤显祖的剧作曲辞优美，请结合作品谈谈你的看法。
4. 背诵几支《游园》中你喜欢的曲文。

# 世说新语（二则）

## 刘义庆

◎《世说新语》是我国著名的笔记小说集，是魏晋时期志人小说中轶事小说的集大成者，本名《世说新书》，简称《世说》。南朝刘宋宗室临川王刘义庆（403—444）组织一批文人编撰，梁代刘峻作注。全书原为八卷，刘注本分为十卷，今传本作三卷。全书分为德行、言语、政事、文学、方正、雅量等三十六门，共一千多则，主要记载了汉末魏晋人物的言谈轶事，反映了这个时期士族阶层的生活状况、人生态度、思想精神和文化趣味，具有很高的史料价值和认识价值。本文选了其中二则。全书语言含蓄隽永，简约玄淡，善于通过人物的言行刻画其肖像和精神面貌。鲁迅先生曾把它的艺术特点概括为"记言则玄远冷隽，记行则高简瑰奇"，在艺术上有较高成就。《世说新语》自问世以来，便受到很多文人的喜爱和重视，不少戏剧、小说常常从中寻找素材，不少后来习用的成语、熟语也来源于此。

◎本文选自《中国历代文学作品选》上编第二册，朱东润主编，上海古籍出版社1979年版。

## 王蓝田性急

王蓝田性急①。尝食鸡子②，以筯刺之不得③，便大怒，举以掷地。鸡子于地圆转未止，仍下地以屐齿蹍之④。又不得。瞋甚⑤，复于地取内口中⑥，啮破即吐之⑦。王右军闻而大笑曰："使安期有此性⑧，犹当无一豪可论⑨，况蓝田耶！"

【注释】

①王蓝田：即王述，字怀祖，官至散骑常侍、尚书令，袭爵蓝田侯，故称。

②鸡子：鸡蛋。

③筯：通"箸"，筷子。

④仍：于是。屐齿：木屐底上的齿。蹍（niǎn）：踩、踏。

⑤瞋：怒。

⑥于：从。内（nà）：通"纳"，放入。

⑦啮（niè）：咬。

⑧王右军：即王羲之，曾做右军将军。安期：王承的字，他是王述的父亲，曾官东海内史、从事中郎。

⑨犹：尚且。豪：通"毫"。可论：可取，值得称道。这句的意思是说，即使王承有此急性，尚且一无可取，何况他的儿子王述德望不及王承，自然更不值得一提了。

### 阅读提示

本篇出自《世说新语·忿狷门》，是一篇刻画人物性格的精品，描写了贵族王蓝田吃鸡蛋时急躁而可笑的行为。文章不足百字，通过极富特征的典型细节，用白描的手法，以精简的笔墨，描绘出一幅动态的人物素描，将人物的动作以及情态、心理，都生动逼真地展现出来，使人物栩栩如生地跃然纸上。小说为了抓住人物的性格特点，突出其"性急"，选取了生活中吃鸡蛋的一件小事，通过"刺、掷、蹍、啮、吐"等一系列连续性的动作描写，加上"怒、瞋"等神态的刻画，使读者如闻其声，如见其人，从而留下鲜明且深刻的印象。这段文字，不仅让我们清楚地看到一个性情急躁且气量颇为狭小的豪门贵族的病态形象，而且充分显示了我国古代早期小说在表现艺术上已经达到了很高的水平。

### 读后思考题

1. 概括王蓝田的性格特征。
2. 以本篇为例，说说《世说新语》写人精简传神的特点。

## 石 崇 王 恺

石崇与王恺争豪①，并穷绮丽以饰舆服②。武帝③，恺之甥也。每助恺。尝以一珊瑚树高二尺许赐恺④，枝柯扶疏⑤，世罕其比。恺以示崇，崇视讫，以铁如意击之⑥，应手而碎。恺既惋惜，又以为疾己之宝⑦，声色甚厉。崇曰："不足恨⑧，今还卿。"乃命左右悉取珊瑚树，有三尺、四尺，条干绝世⑨、光彩溢目者六七枚，如恺许比甚众⑩。恺惘然自失⑪。

### 【注释】

①石崇（249—300）：字季伦，西晋渤海南皮（今属河北省沧州市南皮县）人。元康初年（291），出任南中郎将、荆州刺史。在荆州劫掠客商而成巨富。于河阳金谷置别馆，常与贵戚羊琇、王恺等夸富竞侈，极尽奢靡。永康元年（300），淮南王司马允政变失败，因旧与赵王司马伦心腹孙秀有隙，被诬为司马允同党，与潘岳等人一同被族诛，并没收其家产。王恺：字君夫，晋代东海郡（今山东省东南部及江苏省部分地区）人，名儒王肃之子，晋武帝司马炎的母舅，官至龙骧将军、骁骑将军、散骑常侍，生活极其奢侈。争豪：比阔绰。刘注引《续文章志》，说石崇资产多到巨万金，住宅舆马，比拟王者。饮食穷尽水陆珍品。妻妾数百，都穿丝绸绣品，戴金翠首饰。筑台榭，开池沼，用尽技巧。他与贵戚羊琇、王恺等相互斗富，穷极奢靡，羊琇等自愧不如。

②绮丽：华美艳丽之物。舆：车中装载东西的部分，后泛指车。
③武帝：晋武帝司马炎。在位26年，武帝的母亲王太后是王恺的姐姐。
④珊瑚树：亦称"珊瑚"。古代名贵的珊瑚树作为珍贵的摆设或装饰品。
⑤枝柯：枝条。扶疏：繁茂貌。
⑥如意：器物名。一名搔杖，用以搔背痒，因能解痒如人意，故名如意。

⑦疾：通"嫉"，妒忌。
⑧不足恨：不值得发怒。
⑨条干绝世：指枝干之大，世上无比。
⑩这句的意思是说，像王恺那样的很多。
⑪惘然：失意的样子。

### 阅读提示

本篇出自《世说新语·汰侈门》。魏晋时期的豪门贵族巧取豪夺，骄奢淫逸，过着花天酒地的生活。《世说新语》对这种生活做了较多的反映，其中最著名的莫过于石崇与王恺争豪的故事。本文通过写两人的斗宝，暴露出晋代贵族阶层生活的奢靡。本文虽仅百余字，但对两个达官显贵穷枉奢侈的描绘颇为形象生动。文章善于运用细节来刻画人物心理，塑造人物形象。如当王恺迫不及待地炫耀武帝赐的"世罕其比"的珊瑚树时，文中只用"视讫"二字写石崇当时的表情，这说明他对这个宝物的冷漠轻视、不屑一顾，体现了其傲慢的一面。而后"以铁如意击之"这一动作更表现了石崇恃财骄横的性格。随后面对王恺的"声色甚厉"，石崇只是轻描淡写地说了一句"不足恨，今还卿"，描绘出家财万贯的石崇的自负心态。这一细节与王恺的"惘然自失"形成鲜明对比，两人胜负立现。综观全文，虽仅寥寥数笔，但对人物刻画之传神的确令人叹为观止。

### 读后思考题

1. 分析"汰侈"的含义，谈谈本篇的思想主旨。
2. 对比文中石崇和王恺两个人物的形象。

# 三国演义(节选)①

罗贯中

◎罗贯中,生卒年不详,相关的生平事迹材料也很少。据明代贾仲明《录鬼簿续编》的记载,罗贯中是山西太原人,号湖海散人,生活在元末明初的动乱时代。他一生创作颇为丰富。小说除了《三国演义》外,现存署名罗贯中的小说还有《隋唐志传》《残唐五代史演义》《三遂平妖传》等。

◎《三国演义》又名《三国志通俗演义》,是我国第一部长篇章回体历史小说。它取材于东汉末年和魏、蜀、吴三国的历史,在民间传说的基础上,根据陈寿《三国志》和裴松之注以及元代有关三国题材的评话、杂剧等材料编写而成。小说描写了从东汉末年到西晋初年之间近百年的历史,反映了三国时代复杂的军事政治斗争以及战争给老百姓带来的灾难,积累了丰富的古代军事政治斗争的经验;作品深刻揭示了当时各类社会矛盾的渗透与转化,成功塑造了曹操、刘备、诸葛亮、关羽、张飞等脍炙人口的典型艺术形象,展现了波澜壮阔的历史生活画面,对后世产生了极为深远的影响。

◎本文选自《三国演义》,(明)罗贯中著,人民文学出版社1979年版。

却说董承等问马腾曰:"公欲用何人?"马腾曰:"见有豫州牧刘玄德在此②,何不求之?"承曰:"此人虽系皇叔,今正依附曹操,安肯行此事耶?"腾曰:"吾观前日围场之中③,曹操迎受众贺之时,云长在玄德背后,挺刀欲杀操,玄德以目视之而止。——玄德非不欲图操,恨操牙爪多,恐力不及耳。公试求之,当必应允。"吴硕曰:"此事不宜太速,当从容商议。"众皆散去。次日黑夜里,董承怀诏,径往玄德公馆中来。门吏入报,玄德迎出,请入小阁坐定。关、张侍立于侧。玄德曰:"国舅夤夜至此④,必有事故。"承曰:"白日乘马相访,恐操见疑,故黑夜相见。"玄德命取酒相待。承曰:"前日围场之中,云长欲杀曹操,将军动目摇头而退之,何也?"玄德失惊曰:"公何以知之?"承曰:"人皆不见,某独见之。"玄德不能隐讳,遂曰:"舍弟见操僭越⑤,故不觉发怒耳。"承掩面而哭曰:"朝廷臣子,若尽如云长,何忧不太平哉!"玄德恐是曹操使他来试探,乃佯言曰:"曹丞相治国,为何忧不太平?"承变色而起曰:"公乃汉朝皇叔,故剖肝沥胆以相告⑥,公何诈也?"玄德曰:"恐国舅有诈,故相试耳。"于是董承取衣带诏令观之,玄德不胜悲愤。又将义状出示,上止有六位:一,车骑将军董承;二,工部侍郎王子服;三,长水校尉种辑;四,议郎吴硕;五,昭信将军吴子兰;六,西凉太守马腾。玄德曰:"公既奉诏讨贼,备敢不效犬马之劳。"承拜谢,便请书名。玄德亦书"左将军刘备",押了字,付承收讫。承曰:"尚容再请三人,共聚十义,以图国贼。"玄德曰:"切宜缓缓施行,不可轻泄。"共议到五更,相别去了。

玄德也防曹操谋害，就下处后园种菜，亲自浇灌，以为韬晦之计⑦。关、张二人曰："兄不留心天下大事，而学小人之事⑧，何也？"玄德曰："此非二弟所知也。"二人乃不复言。

一日，关、张不在，玄德正在后园浇菜，许褚、张辽引数十人入园中曰："丞相有命，请使君便行。"玄德惊问曰："有甚紧事？"许褚曰："不知。只教我来相请。"玄德只得随二人入府见操。操笑曰："在家做得好大事！"唬得玄德面如土色⑨。操执玄德手，直至后园，曰："玄德学圃不易⑩！"玄德方才放心，答曰："无事消遣耳。"操曰："适见枝头梅子青青，忽感去年征张绣时，道上缺水，将士皆渴；吾心生一计，以鞭虚指曰：'前面有梅林。'军士闻之，口皆生唾，由是不渴。今见此梅，不可不赏。又值煮酒正熟，故邀使君小亭一会。"玄德心神方定。随至小亭，已设樽俎⑪：盘置青梅，一樽煮酒。二人对坐，开怀畅饮。

酒至半酣，忽阴云漠漠，骤雨将至。从人遥指天外龙挂⑫，操与玄德凭栏观之。操曰："使君知龙之变化否？"玄德曰："未知其详。"操曰："龙能大能小，能升能隐：大则兴云吐雾，小则隐介藏形⑬；升则飞腾于宇宙之间，隐则潜伏于波涛之内。方今春深，龙乘时变化，犹人得志而纵横四海。龙之为物，可比世之英雄。玄德久历四方，必知当世英雄。请试指言之。"玄德曰："备肉眼安识英雄？"操曰："休得过谦。"玄德曰："备叨恩庇⑭，得仕于朝。天下英雄，实有未知。"操曰："既不识其面，亦闻其名。"玄德曰："淮南袁术，兵粮足备，可为英雄？"操笑曰："冢中枯骨，吾早晚必擒之！"玄德曰："河北袁绍，四世三公，门多故吏；今虎踞冀州之地，部下能事者极多，可为英雄？"操笑曰："袁绍色厉胆薄，好谋无断；干大事而惜身，见小利而忘命：非英雄也。"玄德曰："有一人名称八俊⑮，威镇九州——刘景升可为英雄？"操曰："刘表虚名无实，非英雄也。"玄德曰："有一人血气方刚，江东领袖——孙伯符乃英雄也？"操曰："孙策藉父之名，非英雄也。"玄德曰："益州刘季玉，可为英雄乎？"操曰："刘璋虽系宗室，乃守户之犬耳，何足为英雄！"玄德曰："如张绣、张鲁、韩遂等辈皆何如？"操鼓掌大笑曰："此等碌碌小人⑯，何足挂齿！"玄德曰："舍此之外，备实不知。"操曰："夫英雄者，胸怀大志，腹有良谋，有包藏宇宙之机，吞吐天地之志者也。"玄德曰："谁能当之？"操以手指玄德，后自指，曰："今天下英雄，惟使君与操耳！"玄德闻言，吃了一惊，手中所执匙箸⑰，不觉落于地下。时正值天雨将至，雷声大作。玄德乃从容俯首拾箸："一震之威，乃至于此。"操笑曰："丈夫亦畏雷乎？"玄德曰："圣人迅雷风烈必变⑱，安得不畏？"将闻言失箸缘故，轻轻掩饰过了。操遂不疑玄德。后人有诗赞曰：

勉从虎穴暂趋身，说破英雄惊杀人。巧借闻雷来掩饰，随机应变信如神。

天雨方住，见两个人撞入后园，手提宝剑，突至亭前，左右拦挡不住。操视之，乃关、张二人也。原来二人从城外射箭方回，听得玄德被许褚、张辽请将去了，慌忙来相府打听；闻说在后园，只恐有失，故冲突而入。却见玄德与操对坐饮酒。二人按剑而立。操问二人何来。云长曰："听知丞相和兄饮酒。特来舞剑，以助一笑。"操笑曰："此非'鸿门会'，安用项庄、项伯乎？"玄德亦笑。操命："取酒与二'樊哙'压惊。"关、张拜谢。须臾席散，玄德辞操而归。云长曰："险些惊杀我两个！"玄德以落箸事说与关、张。关、张问是何意。玄德曰："吾之学圃，正欲使操知我无大志；不意操竟指我为英雄，我故失惊落筯。又恐操生疑，故借惧雷以掩饰之耳。"关、张曰："兄真高见！"

### 【注释】

①本篇选自《三国演义》第二十一回"曹操煮酒论英雄，关公赚城斩车胄"。
②见（xiàn）：通"现"。州牧：指州的行政长官。
③围场：旧时围起来专供皇帝、贵族打猎的场地。
④夤（yín）夜：深夜。夤，深。
⑤僭（jiàn）越：超越本分。这里指违反了封建礼法的等级规定。
⑥剖肝沥胆：破开肝脏，滴出胆汁。比喻坦诚相见，表露内心。
⑦韬晦：收敛锋芒，隐藏踪迹，指深藏不露。
⑧小人之事：指对劳动人民体力劳动的蔑称。这里代指种菜。
⑨唬（xià）：使动词，使人害怕、使人惊吓。
⑩学圃：学习种菜。
⑪樽俎（zǔ）：樽与俎皆为盛具。樽，是古代盛酒的器具。俎，是古代祭祀时盛肉的器具。
⑫龙挂：指天上舒卷下垂的云，可能是龙卷风类的旋风所呈现的景象。
⑬介：鳞甲。
⑭备叨恩庇：叨，谦辞。这里意思是说我刘备幸运地得到丞相（指曹操）的庇护。
⑮名称八俊：俊，即英才人物。东汉时的李俊、荀昱、杜密、王畅、刘佑、魏朗、赵典和朱寓，人称八俊。这里意思是说刘表的名声就和八俊一样出名。
⑯碌碌小人：指平庸、没有什么才能的人。
⑰筯：通"箸"，筷子。
⑱迅雷风烈必变：语出《论语·乡党》，孔子遇到疾雷大风暴雨时，其仪态神色必定会改变为严肃庄重，以示对上天的敬畏。

### 阅读提示

"煮酒论英雄"是《三国演义》中著名的章回之一。东汉末年，曹操势力强大，挟天子以令诸侯，而刘备身为皇叔，虽胸有大志但兵微将寡。为防曹操谋害，刘备只能处处小心，以于后院种菜作为韬晦之计。曹操对刘备既欣赏又提防，表面以青梅煮酒邀请刘备宴饮，实则是对刘备的一次政治试探。这段文字通过曹刘二人耐人寻味的对谈交锋，展现了二人之间一场生动精彩的心理战。双方的对话，从天外龙挂谈到世间英雄，又从淮南袁术谈到自己，表面上看似漫无边际的闲谈碎语，实则句句匕现锋藏，巧妙地刻画出这两位英雄人物的性格特点：曹操的锋芒毕露、咄咄逼人、傲气十足，雄霸天下之志表露无遗；刘备的大智若愚、机智谨慎、低调隐忍，具有一代豪杰所应有的城府。作者在不动声色的对照比较中，让人物性格跃然纸上，成功塑造了两个叱咤风云但性情迥异的英雄形象，寓意深刻。

## 读后思考题

1. 作者运用了哪些方法来刻画曹操、刘备这两个人物形象，说说他们各自的性格特点。

2. 鉴赏本文运用自然环境烘托人物心理和营造情节氛围的写法。

3. 分角色朗读课文，揣摩曹操和刘备对话时的语气、神态，体会他们各自的心理状态和思想感情。

# 预 言

何其芳

◎何其芳（1912—1977），重庆万州人。诗人、散文家、文学评论家、"红学"理论家。他主张艺术"只为了抒写自己，抒写自己的幻想、感觉、情感"。何其芳的诗如他的性格一样，充满了丰富的想象，正如他所说的"寂寞的小孩子常有美丽的想象"。何其芳在诗歌创作上融合古今中外，并结合自己的个性形成了其独特的诗风，这种独特的思维方式、锤炼的语言表达他自己的声音。作为20世纪30年代的现代派诗人，何其芳的诗歌创作要求完整的形式、严格的韵律、和谐的节奏。他的诗视野开阔，面向普通人生活的广大场景，并直陈其事，表面上看似乎缺少象征意义，其实是意味深长，诗里有一种能勾住读者心魄的神韵存在。到了延安之后，创作风格改变，开始趋向于朴实明朗的风格。著有诗集《预言》，散文集《画梦录》。

◎本文选自《何其芳作品新编》，人民文学出版社2010年版。

这一个心跳的日子终于来临！
呵，你夜的叹息似的渐近的足音，
我听得清不是林叶和夜风私语，
麋鹿驰过苔径的细碎的蹄声！
告诉我，用你银铃的歌声告诉我，
你是不是预言中的年轻的神？

你一定来自那温郁的南方，
告诉我那里的月色，那里的日光，
告诉我春风是怎样吹开百花，
燕子是怎样痴恋着绿杨。
我将合眼睡在你如梦的歌声里，
那温馨我似乎记得，又似乎遗忘。

请停下，停下你长途的奔波，
进来，这里有虎皮的褥你坐！
让我烧起每一个秋天拾来的落叶，
听我低低唱起我自己的歌。
那歌声将火光一样沉郁又高扬，
火光一样将我的一生诉说。

不要前行！前面是无边的森林，
古老的树现着野兽身上的斑纹，
半生半死的藤蟒一样交缠着，
密叶里漏不下一颗星星。
你将怯怯地不敢放下第二步，
当你听见了第一步空寥的回声。

一定要走吗？等我和你同行！
我的脚知道每一条平安的路径，
我可以不停地唱着忘倦的歌，
再给你，再给你手的温存！
当夜的浓黑遮断了我们，
你可以不转眼地望着我的眼睛！

我激动的歌声你竟不听，
你的脚竟不为我的颤抖暂停！
像静穆的微风飘过这黄昏里，
消失了，消失了你骄傲的足音！
呵，你终于如预言所说的无语而来、
无语而去了吗，年轻的神？

一九三一年秋天，北平。

## 阅读提示

"无寄托不入，专寄托不出"，无论是诗人还是读者，都努力想达到一种出入自如的境界。《预言》这首诗的写作初衷是因为一段情感，但诗人所描写的不仅仅是一段情感，同时还赋予了它更为深沉的内涵。不论你读这首诗，理解是专属的还是朦胧的，都应试图做进一步的融贯：也许是诗人失去了一次向美好生活靠近的机会；也许是诗人理想受挫的流露；也许是诗人的一种执着追求。

也许，一个预言，就是一个特定的期待。从心跳的开始到期望停留，再到失落的结果，诗人预言了一个生活中的规律。古人说"白马非马"，然而这句话或许并非专属于马。从古到今，文学是文学，诗是诗。

## 读后思考题

1. 20世纪30年代是中国新诗现代派创作的高峰期，请阅读关于这一时期诗人、诗歌的相关介绍。

2. 将本诗与戴望舒的《雨巷》、朱自清的《荷塘月色》、方文山的《青花瓷》试作对比，思考这其中有没有一些共通的东西。

# 金黄的稻束

## 郑 敏

◎郑敏（1920—2022），福建闽侯人。九叶诗派重要诗人。1939年考入西南联大外文系。1942年开始发表诗作。1943年从西南联大毕业后赴美留学。1952年在美国布朗大学获英国文学硕士学位。回国后在中国科学院文学研究所从事英国文学研究。1960年后任北京师范大学外语系教授，讲授英国文学史和英美文学选读。著有诗集《诗集1942—1947》《九叶集》（合集）《寻觅集》《心象》《早晨，我在雨里采花》《郑敏诗集》，论文集《英美诗歌戏剧研究》《思维·文化·诗学》，译著《美国当代诗选》等。

◎本文选自《郑敏的诗》，北京师范大学出版社2016年版。

金黄的稻束站在
割过的秋天的田里，
我想起无数个疲倦的母亲
黄昏的路上我看见那皱了的美丽的脸
收获日的满月在
高耸的树巅上
暮色里，远山是
围着我们的心边
没有一个雕像能比这更静默。
肩荷着那伟大的疲倦，你们
在这伸向远远的一片
秋天的田里低首沉思
静默。静默。历史也不过是
脚下一条流去的小河
而你们，站在那儿
将成为人类的一个思想。

郑敏作为九叶诗派的重要诗人之一，其诗歌风格不仅具有一种理性的整体自觉，还善于从客观事物引发联想，通过生动丰富的形象，展开浮想联翩的画面，把读者引入沉思的境界，形成内蕴性的瞬间。

郑敏在晚年谈及《金黄的稻束》一诗的诞生时曾说："我的诗有时有些不胜任，但生命是不会倒退的，正如江河，我只能向大海流去，永不复返。"《金黄的稻束》是郑敏早期诗歌的代表作品，体现了郑敏早期作品中对于哲学之思的无限追求。秋后稻束静立于田野，诗人由此联想到"疲倦的母亲"雕像。此外，诗人还感知了雕像耸立的整个背景——月华、远山、沉沉的暮色，所有这一切使雕像更加美丽动人。雕像的神态是低首沉思，伴随雕像的始终是"静默"。雕像所传达的是母亲的生命品格——承担、坚忍、关爱、奉献，在生命的历史中始终如一，是时间长河无法湮没的。在母亲永不褪色的生命品格面前，历史，只不过是一条涓涓小河。

诗人借助凝重的意象，用智性的哲思加以统筹，在物我的双重时空中，将生命推衍至一个人类思想的高度。至此，金黄的稻束不再是客观之物，而是人类伟大劳动的体现，是"人类的一个思想"，表达对人类、对劳动的赞美，对母爱无限、生命不朽的微妙感触。

### 读后思考题

1. 郑敏的诗往往并不单纯是感性的、审美的，而是具有智性的呈现，这首诗是否体现了郑敏的智性？如果有，是如何体现的？

2. 九叶诗派是抗战后期和解放战争时期的一个具有现代主义倾向的诗歌流派，请阅读该诗歌流派的相关介绍及其诗人的代表作品。

# 双桅船

## 舒 婷

◎舒婷（1952—），原名龚佩瑜，福建晋江人。中国当代女诗人，朦胧诗派的代表人物之一。著有诗集《双桅船》《舒婷顾城抒情诗选》《会唱歌的鸢尾花》《始祖鸟》，散文集《心烟》等。舒婷擅长自我情感律动的内省，善于捕捉复杂细致的情感体验。她的诗充盈着浪漫主义和理想的色彩，充满对祖国、对人生、对爱情、对土地的爱，既温馨平和又潜动着激情，通过运用比喻、象征、联想等艺术手法表达内心感受，在朦胧的氛围中流露出理性的思考，是浪漫主义和现代主义风格相结合的产物。

◎本文选自《双桅船》，上海文艺出版社1982年版。

雾打湿了我的双翼
可风却不容我再迟疑
岸呵，心爱的岸
昨天刚刚和你告别
今天你又在这里
明天我们将在
另一个纬度相遇

是一场风暴、一盏灯
把我们联系在一起
是一场风暴、另一盏灯
使我们再分东西
不怕天涯海角
岂在朝朝夕夕
你在我的航程上
我在你的视线里

1979.8

### ❀阅读提示❀

朦胧诗其实质是一次艺术革新运动，具有对于时代的反省精神。舒婷作为朦胧诗派的代表诗人之一。她的诗充满了浪漫主义和理想的色彩，涌动着对祖国、对爱情、对土地的爱，温馨平淡而又潜动着激情，表现出对人的个体价值的尊重。她善于捕捉日常生

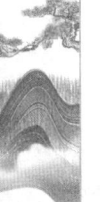

活现象中复杂的情感体验，重视审美的直觉与形象的感悟，表达对现实的深切关怀。

《双桅船》一诗写于1979年8月。象征是这首诗的一个重要的艺术特点。"双桅船"本身便是一种象征，象征诗人双重的心态和内心复杂的情感。双桅并在，意味着诗人心目中爱情与事业并立又相区别的心理。诗中的"岸""风""风暴""灯"等都具有明显的象征意味。"灯"是理想追求的"灯"；"岸"是爱情向往的"岸"。在执著追求理想的进程中，时而与岸相遇，时而又与岸别离，和谐而又矛盾。同时也象征在追求理想的过程中，前行的艰难与沉重以及来自时代的紧迫感。

诗歌具有多重象征意义，它是一首爱情诗，是青年一代在特殊动荡的年代里的心灵创伤，它亦是一首哲理诗，抒发了一代人忧伤与奋起的双重情绪。诗歌语言自然流畅，诗情凝重细腻，既有浓浓的个人感叹，又有开阔的时代情怀。

### 读后思考题

1. 找出这首诗歌中的意象，仔细体会这些意象之间的关系，并从整体上把握这首诗的象征意义。
2. 比较分析舒婷的诗歌《双桅船》与《致橡树》。

# 谈 交 友

钱钟书

◎钱钟书（1910—1998），字默存，号槐聚。中国现代著名的学者和作家。1937年以《十七十八世纪英国文学中的中国》一文获副博士学位，后随妻子杨绛赴法国巴黎大学从事研究。1938年，他被清华大学破例聘为教授，次年转赴国立蓝田师范学院任英文系主任，并开始了《谈艺录》的写作。1941年，珍珠港事件爆发，困于上海，在震旦女子文理学校任教，其间完成了《谈艺录》《写在人生边上》的写作。抗战结束后，任上海暨南大学外文系教授兼南京中央图书馆英文馆刊《书林季刊》编辑。在其后的三年中，作品集《人·兽·鬼》、小说《围城》、诗论《谈艺录》相继出版，在学术界引起巨大反响。1949年回到清华任教；1953年调到中国科学院文学研究所，其间完成《宋诗选注》，并参加了《唐诗选》《中国文学史》（唐宋部分）的编写工作。1966年"文化大革命"爆发，受冲击，当年11月与妻子一道被派往河南"五七干校"。1972年3月回京，8月《管锥编》定稿。1979年，《管锥编》《旧文四篇》出版。1982年起担任中国社科院副院长、院特邀顾问；1984年《谈艺录》补订本出版；次年《七缀集》出版。

◎本文选自《钱钟书散文》，浙江文艺出版社1997年版。

　　假使恋爱是人生的必需，那末，友谊只能算是一种奢侈；所以，上帝垂怜阿大（Adam）的孤寂，只为他造了夏娃，并未另造个阿二。我们常把火焰来比恋爱，这个比喻有我们意想不到的贴切。恋爱跟火同样的贪滥，同样的会蔓延，同样的残忍，消灭了坚牢结实的原料，把灰烬去换光明和热烈。像拜伦，像哥德，像缪塞，野火似的卷过了人生一世，一个个白色的，栗色的，棕色的情妇（une blonde châtaigne ou brune matîtresse）缪塞的妙句的血淋淋红心，白心、黄心（孙行者的神通），都烧炙成死灰，只算供给了燃料。情妇虽然要新的才有趣，朋友还让旧的好。时间对于友谊的磨蚀，好比水流过石子，反把它洗琢得光洁了。因为友谊不是尖利的需要，所以在好朋友间，极少发生那厌倦的先驱，一种餍足的情绪，像我们吃完最后一道菜，放下刀叉，靠着椅背，准备叫侍者上咖啡时的感觉，这当然不可一概而论，看你有的是什么朋友。

　　西谚云："急需或困乏时的朋友才是真正的朋友"，不免肤浅。我们有急需的时候，是最不需要朋友的时候。朋友有钱，我们需要他的钱；朋友有米，我们缺乏的是他的米。那时节，我们也许需要真正的朋友，不过我们真正的需要并非朋友。我们讲交情，揩面子，东借西挪，目的不在朋友本身，只是把友谊作为可利用的工具，顶方便的法门。常时最知情识趣的朋友，在我们穷急时，他的风趣，他的襟抱，他的韵度，我们都无心欣赏了。两袖包着清风，一口咽着清水，而云倾听良友清谈，可忘饥渴，即清高到没人气的名士们，也未必能清苦如此。此话跟刘孝标所谓势交利交的一派牢骚，全不相干。朋友的慷慨或吝啬，肯否排难济困，这是一回事；我们牢不可破的成见，以为我和某人既有朋友之分，我有困难，某人理当扶助，那是另一回事。尽许朋友疏财仗义，他的竟算是我的，在我穷急告贷的时节，总是心存不良，满口亲善，其实别有作用。试看世间有多少友谊，因为有求不遂，起了一层障膜，同样，假使我们平日极瞧不起，最不相与的人，能在此时帮忙救急，反比平日的朋友来得关切，我们感激之余，可以立刻结为新交，好几年积累成的友谊，当场转移对象。在困乏时的友谊，是最不值钱了——不，是最可以用钱来估定价值了！我常感到，自《广绝交论》以下，关于交谊的诗文，都不免对朋友希望太奢，批评太刻，只说做朋友的人的气量小，全不理会我们自己人穷眼孔小，只认得钱类的东西，不认得借未必有，有何必肯的朋友。古尔斯密（Goldsmith）的东方故事《阿三痛史》（*The Tragedy of Asem*），颇少人知，一八七七年出版的单行本，有一篇序文，中间说，想创立一种友谊测量表（philometer），以朋友肯借给他的钱多少，定友谊的高下。这种沾光揩油的交谊观，甚至雅人如张船山，也未能免除，所以他要怨什么"事能容俗犹嫌傲，交为通财渐不亲"。《广绝交论》只代我们骂了我们的势利朋友，我们还需要一篇《反绝交论》，代朋友来骂他们的势利朋友，就是我们自己。《水浒》里写宋江刺配江州，戴宗向他讨人情银子，宋江道："人情，人情，在人情愿！"真正至理名言，比刘孝标、张船山等的见识，高出万倍。说也奇怪，这句有"恕"道的话，偏出诸船火儿张横所谓"不爱交情只爱钱"，打家劫舍的强盗头子，这不免令人摇头叹息了：第一叹来，叹惟有强盗，反比士大夫辈明白道理！然而且慢，还有第二叹；第二叹来，叹明白道理，而不免放火杀人，言行不符，所以为强盗也！

从物质的周济说到精神的补助，我们便想到孔子所谓直谅多闻的益友。这个漂白的功利主义，无非说，对于我们品性和知识有利益的人，不可不与结交。我的偏见，以为此等交情，也不甚巩固。孔子把直谅的益友跟"便辟善柔"的损友反衬，当然指那些到处碰得见的，心直口快，规过劝善的少年老成人。生就斗蟋蟀般的脾气，一搠一跳，护短非凡，为省事少气恼起见，对于喜管闲事的善人们，总尽力维持着尊敬的距离。不过，每到冤家狭路，免不了听教训的关头，最近涵养功深，子路闻过则喜的境界，不是区区夸口，颇能做到。听直谅的"益友"规劝，你万不该良心发现，哭丧着脸；他看见你惶恐戁觫的表情，便觉得你邪不胜正，长了不少气势，带骂带劝，说得你有口难辩，然后几句甜话，拍肩告别，一路上欣然独笑，觉得替天行道，做了无量功德。反过来，你若一脸堆上浓笑，满口承认；他说你骂人，你便说像某某等辈，不但该骂，并且该杀该剐，他说你刻毒，你就说，岂止刻毒，还想下毒，那时候，该他拉长了像烙铁熨过的脸，哭笑不得了。大凡最自负心直口快，喜欢规过劝善的人，像我近年来所碰到的基督教善男信女，同时最受不起别人的规劝。因此，你不大看见直谅的人，彼此间会产生什么友谊；大约直心肠颇像几何学里的直线，两条平行了，永远不会接合。照我想来，心直口快，无过于使性子骂人，而这种直谅的"益友"从不骂人，顶反对你骂人。他们找到他们认为你的过失，绝不痛痛快快地骂，只是婆婆妈妈地劝告，算是他们的大度包容。骂是一种公道的竞赛，对方有还骂的机会；劝却不然，先用大帽子把你压住，无抵抗地让他攻击，卑怯不亚于打落水狗。他们喜欢规劝你，所以，他们也喜欢你有过失，

好比医生要施行他手到病除的仁心仁术,总先希望你害病。这样的居心险恶,无怪基督教为善男信女设立天堂。真的,没有比进天堂更妙的刑罚了;设想四周围都是无瑕可击,无过可规的善人,此等心直口快的"益友"无所施其故技,心痒如有臭虫叮,舌头因不用而起铁锈的苦痛。泰勒(A. E. Taylor)《道学先生的信仰》(*Faith of a Moralist*)书里说,读了但丁《神曲·天堂篇》,有一个印象,觉得天堂里空气沉闷,诸仙列圣只希望下界来个陌生人,谈话消遣。我也常常疑惑,假使天堂好玩,何以但丁不像乡下人上城的东张西望,倒失神落魄,专去注视琵雅德丽史的美丽的眼睛,以至受琵雅德丽史婉妙的数说:"回过头去罢!我的眼睛不是唯一的天堂(Che non pur ne' miei occhiè paradiso)。"天堂并不如史文朋(Swinburne)所说,一个玫瑰花园,充满了浪上人火来的姑娘(A rose garden full of stunners),浪上人火来的姑娘,是裸了大腿,跳舞着唱"天堂不是我的分"的。史文朋一生叛教,哪知此中底细?古法文传奇《乌开山与倪高来情史》(*Aucassin et Nicolette*)说,天堂里全是老和尚跟残废的叫化子;风流武侠的骑士反以地狱为归宿。雷诺(Renan)《自传续编》(*Feuilles détachées*)序文里也说,天堂中大半是虔诚的老婆子(vieilles dévotes),无聊得要命;雷诺教士出身,说话当然靠得住。假使爱女人,应当爱及女人的狗,那末,真心结交朋友,应当忘掉朋友的过失。对于人类应负全责的上帝,也只能捏造——捏了泥土创造,并不能改造,使世界上坏人变好;偏是凡夫俗子倒常想改造朋友的品性,真是岂有此理。一切罪过,都是一点未凿的天真,一角消毁不尽的个性,一条按压不住的原始的冲动,脱离了人为的规律,归宁到大自然的老家。抽象地想着了罪恶,我们也许会厌恨;但是罪恶具体地在朋友的性格里衬托出来,我们只觉得他的品性产生了一种新的和谐,或者竟说是一种动人怜惜的缺陷,像古磁上一条淡淡的裂缝,奇书里一角缺页,使你心窝里涌出加倍的爱惜。心直口快的劝告,假使出诸美丽的异性朋友,如闻裂帛,如看快刀切菜,当然乐于听受。不过,照我所知,美丽的女郎,中外一例,说话无不打着圈儿拐了弯的;只有身段缺乏曲线的娘们,说话也笔直到底。因此,直谅的"益友",我是没有的,我也不感到"益友"的需要。无友一身轻,威斯娄(Whistler)的得意语,只算替我说的。

多闻的"益友",也同样的靠不住。见闻多,记诵广的人,也许可充顾问,未必配做朋友,除非学问以外,他另有引人的魔力。德白落斯(Président de Brosses)批评伏尔泰道:"别人敬爱他,无非为他作的诗好。确乎他的诗作得不坏,不过,我们只该爱他的诗(Mais ce sont ses vers qu'il faut admiter)"。——言外之意,当然是,我们不必爱他的人。我去年听见一句话,更为痛快。一位男朋友怂恿我为他跟一位女朋友撮合,生平未做媒人,好奇地想尝试一次。见到那位女朋友,声明来意,第一项先说那位男朋友学问顶好,正待极合科学方法地数说第二项第三项,那位姑娘轻冷地笑道:"假使学问好便该嫁他,大学文科老教授里有的是鳏夫。"这两个例子,对于多闻的"益友",也可应用。譬如看书,参考书材料最丰富,用处最大,然而极少有人认它为伴侣的读物。颐德(André Gide)《日记》(*Pages de Journal* 1929—1932)有个极妙的测验;他说,关于有许多书,我们应当问:这种书给什么人看(qui peut les lire)?关于有许多人,我们应该问:这种人能看什么书(que peuvent-ils lire)?照此说法,多闻的"益友"就是专看参

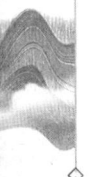

考书的人。多闻的人跟参考书往往同一命运，一经用过，仿佛挤干的柠檬，嚼之无味，弃之不足惜。并且，打开天窗说亮话，世界上没有一个人不在任何方面比我们知道得多，假使个个要攀为朋友，哪里有这许多情感来分配？伦敦东头自告奋勇做向导的顽童，巴黎夜半领游俱乐部的瘪三，对于垢污的神秘，比你的见闻来得广博，若照多闻益友的原则，几个酒钱，还够不上朋友通财之谊。多闻的"多"字，表现出数量的注重。记诵不比学问；大学问家的学问跟他整个的性情陶融为一片，不仅有丰富的数量，还添上个别的性质；每一个琐细的事实，都在他的心血里沉浸滋养，长了神经和脉络，是你所学不会，学不到的。反过来说，一个参考书式的多闻者（章实斋所谓横通），无论记诵如何广博，你总能把他吸收到一干二净。学校里一般教师，授完功课后的精神的储蓄，缩挤得跟所发讲义纸一样的扁薄了！普通师生之间，不常发生友谊，这也是一个原因。根据多闻的原则而产出的友谊，当然随记诵的增减为涨缩，不稳固可想而知。自从人工经济的科学器具发达以来，"多闻"之学似乎也进了一个新阶段。唐李渤问归宗禅师云："芥子何能容须弥山？"师言："学士胸藏万卷书，此心不过如椰子大，万卷书何处著？"记得王荆公《寄蔡天启诗》、袁随园《秋夜杂诗》也有类似的说法。现在的情形可大不相同了，时髦的学者不需要心，只需要几只抽屉，几百张白卡片，分门别类，做成有引必得的"引得"，用不着头脑更去强记。但得抽屉充实，何妨心腹空虚。最初把抽屉来代替头脑，久而久之，习而俱化，头脑也有点木木然接近抽屉的质料了。我敢预言，在最近的将来，木头或阿木林等谩骂，会变成学者们最尊敬的称谓，"朴学"一个名词，将发生新鲜的意义。

　　这并不是说，朋友对于你毫无益处；我不过解释，能给你身心利益的人，未必就算朋友。朋友的益处，不能这样拈斤播两地讲。真正友谊的形成，并非由于双方有意地拉拢，带些偶然，带些不知不觉。在意识层底下，不知何年何月潜伏着一个友谊的种子，咦！看它在心面透出了萌芽。在温暖固密，春夜一般的潜意识中，忽然偷偷地钻进了一个外人，哦！原来就是他！真正友谊的产物，只是一种渗透了你的身心的愉快。没有这种愉快，随你如何直谅多闻，也不会有友谊。接触着你真正的朋友，感觉到这种愉快，你内心的鄙吝残忍，自然会消失，无需说教似的劝导。你没有听过穷冬深夜壁炉烟囱里呼啸着的风声么？像把你胸怀间的郁结体贴出来，吹荡到消散，然而不留语言文字的痕迹，不受金石丝竹的束缚。百读不厌的黄山谷《茶词》说得最妙："恰如灯下故人，万里归来对影；口不能言，心下快活自省。"以交友比吃茶，可谓确当，存心要交"益友"的人，便不像中国古人的品茗，而颇像英国人下午的吃茶了：浓而苦的印度红茶，还要方糖牛奶，外加面包牛油糕点，甚至香肠肉饼子，干的湿的，热闹得好比水陆道场，胡乱填满肚子完事。在我一知半解的几国语言里，没有比中国古语所谓"素交"更能表出友谊的骨髓。一个"素"字把纯洁真朴的交情的本体，形容尽致。素是一切颜色的基础，同时也是一切颜色的调和，像白日包含着七色。真正的交情，看来像素淡，自有超越死生的厚谊。假使交谊不淡而腻，那就是恋爱或者柏拉图式的友情了。中国古人称夫妇为"腻友"，也是体贴入微的隽语，外国文里找不见的。所以，真正的友谊，是比精神或物质的援助更深微的关系。蒲伯（Pope）对鲍林白洛克（Bolingbroke）的称谓，极

有斟酌，极耐寻味："哲人，导师，朋友"（philosopher, guide, friend）。我有大学时代五位最敬爱的老师，都像蒲伯所说，以哲人导师而更做朋友的；这五位老师以及其他三四位好朋友，全对我有说不尽的恩德；不过，我跟他们的友谊，并非由于说不尽的好处，倒是说不出的要好。孟太尼（Montaigne）解释他跟拉白哀地（La Boetie）生死交情的话，颇可借用："因为他是他，因为我是我。"没有其他的话可说。素交的素字已经把这个不着色相的情谊体会出来了；"口不能言"的快活也只可采取无字天书的做法去描写罢。

本来我的朋友就不多，这三年来，更少接近的机会，只靠着不痛快的通信。到欧洲后，也有一二个常过往的外国少年，这又算得什么朋友？分手了，回到中国，彼此间隔着"惯于离间的大海"（estranging seas），就极容易地忘怀了。这个种族的门槛，是跨不过的。在国外的友谊，在国外的恋爱，你想带回家去么？也许是路程太远了，不方便携带这许多行李；也许是海关太严了，付不起那许多进出口税。英国的冬天，到一二月间才来，去年落不尽的树叶，又簌簌地随风打着小书室的窗子。想一百年前的穆尔（Thomas Moore）定也在同样萧瑟的气候里，感觉到"故友如冬叶，萧萧四落稀"的凄凉（When I remember all the friends so link'd together, I've seen around me fall like leaves in wintry weather）。对于秋冬萧杀的气息，感觉顶敏锐的中国诗人自卢照邻、高蟾直到沈钦圻、陈嘉淑，早有一般用意的名句。金冬心的"故人笑比庭中树，一日秋风一日疏"，更觉染深了冬夜的孤寂。然而何必替古人们伤感呢！我的朋友个个都好着，过两天是星期一，从中国经西伯利亚来的信，又该到牛津了，包你带来朋友的消息。

一九三七年一月三十日

### 阅读提示

《谈交友》一文写于1937年1月，发表在朱光潜主编的《文学杂志》1937年5月创刊号上。钱钟书在散文集《写在人生边上》的序言中曾表述过这样的意思：人生是一部大书，他只是以一种业余消遣者的随便和从容，随手在书边空白处留下零星随感。《谈交友》虽未收入该散文集，但也与集子中的其他散文一样，在随意和从容中表达对人生的深刻见地。

《谈交友》谈的是对友谊、朋友的理解，但是却不正面落笔，直接说出自己的看法，而是先对物质的周济（即西谚"急需或困乏时的朋友才是真正的朋友"）和精神的补助（即孔子所说的直谅多闻的益友）这两种功利主义的友谊观进行了驳斥，颠覆世俗伦理中对于朋友的定义。继而，文章提出"在我一知半解的几国语言里，没有比中国古语所谓'素交'更能表出友谊的骨髓"，认为"真正的交情，看来像素淡，自有超越死生的厚谊"。文风轻松犀利，语言诙谐，旁征博引，读来酣畅淋漓。

钱钟书的散文涉笔成趣、谐谑天生，充满隽思妙语和格言警句，具有独特的艺术魅力和审美价值。他的散文不仅是对所论对象的深入思考，还常常以富有哲理性的格言式的语句进行表达，如"假使恋爱是人生的必需，那末，友谊只能算是一种奢侈"，"恋爱跟火同样的贪滥",“能给你身心利益的人，未必就算朋友",流露出作者对人生的独特而深邃的见解。

### 读后思考题

1. 结合文中钱钟书对交友的看法，谈谈你对友谊的理解。
2. 阅读钱钟书的《写在人生边上》《围城》等作品，揣摩其语言风格。

# 土 地

秦　牧

◎秦牧（1919—1992），当代散文家，原名林觉夫。他和杨朔、刘白羽被并称为"当代散文三大家"，其创作提升了当代岭南散文的影响力及文学地位。他的散文集代表作有《花城》《艺海拾贝》《贝壳集》《潮汐的船》《长河浪花集》等。另有中篇小说《黄金海岸》，儿童文学作品《在化装晚会上》《蜜蜂和地球》等。秦牧散文总的特色可以概括为"寓共产主义思想教育于闲谈趣闻之中"，集知识性、趣味性、思想性于一体，其题材广泛、格调高昂、立意深刻、运笔灵活、可读性强。秦牧自20世纪六七十年代拥有大量读者并获得极高赞誉，在当代岭南散文史上具有独特地位和不可取代的意义。

◎本文选自秦牧《秦牧散文》，人民文学出版社2022年版。

　　我们生活在一个开辟人类新历史的光辉时代。在这样的时代，人们对许许多多的自然景物也都产生了新的联想、新的感情。不是有好些人在讴歌那光芒四射的朝阳、四季常青的松柏、庄严屹立的山峰、澎湃翻腾的海洋吗？不是有好些人在赞美挺拔的白杨、明亮的灯火、奔驰的列车、崭新的日历吗？睹物思人，这些东西引起人们多少丰富和充满感情的想象！

　　这里我想来谈谈大地，谈谈泥土。

　　当你坐在飞机上，看着我们无边无际的像覆盖上一张绿色地毯的大地的时候；当你坐在汽车上，倚着车窗看万里平畴的时候；或者，在农村里，看到一个老农捧起一把泥土，仔细端详，想鉴定它究竟适宜于种植什么谷物和蔬菜的时候；或者，当你自己随着大伙在田里插秧，黑油油的泥土吱吱地冒出脚缝的时候，不知道你曾否为土地涌现过许许多多的遐想？想起它的过去，它的未来，想起世世代代的劳动人民为要成为土地的主人，怎样斗争和流血，想起在绵长的历史中，我们每一块土地上面曾经出现过的人物和事迹，他们的苦难、愤恨、希望、期待的心情？

　　有时，望着莽莽苍苍的大地，我骑着思想的野马奔驰到很远很远的地方，然后，才又收住缰绳，缓步回到眼前灿烂的现实中来。

　　我想起了二千六百多年前北方平原上的一幕情景。

　　一队亡命贵族，在黄土平原上仆仆奔驰。他们虽然仗剑驾车，然而看得出来，他们疲倦极了，饥饿极了。他们用搜索的眼光望着田野，然而骄阳在上，田垄间麦苗稀疏，哪里有什么可吃的东西！一个农民正在田里除草。那流亡队伍中一个王子模样的人物，走下车子来，尽量客气地向农民请求着："求你给我们弄点吃的东西吧！你总得要帮忙才好，我们已经好几天没有吃的了。"衣不蔽体、家里正在愁吃愁穿的农民望了这群不

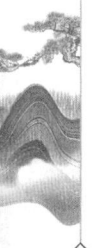

知稼穑艰难的人们一眼，一句话也没说，从田地里捧起一大块泥土，送到王子模样的人物面前，压抑着悲愤说："这个给你吧！"王子模样的人显然被激怒了，他转身到车上取下马鞭，怒气冲冲地想逞一下威风，鞭打那个胆敢冒犯他的尊严的农民。但是一个上了年纪的、大臣模样的人物上前去劝阻住了："这是土地，上天赐给我们的，可不正是我们的好征兆么！"于是，一幕怪剧出现了，那王子模样的人突然跪下地来，叩头谢着上苍，然后郑重地捧起土块，放到车上，一行人又策马前进了。辘辘大车过处卷起了漫天尘土……

这是《左传》记载下来的，春秋时代晋国公子重耳在亡命途中发生的故事。

为什么会发生这样奇怪的事情？除了因为这群贵族是在亡命途中，不得不压抑着威风外，还有一个原因是：在他们心目中，土地代表着上天不可思议的赏赐，代表了财富和权力！他们知道，只要掌握了土地的所有权，就可以永无休止地榨取农民的血汗。

古代中国皇帝把疆土封赠给公侯时，就有这么一个仪式：皇帝站在地坛上，取过一块泥土来，用茅草包了，递给被封的人。这就是所谓"苴茅"。上一个世纪，当殖民主义强盗还处在壮年时期，他们大肆杀戮太平洋各个岛屿上的土人，强迫他们投降，有一种被规定的投降仪式，就是要土人们跪在地上，用砂土撒到头顶。许许多多地方的部落，为了不愿跪着把神圣的泥土捧上天灵盖，就成批成批地被杀戮了。

呵！这宝贵的土地！不事稼穑的剥削阶级只知道想方设法地掠夺它，把它作为榨取财富的工具，而亲自在上面播种五谷的劳动者才真正对它具有强烈的感情，把它当做命根子，把它比喻成哺育自己的母亲。谈到这里，我想起了好些令人掀动感情波澜的事情。几个世纪以来，那些当年被迫得走投无路的破产的中国农民，飘流到海外去谋生的当儿，身上就常常怀着一撮家乡的泥土。那时，闽粤沿海港口上，一艘艘用白粉髹腹，用朱砂油头，头部两旁画上两个鱼眼睛似的小圈的红头船，乘着信风，把一批批失掉了土地的农民送到海外各地。当时离乡别井的人们，都习惯在远行之前，从井里取出一撮泥土，珍重地包藏在身边。他们把这撮泥土叫做"乡井土"。直到现在，海外华侨的枕头箱里，还有人藏着这样的乡井土！试想想，在一撮撮看似平凡的泥土里，寄托了人们多少丰富深厚的情感！

过去，多少劳动者为了土地而进行了连绵不断的悲壮斗争！当外国侵略者犯境的时候，又有多少英雄义士为保卫它而英勇地献出了生命！在我国福建沿海地方，历史上就流传着许多可歌可泣的保卫土地的抗敌爱国故事。在明末御倭和抗清的浪潮中，那里曾经进行过保卫每一寸土地的激烈斗争。有的地方，妇女的发髻上流行着插上三支短剑似的装饰品，那是明代妇女准备星夜和突然来袭的倭寇搏斗的装束的遗迹。有的地方，从前曾经流行过成人死后入殓时在面部盖上白布的风俗，那是明朝遗民羞见先人于地下、一种激励后代的葬仪。这些风俗，多么沉痛，多么壮烈！在我国的湛江地方，有一座桥梁被命名为"寸金桥"，就寓有"一寸土地一寸金"的意思，这是用来纪念当年抵抗帝国主义侵略的民族英雄们的。土地的长度和面积计算单位可以用丈，用公里，用亩，用公顷，然而在含有国土的意义的时候，它的计算单位应该用一寸、一撮来衡量。因为它代表一个国家的主权，一寸土都绝不容侵犯，一撮土都是珍宝。这里，我想到了我们中

国的整个版图，在我们这一代人的手里，一定要使它真真正正地完整无缺。台、澎等地还被一小撮反动派所盘踞和被帝国主义侵占着，我们必须把它解放。从福建前线，我们听到了多少动人的故事呵！不仅我们英勇而强大的海军和空军，给予美蒋反动派以沉重的打击，就是民兵队伍，也巧妙地打击了敌人。就是好些少年儿童，在大炮轰击中也自动奔跑接驳电线，传信送物。他们体现了全体中国人民保卫每一寸国土的坚强意志。

今天，在世界范围内，许许多多被殖民者奴役着的地方，也正在进行着驱逐侵略者、保卫国土的斗争。在英雄的古巴，戴着宽边草帽的蔗农们不是正高举着"土地就是我们的生命"的标语牌在示威吗？哈瓦那的商店用纸包了一撮撮的泥土，随着货物一同递给古巴的顾客，纸包上面语重心长、激励人心地写着："这是古巴的土地，大家来保卫它！"呵！一寸土，一撮土，在这种场合意义是多么神圣！

提到了一寸土这几个字，我又禁不住想到一些岛屿上的人民战士。登上那些岛屿，你会更深地认识到"一寸土"的严肃意义。我到过一个小岛，那岛屿很小。然而，岛上的生活却是多么沸腾呵！这里的海滩、天空、海面，绝不容许任何侵略者窥探和侵入一步，人民的子弟兵日夜守着大炮阵地，从望远镜里、从炮镜里观测着海洋上的任何动静。这些岛屿像是大陆的眼睛，这些战士又像是岛屿的眼睛。不论是在月白风清还是九级风浪的夜里，他们都全神贯注地盯着辽阔的海域。不仅这样，他们还把小岛建成花园一样美丽。本来是蛇虫蜿蜒、野生植物遍地都是的荒凉小岛，经过他们付出艰苦劳动，在上面建起了坚固的营房，辟出了林荫大道，又从祖国各地要来了花种，广植着笑脸迎人的各种花卉和鲜美的蔬菜；还建起畜牧栏，竖起鸽棚；又从海里摸出了石花，堆成小岛的美术图案。看到这些，令人不禁想到，我们所有的土地，一个个的岛屿，一寸寸的土壤，都在英雄们的守卫和汗水灌溉之下，迅速地在改变面貌了。

在我们看来很平凡的一块块的田野，实际上都有过极不平凡的经历。在几十万年之间，人类在这上面追逐着野兽，放牧着牛羊，捡拾着野果，播种着五谷，那时候人们匍匐在大自然的威力之下，风雨雷霆，电光野火，都曾经使他们畏惧颤栗。几十万年过去了，人类进入了阶级社会，一片片的土地像被戴上了镣铐似的，多少世代的农民，在大地上流尽了血汗，却挣不上温饱，有多少人在这一片片土地上面仰天叹息，椎心痛恨！又有多少人揭竿起义，画着眉毛，扎着头巾参加战斗，把压迫他们的贵族豪强杀死在这些土地上面。到了近代，又有多少人民的军队为了从封建地主阶级手里，把土地夺回来，和帝国主义的军队、剥削者的军队在这上面鏖战过。二十年代以来，中国共产党领导全国人民进行了革命斗争，打垮了反动统治者，推翻了剥削制度，进行了土地改革，土地的镣铐才被彻底打碎，劳动人民才真正成了土地的主人。我们热爱土地，我们正在豪迈地改造着土地，使它变成一片锦绣。当你这么思索的时候，大地上的红土黑土、黄土白土，仿佛都变成感情丰富的东西了，它们仿佛就像古代神话中的"息壤"似的，正在不断变化，不断成长，就像是具有生命一样。

几千年来披枷戴锁的土地，一旦回到人民手里，变化是多么神速呵！你拭展开一幅地图，思索一下各地的变化，该有多么惊人。沙漠开始出现了绿洲，不毛之地长出了庄稼，濯濯童山披上了锦裳，水库和运河像闪亮的镜子和一条条衣带一样缀满山谷和原

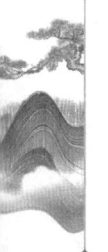

野。有一次我从凌空直上的飞机的舷窗里俯瞰珠江三角洲,当时苍穹明净,我望了下去,真禁不住喝彩,珠江三角洲壮观秀丽得几乎难以形容。水网和湖泊熠熠发光,大地竟像是一幅碧绿的天鹅绒,公路好似刀切一样的笔直,一丘丘的田野又赛似棋盘般整齐。嘿!千百年前的人们,以为天上有什么神仙奇迹,其实真正的奇迹却在今天的大地上。劳动者的力量把大地改变得多美!一个巧手姑娘所绣的只是一小幅花巾,广大劳动者却以大地为巾,把本来丑陋难看的地面变得像苏绣广绣般美丽了。

你也许在"和平号"列车的瞭望车上看过迅速掠过的美丽的大地;也许参加过几万人挑灯修筑水电站大坝的工程,在那种场合,千千万万人仿佛变成了一个挥动着巨臂的巨人,正在做着开天辟地的工作。在华南,有些隔离大陆的岛屿给筑起了一条堤坝,和大陆连起来了;有些小山被搬掉填到海里,大海涌出陆地来了;干旱的雷州半岛被开出了一条比苏彝士运河还要长的运河;潮汕平原上的土地被整理成棋格一样齐整。我们时代的人既以一寸寸的土地为单位在精细工作着,又以一千里,一万里,更确切地说,又以全部已解放的九百余万平方公里土地作为一个整体来规划和工作着。这十几年来,同是千万年世代相传的大地上,长出了多少崭新的植物品种呵!每逢看到了欣欣向荣的庄稼,看到刚犁好的涌着泥浪的肥沃的土地,我的心头就涌起像《红旗歌谣》中的民歌所描写的——"沙果笑得红了脸,西瓜笑得如蜜甜,花儿笑得分了瓣,豌豆笑得鼓鼓圆"这一类带着泥土、露水、草叶、鲜花香味的情景。让我们对土地激发起更强烈的感情吧!因为大地母亲的镣铐解除了,现在就看我们怎样为哺育我们的大地母亲好好工作了。

事实上,无数的人也正在一天天地发展着这样的感情。你可以从细小或者巨大的场面中觉察到这一切。你看过公社的大队长率领着一群老农在巡田的情景吗?他们拿着一根软尺,到处量着,计算着一块块土地的水稻穗数;不管是不是自己管理的,看到任何一丘田里面的一根稗草都要涉水下去把它拔掉。你看到农村中的青年技术员在改变土壤的场面吗?有时他们把几千年未曾见过天日的沃土底下的砾土都翻动了,或者深夜焚起篝火烧土,要使一处处的土地都变得膏腴起来。

几万人围在一片土地上修筑堤坝,几千人举着红旗浩浩荡荡上山的情景尤其动人心魄。那呐喊,那笑声,尤其是那一对对灼热的眼睛!虽然在紧张的劳动中大家都少说话了,但是那眼光仿佛在诉说着一切:"干呵干呵,向土地夺宝,把我们所有的土地都利用起来。一定要用我们这一代人的双手,搬掉落后和穷困这两座最后的大山!"有时这些声音寄托于劳动吆喝,寄托于车队奔驰之中,仿佛令人感到战鼓和进军号的撼人的气魄……

让我们捧起一把泥土来仔细端详吧!这是我们的土地呵!怎样保卫每一寸的土地呢?怎样使每一寸土地都发挥它的巨大的潜力,一天天更加美好起来呢?党正在领导和率领着我们前进。青春的大地也好像发出巨大的声音,要求每一个中国子民都作出回答。

1960 年

### 阅读提示

秦牧的散文注重知识性、趣味性和思想性的融合，《土地》即为这一创作特色的代表作。从选材来看，《土地》讲述了春秋时代晋国公子重耳在亡命途中发生的故事，追叙了古代帝王封疆的仪式，又联想到海外华侨枕头箱的"乡井土"，广大劳动者、人民战士为了土地而进行的悲壮斗争，最后写到新中国新面貌，各种丰收场面、劳动场景以及劳动者，如农村队长、老农、青年技术员等，体现了作者渊博的知识面及丰富的生活经验，让"土地"这样一个大家耳熟能详的老话题焕发新气象。从语言来看，《土地》较多第二人称表述，恰似老朋友之间的交谈，具有一种真挚亲切的情趣美。同时，充分吸收群众口语、警句，语言风趣且表现力丰富，激发起读者对于土地的强烈感情。例如《土地》中对民歌的化用："沙果笑得红了脸，西瓜笑得如蜜甜，花儿笑得分了瓣，豌豆笑得鼓鼓圆。"从表现手法来看，秦牧通过广而深的联想，根据事物内在逻辑迂回叙述，形成《土地》独具一格的结构形式与丰富内涵。从主题来看，该作品秉承马克思主义坚定信念，歌颂社会主义建设和新生活，多角度表现社会主义制度的优越性。

### 读后思考题

1. 想一想：中国文学史上以土地为题材的经典文学作品还有哪些。
2. 阅读秦牧的《土地》《花城》《艺海拾贝》等经典散文作品，深入领会秦牧散文三性结合的特色以及"形散神聚"的文体特点。

# 箱 子 岩

沈从文

◎沈从文（1902—1988），湖南凤凰人。现代著名作家、历史文物研究家、京派小说代表人物。1924年开始文学创作，代表作《边城》《湘西》《长河》《从文自传》等在国内外均产生重大影响。他的作品被译成日文、英文、俄文等出版，被十多个国家或地区选入大学课本，两度被提名为诺贝尔文学奖评选候选人。沈从文的散文寄予着作者"美"与"爱"的美学理想，充满了对人生和生命的哲学思考，通过淡雅清新的散文来描述他心中的湘西世界，表现乡村生命形式的美丽，代表了他心中的健康、完善的人性美。沈从文是乡土文学的代表作家之一，他的作品语言古朴、自然、单纯，具有浓郁的地方色彩。晚年在历史文化研究方面也颇有造诣，撰写了一系列考古学、历史学专著，其中的《中国古代服饰研究》，填补了我国文化史上的空白。

◎本文选自沈从文《湘行散记》，商务印书馆1936年版。

十四年以前，我有机会独坐一只小篷船，沿辰河上行，停船在箱子岩脚下。一列青黛斩削的石壁，夹江高矗，被夕阳烘炙成为一个五彩屏障。石壁半腰中，有古代巢居者的遗迹，石罅间悬撑起无数横梁，暗红色大木柜尚依然好好的搁在木梁上。岩壁断折缺口处，看得见人家茅棚同水码头，上岸喝酒下船过渡人皆得从这缺口通过。那一天正是五月十五，河中人过大端阳节。箱子岩洞窟中最美丽的三只龙船，皆被乡下人拖出浮在水面上。船只狭而长，船舷描绘有朱红线条，全船坐满了青年桡手，头腰各缠红布，鼓声起处，船便如一枝没羽箭，在平静无波的长潭中来去如飞。河身大约一里路宽，两岸皆有人看船，大声呐喊助兴。且有好事者，从后山爬到悬岩顶上去，把百子边炮从高岩上抛下，尽边炮在半空中爆裂，嘭嘭嘭嘭的边炮声与水面船中锣鼓声相应和。引起人对于历史发生一种幻想，一点感慨。

当时我心想：多古怪的一切！两千年前那个楚国逐臣屈原，若本身不被放逐，疯疯颠颠来到这种充满了奇异光彩的地方，目击身经这些惊心动魄的景物，两千年来的读书人，或许就没有福分读九歌那类文章，中国文学史也就不会如现在的样子了。在这一段长长岁月中，世界上多少民族皆堕落了，衰老了，灭亡了。即如号称东亚大国的一片土地，也已经有过多少次被沙漠中的蛮族，骑了膘壮的马匹，手持强弓硬弩，长枪大戟，到处践踏蹂躏！（辛亥革命前夕，在这苗蛮杂处的一个边镇上，向土民最后一次大规模施行杀戮的统治者，就是一个北方清朝的宗室！）然而这地方的一切，虽在历史中也照样发生不断的杀戮，争夺，以及一到改朝换代时，派人民担负种种不幸命运，死的因此死去，活的被逼迫留发、剪发，在生活上受新朝代种种限制与支配。然而细细一想，这些人根本上又似乎与历史毫无关系。从他们应付生存的方法与排泄感情的娱乐上看来，

竟好像今古相同不分彼此。这时节我所眼见的光景，或许就与两千年前屈原所见的完全一样。

那次我的小船停泊在箱子岩石壁下，附近还有十来只小渔船，大致打鱼人也有弄龙船竞渡的，所以渔船上妇女小孩们，精神皆十分兴奋，各站在尾梢上锐声呼喊。其中有几个小孩子，我只担心他们太快乐了些，会把住家的小船跳沉。

日头落尽云影无光时，两岸皆渐渐消失在温柔暮色里。两岸看船人呼喝声越来越少，河面被一片紫雾笼罩，除了从锣鼓声中尚能辨别那些龙船方向，此外已别无所见。然而岩壁缺口处却人声嘈杂，且闻有小孩子哭声，有妇女们尖锐叫唤声，综合给人一种悠然不尽的感觉。天气已经夜了，吃饭是正经事。我原先尚以为再等一会儿，那龙船一定就会傍近岩边来休息，被人拖进石窟里，在快乐呼喊中结束这个节日了。谁知过了许久，那种锣鼓声尚在河面飘着，表示一班人还不愿意离开小船，回转家中。待到我把晚饭吃过后，爬出舱外一望，呀，天上好一轮圆月！月光下石壁同河面，一切皆镀了银，已完全变换了一种调子。岩壁缺口处水码头边，正有人用废竹缆或油柴燃着火燎，火光下只见许多穿白衣人的影子移动。问问船上水手，方知道那些人正把酒食搬移上船，预备分派给龙船上人。原来这些青年人白日里划了一整天船，看船的皆散尽了，划船的还不尽兴，并且谁也不愿意扫兴示弱，先行上岸，因此三只长船还得在月光下玩个上半夜。

提起这件事，使我重新感到人类文字语言的贫俭。那一派声音，那一种情调，真不是用文字语言可以形容的事情。向一个身在城市住下，以读读楚辞就神王意移的人，来描绘那月下竞舟的一切，更近于徒然的努力。我可以说的，只是自从我把这次水上所领略的印象保留到心上后，一切书本上的动人记载，皆看得平平常常，不至于发生惊讶了。这正像我另外一时，看过人类许多花样的杀戮，对于其余书上叙述到这件事情，同样不能再给我如何感动。

十四年后我又有了机会乘坐小船沿辰河上行，应当经过箱子岩。我想温习温习那地方给我的印象，就要管船的不问迟早，把小船在箱子岩停泊。这一天是十二月七号，快要过年的光景。没有太阳的酿雪天，气候异常寒冷。停船时还只下午三点钟左右，岩壁上藤萝草木叶子多已萎落，显得那一带岩壁十分瘦削。悬岩高处红木柜，只剩下三四具，其余早不知到那儿去了。小船最先泊在岩壁下洞窟边，冬天水落得太多，洞口已离水面两丈以上，我从石壁裂罅爬上洞口，到搁龙船处看了一下，旧船已不知坏了还是被水冲去了，只见有四只新船搁在石梁上，船头还贴有鸡血同鸡毛，一望就明白是今年方下水的，出得洞口时，见岩下左边泊定五只渔船，有几个老渔婆缩颈敛手在船头寒风中修补钓网。上船后觉得这样子太冷落了，可不是个办法。就又要船上水手，为我把小船撑到岩壁断折处有人家地方去，就便上岸，看看乡下人过年以前是什么光景。

四点钟左右，黄昏已腐蚀了山峦与树石轮廓，占领了屋角隅，我独自坐在一家小饭铺柴火边烤火。我默默的望着那个火光煜煜的树根，在我脚边很快乐的燃着，爆炸出轻

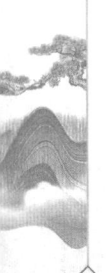

微的声音。铺子里人来来往往，有些说两句话又走了，有些就来镶在我身边长凳上，坐下吸他的旱烟。有些来烘脚？把穿着湿草鞋的脚去热灰里乱搅。看看每一个人的脸子，我都发生一种奇异。这里是一群会寻快乐的乡下人，有捕鱼的，打猎的，有船上水手与编制竹缆工人。若我的估计不错，那个坐在我身旁，伸出两只手向火，中指节有个放光顶针的，一定还是一位乡村成衣人。这些人每到大端阳时节，皆得下河去玩一整天的龙船。平常日子却在这个地方，按照一种分定，很简单的把日子过下去。每日看过往船只摇橹扬帆来去，看落日同水鸟。虽然也有人事上的得失，到恩怨纠纷成一团时，就陆续发生庆贺或仇杀。然而从整个说来，这些人生活却仿佛同"自然"已相融合，很从容的各在那里尽其性命之理，与其他无生命物质一样，惟在日月升降寒暑交替中放射，分解。而且在这种过程中，人是如何渺小的东西，这些人比起世界上任何哲人，也似乎还更知道的多一些！

　　听他们谈了许久，我心中有点忧郁起来了。这些不辜负自然的人，与自然妥协，对历史毫无担负，活在这无人知道的地方。另外尚有一批人，与自然毫不妥协，想出种种方法来支配自然，违反自然的习惯，同样也那么尽寒暑交替，看日月升降。然而后者却在改变历史，创造历史。一份新的日月，行将消灭旧的一切。我们用什么方法，就可以使这些人心中感觉一种"惶恐"，且放弃过去对自然和平的态度，重新来一股劲儿，用划龙船的精神活下去？这些人在娱乐上的狂热，就证明这种狂热，使他们还配在世界上占据一片土地，活得更愉快更长久一些。不过有什么方法，可以改造这些人的狂热到一件新的竞争方面去？

　　一个跛脚青年人，手中提了一个老虎牌桅灯，灯罩光光的，洒着摇着从外面走进屋子。许多人皆同声叫唤起来："什么，你发财回来了！好个灯！"

　　那跛子年纪虽很轻，脸上却刻划了一种油气与骄气，在乡下人中仿佛身分特高一层。把灯搁在木桌上，坐近火边来，拉开两腿摊出两只手烘火，满不高兴的说："碰鬼，运气坏，什么都完了。"

　　"船上老八说你发了财，瞒我们。"

　　"发了财，哼。瞒你们？本钱去七角，桃源行市一块零，有什么捞头，我问你。"

　　这个人接着且连骂带唱的说起桃源后江的情形，使得一般人皆活泼兴奋起来，话说得正有兴味时，一个人来找他，说猪蹄膀已炖好，酒已热好，他搓搓手，说声有偏各位，提起那个新桅灯就走了。

　　原来这个青年汉子，是个打鱼人的独生子，三年前被省城里募兵委员招去，训练了三个月，就开到江西边境去同共产党打仗。打了半年仗，一班弟兄中只剩下他一个人好好的活着，奉令调回后防招新军补充时，他因此升了班长。第二次又训练三个月，再开到前线去打仗。于是碎了一只腿，抬回军医院诊治，照规矩这只腿用锯子锯去。一群同志皆以为从辰州地方出来的人，"辰州符"比截割高明得多了，就把他从医院中抢出，在外边用老办法找人敷水药治疗。说也古怪，那只腿居然不必截割全好了。战争是个什么东西他已明白了。取得了本营证明,领得了些伤兵抚恤费后,于是回到家乡来,用什么名义受同乡恭维,又用伤兵名义做点生意。这生意也就正是有人可以赚钱,有人可以犯法,政府也设局收税,也制定法律禁止,那种从各方面说来皆似乎极有出息的生意。我想弄明白那什长的年龄,从那个当地唯一成衣人口中,方知道这什长今年还只二十一岁。那成衣人尚说:"这小子看事有眼睛,做事有魄力,蹶了一只脚,还会发财走好运。若两只腿弄坏,那就更好了。"

有个水手插口说:"这是什么话。"

"什么画,壁上挂。穷人打光棍,两只腿全打坏了,他就不会赚了钱,再到桃源县后江玩花姑娘!"

成衣人末后一句话把大家皆弄笑了。

回船时,我一个人坐在灌满冷气的小小船舱中,计算那什长年龄,二十一岁减十四,得到个数目是七。我记起十四年前那个夜里一切光景,那落日返照,那狭长而描绘朱红线条的船只,那锣鼓与呼喊,……尤其是临近几只小渔船上欢乐跳掷的小孩子,其中一定就有一个今晚我所见到的跛脚什长。唉,历史。生硬性痛疽的人,照旧式治疗方法,可用一点点毒药敷上,尽它溃烂,到溃烂净尽时,再用药物使新的肌肉生长,人也就恢复健康了。这跛脚什长,我对他的印象虽异常恶劣,想起他就是个可以溃烂这乡村居民灵魂的人物,不由人不……

二十年前澧州地方一个部队的马夫,姓贺名龙,一菜刀切下了一个兵士的头颅,二十年后就得惊动三省集中十万军队来解决这马夫。谁个人会注意这小小节目,谁个人想象得到人类历史是用什么写成的!

### ◈ 阅读提示 ◈

十四年前的端午节,作者回到故乡湘西,看到了箱子岩边上热闹的划龙舟场景;十四年后的过年前夕,作者再次回到箱子岩,看到是与划龙舟那种热闹场面完全相反的一种生活状态,村民们过着一种宁静闲适、与世不争的生活。前后两种生活状态形成了鲜明的对比和反差,这一"动"一"静"如何体现作者贯穿于写作始终的人生主题?

"这些不辜负自然的人,与自然妥协,对历史毫无负担。""另外尚有一批人,与自然不妥协,想出种种方法来支配自然,违反自然的习惯。"作者冷静客观的语言,表面上是列举出两种不同生活处世方式的人,但是实际上却是在警示人们,让人们对自己的行为进行反思。一方面湘西人仍然保留着淳朴道德的原始人性,有着旺盛的原始生命力;另一方面又被现代的毒瘤侵蚀着,让人感到隐隐担忧。

文章中对"跛脚什长"言行举止的描述,作者敏锐地感觉到在湘西这片净土上也在慢慢受到一些现代文明的侵蚀,使作者产生一种对故乡的人、故乡的事悲天悯人的情绪。从而引起了对民族性格、民族文化的思考,通过故乡小小的人、事来影射出深藏在背后的整个民族意识的忧患和种族延续的担忧。

## 读后思考题

1. 通篇文章都是平实的叙事，是作者对历史的缅想。但作者说过这样一句话："你们能欣赏我故事的清新，照例那背后蕴藏的热情却忽略了；你们能欣赏我文字的朴实，照例那作品背后的悲痛也忽略了。"在平实叙事的背后却隐藏着作者对民族品德的忧虑和对民族精神的深思。请思考，作者作品背后的热情与悲痛是什么。谈谈自己的体会与思考。

2. 文中多处提到了"历史"，在这块土地上演绎的历史似乎与社会的变动没有发生一点关联，请思考，这其中蕴含着怎样的危机。

# 秦　腔

## 贾平凹

◎贾平凹（1952—），当代作家，原名贾平娃，陕西丹凤人。1975年西北大学中文系毕业后任陕西人民出版社文艺编辑、《长安》文学月刊编辑。1982年后从事专业创作。现任《美文》杂志主编。贾平凹的创作颇丰，主要小说集有《商州散记》《小月前本》《腊月·正月》《天狗》等；长篇小说有《浮躁》《废都》《白夜》《高老庄》等；散文集《月迹》《心迹》《爱的踪迹》《贾平凹散文自选集》等。他的作品被翻译成英语、法语等多种语言在世界多个国家传播，并有多部作品获国际大奖。

◎本文选自贾平凹《爱的踪迹》，上海文艺出版社1985年版。

　　山川不同，便风俗区别，风俗区别，便戏剧存异；普天之下人不同貌，剧不同腔；京，豫，晋，越，黄梅，二簧，四川高腔，几十种品类；或问：历史最悠久者，文武最正经者，是非最汹汹者？曰：秦腔也。正如长处和短处一样突出便见其风格，对待秦腔，爱者便爱得要死，恶者便恶得要命。外地人——尤其是自夸于长江流域的纤秀之士——最害怕秦腔的震撼；评论说得婉转的是：唱得有劲；说得直率的是：大喊大叫。于是，便有柔弱女子，常在戏台下以绒堵耳，又或在平日教训某人：你要不怎么怎么样，今晚让你去看秦腔！秦腔成了惩罚的代名词。所以，别的剧种可以各省走动，唯秦腔则如秦人一样，死不离窝；严重的乡土观念，也使其离不了窝：可能还在西北几个地方变腔走调的有些市场，却绝对冲不出往东南而去的潼关呢。

　　但是，几百年来，秦腔却没有被淘汰，被沉沦，这使多少人在大惑而不得其解。其解是有的，就在陕西这块土地上。如果是一个南方人，坐车轰轰隆隆往北走，渡过黄河，进入西岸，八百里秦川大地，原来竟是：一扶黄褐的平原；辽阔的地平线上，一处一处用木椽夹打成一尺多宽墙的土屋，粗笨而庄重；冲天而起的白杨，苦楝，紫槐，枝干粗壮如桶，叶却小似铜钱，迎风正反翻覆……你立即就会明白了：这里的地理构造竟与秦腔的旋律惟妙惟肖的一统！再去接触一下秦人吧，活脱脱的一群秦始皇兵马俑的复出：高个，浓眉，眼和眼间隔略远，手和脚一样粗大，上身又稍稍见长于下身。当他们背着沉重的三角形状的犁铧，赶着山包一样团块组合式的秦川公牛，端着脑袋般大小的耀州瓷碗，蹲在立的卧的石碌子碌碡上吃着牛肉泡馍，你不禁又要改变起世界观了：啊，这是块多么空旷而实在的土地，在这块土地挖爬滚打的人群是多么"二愣"的民众！那晚霞烧起的黄昏里，落日在地平线上欲去不去的痛苦的妊娠，五里一村，十里一镇，高音喇叭里传播的秦腔互相交织，冲撞，这秦腔原来是秦川的天籁，地籁，人籁的共鸣啊！于此，你不渐渐感觉到了南方戏剧的秀而无骨吗？不深深地懂得秦腔为什么形

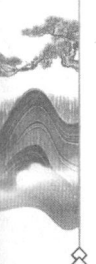

成和存在而占却时间,空间的位置吗?

八百里秦川,以西安为界,咸阳,兴平,武功,周至,凤翔,长武,岐山,宝鸡,两个专区几十个县为西府;三原,泾阳,高陵,户县,合阳,大荔,韩城,白水,一个专区十几个县为东府。秦腔,就源于西府。在西府,民性敦厚,说话多用去声,一律咬字沉重,对话如吵架一样,哭丧又一呼三叹。呼喊远人更是特殊:前声拖十二分的长,末了方极快地道出内容。声韵的发展,使会远道喊人的人都从此有了唱秦腔的天才。老一辈的能唱,小一辈的能唱,男的能唱,女的能唱;唱秦腔成了做人最体面的事,任何一下乡下男女,只有唱秦腔,才有出人头地的可能,大凡有出息的,是个人才的,哪一个何曾未登过台,起码不能吼一阵乱弹呢!

农民是世上最劳苦的人,尤其是在这块平原上,生时落草在黄土炕上,死了被埋在黄土堆下;秦腔是他们大苦中的大乐,当老牛木犁疙瘩绳,在田野已经累得筋疲力尽,立在犁沟里大喊大叫来一段秦腔,那心胸肺腑,关关节节的困乏便一尽儿涤荡净了。秦腔与他们,要和"西凤"白酒,长线辣子,大叶卷烟,牛肉泡馍一样成为生命的五大要素。若与那些年长的农民聊起来,他们想象的伟大的共产主义生活,首先便是这五大要素。他们有的是吃不完的粮食,他们缺的是高超的艺术享受,他们教育自己的子女,不会是那些文豪们讲的,幼年不是祖母讲着动人的迷丽的童话,而是一字一板传授着秦腔。他们大都不识字,但却出奇地能一本一本整套背诵出剧本,虽然那常常是之乎者也的字眼从那一圈胡子的嘴里吐出来十分别扭。有了秦腔,生活便有了乐趣,高兴了,唱"快板",高兴得像被烈性炸药爆炸了一样,要把整个身心粉碎在天空!痛苦了,唱"慢板",揪心裂肠的唱腔却表现了多么有情有味的美来,美给了别人的享受,美也熨平了自己心中愁苦的皱纹。当他们在收获时节的土场上,在月在中天的庄院里大吼大叫唱起来的时候,那种难以想象的狂喜,激动,雄壮,与那些献身于诗歌的文人,与那些有吃有穿却总感空虚的都市人相比,常说的什么伟大的永恒的爱情是多么渺小、有限和虚弱啊!

我曾经在西府走动了两个秋冬,所到之处,村村都有戏班,人人都会清唱。在黎明或者黄昏的时分,一个人独独地到田野里去,远远看着天幕下一个一个山包一样隆起的十三个朝代帝王的陵墓,细细辨认着田埂土,荒草中那一截一截汉唐时期石碑上的残字,高高的土屋上的窗口里就飘出一阵冗长的二胡声,几声雄壮的秦腔叫板,我就痴呆了,猛然发现了自己心胸中一股强硬的气魄随同着胳膊上的肌肉疙瘩一起产生了。

每到农闲的夜里,村里就常听到几声锣响:戏班排演开始了。演员们都集合起来,到那古寺庙里去。吹,拉,弹,奏,翻,打,念,唱,提袍甩袖,吹胡瞪眼,古寺庙成了古今真乐府,天地大梨园。导演是老一辈演员,享有绝对权威,演员是一家几口,夫妻同台,父子同台,公公儿媳也同台。按秦川的风俗:父和子不能不有其序,爷和孙却可以无道,弟与哥嫂可以嬉闹无常,兄与弟媳则无正事不能多言。但是,一到台上,秦腔面前人人平等,兄可以拜弟媳为帅为将,子可以将老父绳绑索捆。寺庙里有窗无扇,屋梁上蛛丝结网,夏天蚊虫飞来,成团成团在头上旋转,薰蚊草就墙角燃起,一声唱腔一声咳嗽。冬天里四面透风,柳木疙瘩火当中架起,一出场一脸正经,一下场凑近火堆，热了前怀，凉了后背。排演到什么时候，什么时候都有观众，有抱着二尺长的烟袋的老者，有凳子高、桌子高趴满窗台的孩子。庙里一个跟斗未翻起，窗外就哇地一声叫倒好，演员出来骂一声：谁说不好的滚蛋！他们抓住窗台死不滚去，倒要连声讨好：翻得好！翻得好！更有殷勤的，跑回来偷拿了红薯、土豆，在火堆里煨熟给演员作夜餐，赚得进屋里有一个安全位置。排演到三更鸡叫，月儿偏西，演员们散了，孩子们还围了火堆弯腰踢腿，学那一招一式。

一出戏排成了，一人传出，全村振奋，扳着指头盼那上演日期。一年十二个月，正月元宵日，二月龙抬头，三月三，四月四，五月五日过端午，六月六日晒丝绸，七月过半，八月中秋，九月初九，十月一日，再是那腊月五豆，腊八，二十三……月月有节，三月一会，那戏必是上演的。戏台是全村人的共同的事业，宁肯少吃少穿也要筹资集款，买上好的木石，请高强的工匠来修筑。村子富不富，就比这戏台阔不阔。一演出，半下午人就扛凳子去占地位了，未等戏开，台下坐的、站的人头攒拥，台两边阶上立的卧的是一群顽童。那锣鼓就叮叮咣咣地闹台，似乎整个世界要天翻地覆了。各类小吃趁机摆开，一个食摊上一盏马灯，花生、瓜子、糖果、烟卷、油茶、麻花、烧鸡、煎饼，长一声短一声叫卖不绝。锣鼓还在一声儿敲打，大幕只是不拉，演员偶尔从幕边往下望望，下边就喊：开演呀，场子都满了！幕布放下，只说就要出场了，却又叮叮咣咣不停。台下就乱了，后边的喊前边的坐下，前边的喊后边的为什么不说最前边的立着；场外的大声叫着亲朋子女名字，问有坐处没有，场内的锐声回应快进来；有要吃煎饼的喊熟人去买一个，熟人买了站在场外一扬手，出口骂了一声隔人头甩去，不偏不倚目标正好；左边的喊右边的踩了他的脚，右边的叫左边的挤了他的腰，一个说：狗年快完了，你还叫啥哩？一个说：猪年还没到，你便拱开了！言语伤人，动了手脚；外边的趁机而入，一时四边向里挤，里边向外扛，人的旋涡涌起，如四月的麦田起风，根儿不动，头身一会儿倒西，一会儿倒东，喊声、骂声、哭声一片；有拼命挤将出来的，一出来方觉世界偌大，身体胖肿，但差不多却光了脚，乱了头发。大幕又一挑，站出戏班头儿，大声叫喊要维持秩序；立即就跳出一个两个所谓"二杆子"人物来。这类人物多是头脑简单，四肢发达，却十二分忠诚于秦腔，此时便拿了枝条儿，哪里人挤，哪里打去，如凶神恶煞一般。人人恨骂这些人，人人又都盼有这些人，叫他们是秦腔宪兵，宪兵者越发忠于职责，虽然彻夜不得看戏，但大家一夜满足了，他们也就满足了一夜。

终于台上锣鼓停了，大幕拉开，角色出场。但不管男的女的，出来偏不面对观众，一律背身掩面，女的就碎步后移，水上漂一样，台下就叫：瞧那腰身，那肩头，一身的戏哟！是男的就摇那帽翎，一会双摇，一会单摇，一边上下飞闪，一边纹丝不动，台下便叫：绝了，绝了！等到那角色儿猛一转身，头一高扬，一声高叫，声如炸雷哗啷啷直从人们头顶碾过，全场一个冷战，从头到脚，每一个手指尖儿，每一根头发梢儿都麻酥酥的了。如果是演《救裴生》，那慧娘站在台中往下蹲，慢慢地，慢慢地，慧娘蹲下去了，全场人头也矮下去了半尺，等那慧娘往起站，慢慢地，慢慢地，慧娘站起来了，全场人的脖子也全拉长了起来。他们不喜欢看生戏，最欢迎看熟戏，那一腔一调都晓得，哪个演员唱得好，就摇头晃脑跟着唱，哪个演员走了调，台下就有人要纠正。说穿了，看秦腔不为求新鲜，他们只图过过瘾。

在这样的地方，这样的环境，这样的气氛，面对着这样的观众，秦腔是最逞能的，它的艺术的享受，是和拥挤而存在，是靠力气而获得的。如果是冬天，那风在刮着，像刀子一样，如果是夏天，人窝里热得如蒸笼一般，但只要不是大雪，冰雹，暴雨，台下的人是不肯撤场的。最可贵的是那些老一辈的秦腔迷，他们没有力气挤在台下，也没有好眼力看清演员，却一溜一排地蹲在戏台两侧的墙根，吸着草烟，慢慢将唱腔品赏。一声叫板，便可以使他们坠入艺术之宫，"听了秦腔，肉酒不香"，他们是体会得最深。那些大一点的，脾性野一点的孩子，却占领了戏场周围所有的高空，杨树上，柳树上，槐树上，一个枝杈一个人。他们常常乐而忘了险境，双手鼓掌时竟从树杈上掉下来，掉下来自不会损伤，因为树下是无数的人头，只是招致一顿臭骂罢了。更有一些爬在了场边的麦秸积上，夏天四面来风，好不凉快，冬日就扒个草洞，将身子缩进去，露一个脑袋，也正是有闲阶级享受不了秦腔吧，他们常就瞌睡了，一觉醒来，月在西在，戏毕人散，只好苦笑一声悄然没声儿地溜下来回家敲门去了。

当然，一次秦腔演出，是一次演员亮相，也是一次演员受村人评论的考场。每每角色一出场，台下就一片喊喊喳喳：这是谁的儿子，谁的女子，谁家的媳妇，娘家何处？于是乎，谁有出息，谁没能耐，一下子就有了定论。有好多外村的人来提亲说媒，总是就在这个时候进行。据说有一媒人将一女子引到台下，相亲台上一个男演员，事先夸口这男的如何俊样，如何能干，但戏演了过半，那男的还未出场，后来终于出来，是个国民党的伪兵，还持枪未走到中台，扮游击队长的演员挥枪一指，"叭"的一声，那伪兵就倒地而死，爬着钻进了后幕。那女子当下哼一声，闭了嘴，一场亲事自然了了。这是喜中之悲一例。据说还有一例，一个老头在脖子上架了孙孙去看戏，孙孙吵着要回家，老头好说好劝只是不忍半场而去，便破费买了半斤花生，他眼盯着台上，手在下边剥花生，然后一颗一颗扬手喂到孙孙嘴里，但喂着喂着，竟将一颗塞进孙孙鼻孔，吐不出，咽不下，口鼻出血，连夜送到医院动手术，花去了七十元钱。但是，以秦腔引喜的事却不计其数。每个村里，总会有那么个老汉，夜里看戏，第二天必是头一个起床往戏台下跑。戏台下一片石头、砖头，一堆堆瓜子皮，糖果纸，烟屁股，他掀掀这块石头，踢踢那堆尘土，少不了要捡到一角两角甚至三元四元钱币来，或者一只鞋，或者一条手帕。这是村里钻刁人干的营生，而馋嘴的孩子们有的则夜里趁各家锁门之机，去地里摘那香瓜来吃，去谁家院里将桃杏装在背心兜里回来分红。自然少不了有那些青春妙龄的少男少女，则往往在台下混乱之中眼送秋波，或者就悄悄退出，相依相偎到黑黑的渠畔树林子里去了……

秦腔在这块土地上，有着神圣的不可动摇的基础。凡是到这些村庄去下乡，到这些人家去做客，他们最高级的接待是陪着看一场秦腔，实在不逢年过节，他们就会要合家唱一会乱弹，你只能点头称好，不能耻笑，甚至不能有一点不入神的表示。他们一生最崇敬的只有两种人：一是国家领导人，一是当地的秦腔名角。即是在任何地方，这些名角没有在场，只要发现了名角的父母，去商店买油是不必排队的，进饭馆吃饭是会有座位的，就是在半路上挡车，只要喊一声：我是某某的什么，司机也便要嘎地停车。但是，谁要侮辱一下秦腔，他们要争死争活地和你论理，以至大打出手，使你永远记住教训。每每村里过红白丧喜之事，那必是要包一台秦腔的，生儿以秦腔迎接，送葬以秦腔致哀，似乎这人生的世界，就是秦腔的舞台，人只要在舞台上，生，旦，净，丑，才各显了真性，恶的夸张其丑，善的凸现其美，善的使他们获得美的教育，恶的也使丑里化作了美的艺术。

广漠旷远的八百里秦川，只有这秦腔，也只能有这秦腔，八百里秦川的劳作农民只有也只能有这秦腔使他们喜怒哀乐。秦人自古是大苦大乐之民众，他们的家乡交响乐除了大喊大叫的秦腔还能有别的吗？

1983年5月2日草于五味村

### 阅读提示

贾平凹曾在20世纪90年代创办的《美文》发刊词上谈到自己的散文观："鼓呼大散文的概念，鼓呼散文的现实感，史诗感，真情感；鼓呼真正属于我们身处的这个时代的散文。"《秦腔》可以说是贾平凹"大散文"创作理念的一次实践。

这篇散文写于1983年，是贾平凹的"商州"系列之一。商州也是作者生活了20多年的故乡。"商州"系列的突出特点表现为通过展现商州地区秦汉文化的独特生存方式和风土人情，展现商州地区传统文化中的风俗美和人情美。文章一开头，作者就用气势恢宏的介绍引出秦腔："山川不同，便风俗区别，风俗区别，便戏剧存异……曰：秦腔也。"接下来，作者集中展示了与秦腔产生有关的秦地山川地貌、民俗风情、秦人生存状态和人格精神，抑扬顿挫、酣畅淋漓，突出了大散文的现实感和真情感，而史诗感则体现在作者对秦腔没有被淘汰和沉沦原因的考察中。之后，作者揭示了在秦人地区之所以会出现男女老少皆能唱秦腔、红白喜事需要秦腔、秦腔在此地神圣不可动摇的深层原因。而文末的追问："广漠旷远的八百里秦川，只有这秦腔，也只能有这秦腔，八百里秦川的劳作农民只有也只能有这秦腔使他们喜怒哀乐。秦人自古是大苦大乐之民众，他们的家乡交响乐除了大喊大叫的秦腔还能有别的吗？"这更加升华了秦腔的意蕴，在点题之余，也给读者留下登高望远的审美愉悦和无穷启示。

一篇看似写秦腔的散文，实际上不完全是在写对地方曲艺的欣赏，着墨更多的仍是村村寨寨里的日常生活、俗世之念，作者以此向读者展现一个充满文化积淀的、富有生机活力的自然和精神世界，同时也引导读者联想整个中华民族几千年来的生存史、发展史和精神史，发人深省，引人深思，这也许就是贾平凹的"大散文"所显示的独特魅力。

### 读后思考题

1. 举例说明秦腔在秦人生活中的重要地位。
2. 找出文中最能表现秦腔与秦地秦人关系的句子，并加以分析。

# 我改变的事物

刘亮程

◎刘亮程（1962— ），新疆沙湾县人，作家。曾当过十几年的乡农机管理员，在劳动之余喜欢写作，他写的文字几乎离不开自己生活了多年的小村庄，笔触下的村庄都是通过"自我"的身份而不是"他者"的身份来描述。我们能够从刘亮程文章中所描述的村庄里的人、村庄里的事和物的变化发展发现一种久违的自然生存。代表作散文集《一个人的村庄》出版后，全国反响巨大，引发了诸多文学家、评论家的撰文及研讨，同时也引发了众人对人性、对人类命运的哲学思考。作者散文的写作风格清新、朴素，以其自身的乡村生活体验来呈现出乡村生活中的人道、人的本性，使乡土文学达到一个新的高度。与其他当代乡土文学作品不同的是，刘亮程笔下的乡土社会是一个人畜和谐、人与自然和谐的社会，他用自己独特的方式守望着精神家园。

◎本文选自刘亮程《一个人的村庄》，新疆人民出版社2001年版。

我年轻力盛的那些年，常常扛一把铁锨，像个无事的人，在村外的野地上闲转。我不喜欢在路上蹓跶，那个时候每条路都有一个明确去处，而我是个毫无目的的人，不希望路把我带到我不情愿的地方。我喜欢一个人在荒野上转悠，看哪不顺眼了，就挖两锨。那片荒野不是谁的，许多草还没有名字，胡乱地长着，我也胡乱地生活着，找不到值得一干的大事。在我年轻力盛的时候，那些很重很累人的活都躲得远远的，不跟我交手，等我老了没力气时又一件接一件来到生活中，欺负一个老掉的人。这也许就是命运。

有时，我会花一晌午工夫，把一个跟我毫无关系的土包铲平，或在一片平地上无辜地挖一个大坑。我只是不想让一把好锨在我肩上白白生锈。一个在岁月中虚度的人，再搭上一把锨、一幢好房子，甚至几头壮牲口，让它们陪你虚晃荡一世，那才叫不道德呢。当然，在我使唤坏好几把铁锨后，也会想到村里老掉的一些人，没见他们干出啥大事便把自己使唤成这副样子，腰也弯了，骨头也散架了。

几年后当我再经过这片荒地，就会发现我劳动过的地上有了些变化，以往长在土包上的杂草现在下来了，和平地上的草挤在一起，再显不出谁高谁低；而我挖的那个大坑里，深陷着一窝子墨绿。这时我内心的激动别人是无法体会的——我改变了一小片野草的布局和长势。就因为那么几锨，这片荒野的一个部位发生变化了，每个夏天都落到土包上的雨，从此再找不到这个土包；每个冬天也会有一些雪花迟落地一会儿——我挖的这个坑增大了天空和大地间的距离。对于跑过这片荒野的一头驴来说，这点变化也许算不了什么，它在荒野上随便撒泡尿也会冲出一个不小的坑来。而对于世代生存在这里的一只小虫，这点变化可谓地覆天翻，有些小虫一辈子都走不了几米，在它的领地随便挖

走一锨土，它都会永远迷失。

有时我也会钻进谁家的玉米地，蹲上半天再出来。到了秋天就会有一两株玉米，鹤立鸡群般耸在一片平庸的玉米地中。这是我的业绩，我为这户人家增收了几斤玉米。哪天我去这家借东西，碰巧赶上午饭，我会毫不客气地接过女主人端来的一碗粥和一块玉米饼子。

我是个闲不住的人，却永远不会为某一件事去忙碌。村里人说我是个"闲锤子"，他们靠一年年的丰收改建了家园，添置了农具和衣服。我还是老样子，他们不知道我改变了什么。

一次我经过沙沟梁，见一棵斜长的胡杨树，有碗口那么粗吧，我想它已经歪着身子活了五六年了。我找了根草绳，拴在邻近的一棵树上，费了很大劲把这棵树拉直。干完这件事我就走了。两年后我回来的时候，一眼就看见那棵歪斜的胡杨已经长直了，既挺拔又壮实。拉直它的那棵树却变歪了。我改变了两棵树的长势，而现在，谁也改变不了它们了。

我把一棵树上的麻雀赶到另一棵树上，把一条渠里的水引进另一条渠。我相信我的每个行为都不同寻常地充满意义。我是一个平常的人，住在这样一个小村庄里，注定要闲逛一辈子。我得给自己找点闲事，找个理由活下去。

我在一头牛屁股上拍了一锨，牛猛窜几步，落在最后的这头牛一下子到了牛群最前面，碰巧有个买牛的人，这头牛便被选中了。对牛来说，这一锨就是命运。我赶开一头正在交配的黑公羊，让一头急得乱跳的白公羊爬上去，这对我只是个小动作，举手之劳。羊的未来却截然不同了，本该下黑羊羔的这只母羊，因此只能下只白羊羔了。黑公羊肯定会恨我的，我不在乎。羊迟早是人的腹中物，恨我的那只羊的肉和感激我的那只羊的肉，嚼到嘴里会一样香。在羊的骨髓里你吃不出那种叫爱和恨的东西，只有营养和油脂。

当我五十岁的时候，我会很自豪地目睹因为我而成了现在这个样子的大小事物，在长达一生的时间里，我有意无意地改变了它们，让本来黑的变成白，本来向东的去了西边……而这一切，只有我一个人清楚。

我扔在路旁的那根木头，没有谁知道它挡住了什么。它不规则地横在那里，是一种障碍，一段时光中的堤坝，又像是一截指针，一种命运的暗示。每天都会有一些村民坐在木头上，闲扯一个下午。也有几头牲口拴在木头上，一个晚上去不了别处。因为这根木头，人们坐到了一起，扯着闲话商量着明天、明年的事。因此，第二天就有人扛一架农具上南梁坡了，有人骑一匹快马上胡家海子了……而在这个下午之前，人们都没想好该去干什么。没这根木头生活可能会是另一个样子。坐在一间房子里的板凳上和坐在路边的一根木头上商量出的事肯定是完全不同的两种结果。

多少年后当眼前的一切成为结局，时间改变了我，改变了村里的一切。整个老掉的一代人，坐在黄昏里感叹岁月流逝、沧桑巨变。没人知道有些东西是被我改变的。在时间经过这个小村庄的时候，我帮了时间的忙，让该变的一切都有了变迁。我老的时候，我会说：我是在时光中老的。

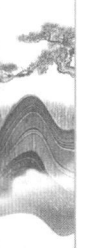

## 阅读提示

"元知造物心肠别,老却英雄似等闲",用刘亮程的话接着讲,"这也许就是命运"。一个再平凡不过的举动,背后可能都有一个极深邃的情怀,这就是"有心人"。没有多少人知道,更甚者是没有人会关注到,但"有心人"是快乐的、是饱满的、是有生活信念的。通过本文,也许我们能够领悟到一点。

文中描述的都是平时生活的各种各样的琐碎甚至庸俗的小事,却恰恰表明了作者自己不是仅仅以这些琐碎庸俗的物质东西为追求的。作者的处世方式也给我们以深刻的启示,我们生活中的行为就是在实现着我们生命的价值,同时我们要有一种独立思考的意识,思考生活中有意义和无意义,甚至是得与失、巧合与差错、有意为之或无意为之的所有小事,叩问自己的内心。

## 读后思考题

1. 读完课文后,你认为作者改变了什么?作者花重笔墨来写他所做的那些微不足道的事情,他想告诉我们什么?

2. 寓言家的故事往往是精雕细刻的,本文不同于寓言,如果你读过周国平的文章,对比分析各自的特征,说说你个人的喜好和感悟。

# 透明的红萝卜(节选)

## 莫 言

◎莫言(1955— ),当代作家。2012年获诺贝尔文学奖。曾获法国"儒尔·巴泰雍外国文学奖""法兰西文化与艺术骑士勋章",意大利"诺尼诺国际文学奖",日本"福冈亚洲文化大奖",美国"纽曼华语文学奖"、"华语文学传媒大奖·年度杰出成就奖",茅盾文学奖,中国台湾联合文学奖,中国香港浸会大学世界华文长篇小说奖·红楼梦奖。著有《红高粱家族》《酒国》《丰乳肥臀》《檀香刑》《生死疲劳》《蛙》等长篇小说11部,《透明的红萝卜》《司令部的女人》等中短篇小说100余篇,并著有剧作、散文多篇,其中许多作品已被翻译成英语、法语、德语、意语、日语、西语、俄语、韩语、荷兰语、瑞典语、挪威语、波兰语、阿拉伯语、越南语等多种语言,在国内外文坛具有广泛影响。

◎莫言小说以狂欢化的叙事、魔幻现实主义的创作风格呈现了真实、生动而充满爱恨干戈的中国乡土世界,其语言往往具有摧枯拉朽的势能,笔下人物大多呈现出向动物性的回归。儿童视角也是作家擅长使用的叙述视角之一。

◎本文选自莫言中篇小说集《欢乐》,上海文艺出版社2012年版。

那个金色红萝卜砸在河面上,水花飞溅起来。萝卜漂了一会儿,便慢慢沉入水底。在水底下它慢慢滚动着,一层一层黄沙很快就掩埋了它。从萝卜砸破的河面上,升腾起沉甸甸的迷雾,凌晨时分,雾积满了河谷,河水在雾下伤感地呜咽着。几只早起的鸭子站在河边,忧悒地盯着滚动的雾。有一只大胆的鸭子耐不住了,蹒跚着朝河里走。在蓬生的水草前,浓雾像帐子一样挡住了它。它把脖子向左向右向前伸着,雾像海绵一样富于伸缩性,它只好退回来,"呷呷"地发着牢骚。后来,太阳钻出来了,河上的雾被剑一样的阳光劈开了一条条胡同和隧道,从胡同里,鸭子们望见了一个高个子老头儿挑着一卷铺盖和几件沉甸甸的铁器,沿着河边往西走去了。老头的背驼得很厉害,担子沉重,把他的肩膀使劲压下去,脖子像天鹅一样伸出来。老头子走了,又来了一个光背赤脚的黑孩子。那只公鸭子跟它身边那只母鸭子交换了一个眼神,意思是说:记得吧?那次就是他,水桶撞翻柳树滚下河,人在堤上做狗趴,最后也下了河拖着桶残水,那只水桶差点没把麻鸭那个臊包砸死……母鸭子连忙回应:是呀是呀是呀,麻鸭那个讨厌家伙,天天追着我说下流话,砸死它倒利索……

黑孩在水边慢慢地走着,眼睛极力想穿透迷雾,他听到河对岸的鸭子在"呷呷呷呷,嘎嘎嘎嘎"地乱叫着。他蹲下去,大脑袋放在膝盖上,双手抱住凉森森的小腿。他感觉到太阳出来了,阳光晒着背,像在身后生着一个铁匠炉。夜里他没回家,猫在一个桥洞里睡了。公鸡啼鸣时他听到老铁匠在桥洞里很响地说了几句话,后来一切归于沉寂。他再也睡不着，便踏着冰凉的沙土来到河边。他看到了老铁匠伛偻的背影，正想追上去，不料脚下一滑，摔了一个屁股墩，等他爬起来时，老铁匠已经消逝在迷雾中了。现在他蹲着，看着阳光把河雾像切豆腐一样分割开，他望见了河对岸的鸭子，鸭子也用高贵的目光看着他。露出来的水面像银子一样耀眼，看不到河底，他非常失望。他听到工地上吵嚷起来，刘太阳副主任响亮地骂着："娘的，铁匠炉里出了鬼了，老混蛋连招呼都不打就卷了铺盖，小混蛋也没了影子，还有没有组织纪律性？"

"黑孩！"

"黑孩！"

"那不是黑孩吗？瞧，在水边蹲着。"

姑娘和小石匠跑过来，一人架着一只胳膊把他拉起来。

"小可怜，蹲在这儿干什么？"姑娘伸手摘掉他头顶上的麦秸草，说，"别蹲在这儿，怪冷的。"

"昨夜里还剩下些地瓜，让独眼龙给你烤烤。"

"老师傅走了。"姑娘沉重地说。

"走了。"

"怎么办？让他跟着独眼？要是独眼折磨他呢？"

"没事，这孩子没有吃不了的苦。再说，还有我们呢，谅他不敢太过火的。"

两个人架着黑孩往工地上走，黑孩一步一回头。

"傻蛋，走吧，走吧，河里有什么好看的？"小石匠捏捏黑孩的胳膊。

"我以为你狗日的让老猫叼了去了呢！"刘太阳冲着黑孩说。他又问小铁匠："怎么样你？把老头挤对走了，活儿可不准给我误了。淬不出钻子来我剜了你的独眼。"

小铁匠傲慢地笑笑，说："请看好吧，刘头。不过，老头儿那份钱粮可得给我补贴上，要不我不干。"

"我要先看看你的活。中就中，不中你也滚他妈的蛋！"

"生火，干儿。"小铁匠命令黑孩。

整整一个上午，黑孩就像丢了魂一样，动作杂乱，活儿毛草，有时，他把一大铲煤塞到炉里，使桥洞里黑烟滚滚；有时，他又把钢钻倒头儿插进炉膛，该烧的地方不烧，不该烧的地方反而烧化了。"狗日的，你的心到哪儿去啦？"小铁匠恼怒地骂着。他忙得满身是汗，绝技在身的兴奋劲儿从汗珠缝里不停地流溢出来。黑孩看到他在淬火前先把手插到桶里试试水温，手臂上被钢钻烫伤的地方缠着一道破布，似乎有一股臭鱼烂虾的味道从伤口里散出来。黑孩的眼里蒙着一层淡淡的云翳，情绪非常低落。九点钟以后，阳光异常美丽，阴暗的桥洞里，一道光线照着西壁，折射得满洞辉煌。小铁匠把钢钻淬好，亲自拿着送给石匠师傅去鉴定。黑孩扔下手中工具，蹑手蹑脚溜出桥洞，突然的光明也像突然的黑暗一样使他头晕眼光。略微迟疑了一下，他便飞跑起来，只用了十几秒钟，他就站在河水边缘上了。那些四个棱的狗蛋子草好奇地望着他，开着紫色花朵的水芡和擎着咖啡色头颅的香附草贪婪地嗅着他满身的煤烟味儿。河上飘逸着水草的清香和鲢鱼的微腥，他的鼻翅扇动着，肺叶像活泼的斑鸠在展翅飞翔。河面上一片白，白里掺着黑和紫。他的眼睛生涩刺痛，但还是目不转睛，好像要看穿水面上漂着的这层水银般的亮色。后来，他双手提起裤头的下沿，试试探探下了水，跳舞般向前走。河水起初只淹到他的膝盖，很快淹到大腿，他把裤头使劲捲起来，两半葡萄色的小屁股露了出来。这时候他已经立在河的中央了，四周的光一齐往他身上扑，往他身上涂，往他眼里钻，把他的黑眼睛染成了坝上青香蕉一样的颜色。河水湍急，一股股水流撞着他的腿。他站在河的硬硬的沙底上，但一会儿，脚下的沙便被流水掏走了，他站在沙坑里，裤头全湿了，一半贴着大腿，一半在屁股后飘起来，裤头上的煤灰把一部分河水染黑了。沙土从脚下卷起来，抚摸着他的小腿，两颗琥珀色的水珠挂在他的腮上，他的嘴角使劲抽动着。他在河中走动起来，用脚试探着，摸索着，寻找着。

"黑孩！黑孩！"

他听到小铁匠在桥洞前喊叫着。

"黑孩，想死吗？"

他听到小铁匠到了水边，连头也不回，小铁匠只能看到他青色的背。

"上来呀！"小铁匠挖起一块泥巴，对准黑孩投过去，泥巴擦着他的头发梢子落到河水里，河面上荡开椭圆形的波纹。又一坨泥巴扔过来，正打着他的背，他往前扑了一下，嘴唇沾到了河水。他转回身，"唿唿隆隆"地蹚着水往河边上走。黑孩遍身水珠儿，站在小铁匠面前。水珠儿从皮肤上往下滚动，一串一串的，"嘟噜噜"地响。大裤头子贴在身上，小鸡子像蚕蛹一样硬邦邦地翘着。小铁匠举起那只熊掌一样大的大巴掌刚要扇下去，忽然觉得心脏让猫爪子给剐了一下子，黑孩的眼睛直盯着他的脸。

"快去拉火。师傅我淬出的钢钻，不比老家伙差。"他得意地拍拍黑孩的脖颈。

铁匠炉上暂时没有活儿，小铁匠把昨夜剩下的生地瓜放在炉边烤着。黄麻地里的风又轻轻地吹进来了。阳光很正地射进桥洞。小铁匠用铁钳翻动着烤出焦油的地瓜，嘴里得意地哼着："从北京到南京，没见过裤裆里拉电灯。黑孩，你见过裤裆里拉电灯吗？你干娘裤裆里拉电灯哩……"小铁匠忽然记起似地对黑孩说："快点，拔两个萝卜去，拔回来赏你两个地瓜。"黑孩的眼睛猛然一亮，小铁匠从他肋条缝里看到他那颗小心儿使劲地跳了两下，正想说什么没及开口，孩子就像家兔一样跑走了。

黑孩爬上河堤时，听到菊子姑娘远远地叫了他一声。他回过头，阳光捂住了他的眼。他下了河堤，一头钻出黄麻地。黄麻是散种的，不成垅也不成行，种子多的地方黄麻秆儿细如手指，铅笔；种子少的地方，麻秆如镰柄，手臂。但全都是一样高矮。他站在大堤上望麻田时，如同望着微波荡漾的湖水。他用双手分拨着粗粗细细的麻秆往前走，麻秆上的硬刺儿扎着他的皮肤，成熟的麻叶纷纷落地。他很快就钻到了和萝卜地平行着的地方，拐了一个直角往西走。接近萝卜地时，他趴在地上，慢慢往外爬。很快他就看到了满地墨绿色的萝卜缨子。萝卜缨子的间隙里，阳光照着一片通红的萝卜头儿。他刚要钻出黄麻地，又悄悄地缩回来。一个老头正在萝卜垅里爬行着，一边爬一边从口袋里往外掏着麦粒，一穴一穴地点种在萝卜垄沟中间。骄傲的秋阳晒着他的背，他穿着一件白布褂儿，脊沟溻湿了，微风扬起灰尘，使汗溻的地方发了黄。黑孩又膝行着退了几米远，趴在地上，双手支起下巴，透过麻秆的间隙，望着那些萝卜。萝卜田里有无数的红眼睛望着他，那些萝卜缨子也在一瞬间变成了乌黑的头发，像飞鸟的尾羽一样耸动不止……

一个红脸膛汉子从地瓜地里大步走过来，站在老头背后，猛不丁地说："哎，老头，你说昨天夜里遭了贼？"

老头手忙脚乱地爬起来，垂着手回答："遭了，偷了六个萝卜，缨子留下了，地瓜八墩，蔓子留下了。"

"怕是让修闸的那些狗日的偷去了，加点小心，中饭晚点回去吃。"

"我听着啦，队长。"老头儿说。

黑孩和老头一起，目送着红脸汉子走上大堤。老头坐在萝卜地里，面对着孩子。黑孩又惶乱地往后退出一节，这时，密密麻麻得黄麻把他的视线遮住了。

"黑孩！"

"黑孩！"

姑娘和小石匠站在大堤上，对着黄麻地喊着。他们背对着正晌的太阳，阳光照着散工的人群。

"我看到他钻到黄麻地里，我还以为他去撒尿拉屎了呢！"姑娘说。

"独眼龙难道又欺负他了？"小石匠说。

"黑孩！"

"黑孩！"

姑娘和小石匠的男女声二重喊贴着黄麻梢头像燕子一样滑翔，正在黄麻梢头的捕食灰色小蛾的家燕被惊吓得高飞，好一会儿才落下来。小铁匠站在桥洞前边，独眼望着这并膀站着的男女，感到肚子越胀越大。方才姑娘和小石匠来找黑孩，那语气那神态就像找到他们的孩子。"等着吧，丫头养的你们！"他恨恨地低语着。

"黑孩！黑孩！"姑娘说，"他怕是钻到黄麻地里睡着了。"

"去看看吗？"小石匠乞求地看着姑娘。

"去吗？去吧。"

两个人拉着手下了堤，钻到黄麻地里。小铁匠尾追着冲上河堤，他看到黄麻叶子像波浪一样翻滚着，黄麻秆子"唰拉拉"地响着，一男一女的声音在喊叫黑孩，声音像从水里传上来的一样……

黑孩趴累了，舒了一口气，翻了一个身，仰面朝天躺起来。他的身下是干燥的沙土，沙上铺着一层薄薄的黄麻落叶。他后脑勺枕着双手，肚子很瘦的凹陷着，一个带着红点的黄叶飘飘地落下来，盖住了他满是煤灰的肚脐。他望着上方，看到一缕粗一缕细的蓝色光线从黄麻叶缝中透下来，黄麻叶片好像成群的金麻雀在飞舞。成群的金麻雀有时又像一簇簇的葫芦蛾，蛾翅上的斑点像小铁匠眼中那个棕色的萝卜花一样愉快地跳动。

"黑孩！"

"黑孩！"

熟悉的声音把他从梦幻中唤醒，他坐起来，用手臂摇了一下身边那棵粗大的黄麻。

"这孩子，睡着了吗？"

"不会的，我们这么大声喊。他肯定是溜回家去了。"

"这小东西……"

"这里真好……"

"是好……"

声音越来越低，像两只鱼儿在水面上吐水泡。黑孩身上像有细小的电流通过，他有点紧张，双膝跪着，扭动着耳朵，调整着视线，目光终于通过了无数障碍，看到了他的朋友被麻秆分割得影影绰绰的身躯。一时间极静了的黄麻地里掠过了一阵小风，风吹动了部分麻叶，麻秆儿全没动。又有几个叶片落下来，黑孩听到了它们振动空气的声音。他很惊异很新鲜地看到一根紫红色头巾轻飘飘地落到黄麻秆上，麻秆上的刺儿挂住了围巾，像挑着一面沉默的旗帜，那件红格儿上衣也落到地上。成片的黄麻像浪潮一样对着他涌过来。他慢慢地站起来，背过身，一直向前走，一种异样的感觉猛烈冲击着他。

### 阅读提示

小说发表于1985年，题材源自莫言的一个梦境。小说以诗意化的笔触表现了一个乡村少年精微的情感世界。主人公黑孩由在滞洪闸上做工而结识美丽温柔的菊子姑娘，微妙的感情自此伴其始终。莫言自己认为"《透明的红萝卜》是我的作品中最有象征性、最意味深长的一部"。小说采用了魔幻现实主义的创作方法，"变现实为幻想而不失其真"。在小说中，一方面自然景物的姿容颜色随黑孩心境的变化而任意变幻，为我们揭示了一个富有感情温度的梦幻般的乡村世界，红萝卜变为透明，铁砧泛着青幽幽蓝幽幽的光，紫色和绿色的叶片在一瞬间变成水井，麻雀变成翠鸟，幻想的世界隔绝了现实世界；另一方面，饥饿、当学徒受尽皮肉之苦、恋爱受挫，现实世界又来与幻想世界展开拉锯战。黑孩就怀着一颗由惨淡生活而教育出的早熟的少年的心，细腻入微地体味着这一切。

结合小说设置的故事时间，在20世纪70年代，"萝卜"原本只能让人联想到食物，在小说中，黑孩对于食物有过张望、有过需要，但是当"萝卜"这个食物出现在黑孩的幻想中的时候，却是一个美丽无比的幻象。这一点是颇耐人寻味的。

节选部分的情节发生于主人公黑孩与菊子姑娘、小石匠和老铁匠、小铁匠一同度过一个美好温柔的夜晚之后。小铁匠为发泄对小石匠的嫉妒而踢了黑孩一脚，并不顾劝阻扔掉了黑孩手里的红萝卜。在同样深爱菊子姑娘的三个男性中，黑孩显然处于竞争劣势，这迫使他产生一种自恋式的幻想，致使他对那个透明的红萝卜日思夜想，到处寻找。于是有了本节的情节。

### 读后思考题

1. 小说题为《透明的红萝卜》，"透明的红萝卜"也是小说中最重要的一个意象。这个意象的情感内涵和美学内涵是什么？

2. 小说主人公黑孩眼中的世界是独特的，这也为作品提供了极为丰饶的意义空间。试分析黑孩眼中世界的每次变幻各有什么含义。

# 神谱（节选）

[古希腊] 赫西俄德

◎赫西俄德是荷马之后古希腊最早的诗人，大约生活在公元前8世纪上半叶，出生于波俄提亚的一个农民家庭，从小以自耕为生。他给后人留下两首长篇叙事诗《工作与时日》和《神谱》。

◎《神谱》描写的是宇宙和众神的起源，讲述了从混沌卡俄斯诞生一直到奥林匹亚诸神统治世界这段时间的神话传说，并将其整理为一个体系，使得头绪繁多的希腊神话系统化。明确地将宙斯及其家族作为神界的中心，将其他诸神降低到从属宙斯的地位，并将人间的贵族巴西琉斯和宙斯拉上关系。这些神话中的神祇都是人格化了的形象，有善恶、有计谋，互有血缘关系，具有"神、人同形同性"的特点。《神谱》是第一部系统记载希腊诸神世系的叙事诗，对于早期希腊文学、宗教与哲学的研究具有十分重要的意义。

◎本文节选自《神谱》，张竹明、蒋平译，商务印书馆1991年版。

……

最先产生的确实是卡俄斯（混沌），其次便产生该亚——宽胸的大地，所有一切〔以冰雪覆盖的奥林波斯山峰为家的神灵〕①的永远牢靠的根基②，以及在道路宽阔的大地深处的幽暗的塔耳塔罗斯、爱神厄罗斯——在不朽的诸神中数她最美，能使所有的神和所有的人销魂荡魄呆若木鸡，使他们丧失理智，心里没了主意。从混沌还产生出厄瑞玻斯③和黑色的夜神纽克斯；由黑夜生出埃忒耳④和白天之神赫莫拉，纽克斯和厄瑞玻斯相爱怀孕生了他俩。大地该亚首先生了乌兰诺斯——繁星似锦的皇天，他与她大小一样，覆盖着她，周边衔接。大地成了快乐神灵永远稳固的逗留场所。大地还生了绵延起伏的山脉和身居山谷的自然神女纽墨菲的优雅住处。大地未经甜蜜相爱还生了波涛汹涌、不产果实的深海蓬托斯。后来大地和广天交合，生了涡流深深的俄刻阿诺斯、科俄斯、克利俄斯、许佩里翁、伊阿佩托斯、忒亚、瑞亚、忒弥斯、谟涅摩绪涅以及金冠福柏和可爱的忒修斯⑤。他们之后，狡猾多计的克洛诺斯降生，他是大地该亚所有子女中最小但最可怕的一个，他憎恨他那性欲旺盛的父亲。

……

广大的天神乌兰诺斯来了，带来夜幕，他渴求爱情，拥抱大地该亚，展开肢体整个地覆盖了大地⑥。此时，克洛诺斯从埋伏处伸出左手，右手握着那把有锯齿的大镰刀，飞快地割下了父亲的生殖器，把它往身后一丢，让它掉在他的后面。它也没白白地从他手里丢掉，由它溅出的血滴入大地，随着季节的更替，大地生出了强壮的厄里倪厄斯⑦和穿戴闪光盔甲、手执长矛、身材高大的癸干忒斯⑧，以及整个无垠大地上被称作墨利亚的自然神女们。克洛诺斯用燧石镰刀割下其父的生殖器，把它扔进翻腾的大海后，这

东西在海上漂流了很长一段时间,忽然一簇白色的浪花从这不朽的肉块周围扩展开去,浪花中诞生了一位少女。起初,她向神圣的库忒拉靠近;尔后,她从那儿来到四面环海的塞浦路斯。在塞浦路斯,她成了一位庄重可爱的女神,在她娇美的脚下绿草成茵。由于她是在浪花("阿佛洛斯")中诞生的,故诸神和人类都称她阿佛洛狄特〔即"浪花所生的女神"或"库忒拉的华冠女神"〕⑨;由于到过库忒拉,因此也称"库忒瑞亚";又因为出生在波涛滚滚的塞浦路斯,故又称塞浦洛格尼亚;又因为是从男性生殖器产生的,故又名"爱阴茎的"。

……

宙斯用挣脱不了的绳索和无情的锁链捆绑着足智多谋的普罗米修斯,用一支长矛剖开他的胸膛,派一只长翅膀的大鹰停在他身上,不断啄食他那不死的肝脏。虽然长翅的大鹰整个白天啄食他的肝脏,但夜晚肝脏又恢复到原来这么大。美踝的阿尔克墨涅的勇敢之子赫拉克勒斯杀死了这只大鹰,让这位伊阿珀托斯之子摆脱了它的折磨,解除了痛苦——这里不无奥林波斯之王宙斯的愿望。为此,忒拜出生的赫拉克勒斯在丰产大地上的声誉更胜以往。宙斯考虑到这给他那卓越儿子带来的荣誉,尽管对普罗米修斯仍然很气愤,但还是捐弃了前嫌——那是由于普罗米修斯竟与他这位克洛诺斯的万能之子比赛智慧而产生的愤怒。事情是这样:当初神灵与凡人在墨科涅发生争执,普罗米修斯出来宰杀了一头大牛,分成几份摆在他们面前。为想蒙骗宙斯的心,他把牛肉和肥壮的内脏堆在牛皮上,放在其他人面前,上面罩以牛的瘤胃,而在宙斯面前摆了一堆白骨,巧妙堆放之后蒙上一层发亮的脂肪,这时凡人和诸神之父对他说:

"伊阿珀托斯之子,最光荣的神灵,亲爱的朋友,你分配得多么不公平啊!"

智慧无穷的宙斯这样责备了他。但是,狡猾的普罗米修斯微微一笑,没忘记诡诈的圈套,说:

"宙斯,永生神灵中最荣耀、最伟大者,你可以按照自己的心意,随便挑取任何一份。"他这样说着,心里却想着自己布置的圈套。智慧无穷的宙斯看了看,没有识破他的诡计,因为他这时心里正在想着将要实现的惩罚凡人的计划。宙斯双手捧起白色脂肪时,看到了巧妙布置用以欺骗他的白骨,不由地大怒起来——正是由于这次事件,以后大地上的凡人遂在芳香的圣坛上焚烧白骨献祭神灵。但是驱云神宙斯大为恼怒,对他说道:

"伊阿珀托斯之子,聪敏超群的朋友!你仍然没有忘记玩弄花招!"

智慧无穷的宙斯愤怒地说了这番话。此后,他时刻谨防受骗,不愿把不灭的火种授予居住在地上的墨利亚⑩的会死的人类。但伊阿珀托斯的高贵儿子瞒过了他,用一根空茴香杆偷走了远处即可看见的不灭火种。高处打雷的宙斯看到人类中有了远处可见的火光,精神受到刺激,内心感到愤怒。他立即给人类制造了一个祸害,作为获得火种的代价。按照克洛诺斯之子的愿望,著名跛足神用泥土塑造了一位腼腆的少女形象,明眸雅典娜给她穿上银白色的衣服,亲手把一条漂亮的刺绣面纱罩在她的头上〔帕拉斯·雅典娜还用刚开的鲜花编成的美丽花环套在她头颈上〕⑪,还用一条金带为她束发,这是著名跛足神为讨好其父而亲手制作的礼物。这发带是一件非常稀罕的工艺品,看上去美极

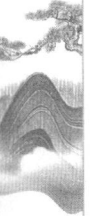

了。因为这位匠神把陆地上和海洋里生长的大部分动物都镂在上面，妙极了，好像都是活的，能叫出声音，还闪烁着灿烂的光彩。

匠神既已创造了这个漂亮的灾星来报复人类获得火种，待他满意于伟大父亲的明眸女儿给这少女的装扮后，便把她送到别的神灵和人类所在的地方。虽然这完全是个圈套，但不朽的神灵和会死的凡人见到她时都不由地惊奇，凡人更不能抵挡这个尤物的诱惑。

她是娇气女性的起源，〔是可怕的一类妇女的起源，〕⑫这类女人和会死的凡人生活在一起，给他们带来不幸，只能同享富裕，不能共熬可恨的贫穷。

### 【注释】

①柏拉图、亚里士多德等不知有此行。显然是伪文。——英译者

②在赫西俄德的宇宙观中，大地是一个圆盘，周围是大洋河俄刻阿诺斯，大地漂浮在广阔的水域上。大地被称作万物之根基，因为不仅树木、人类、动物，甚至山丘和海洋都依赖于它。——英译者

③厄瑞玻斯是"黑暗"的化身。

④埃忒耳是"光明"的化身。

⑤前五个是男性，后六个是女性，连同克洛诺斯（男）共为六男六女。

⑥这个神话解释了天与地分离。在埃及人的宇宙观中，Nut（天空）被她的父亲Shu刺得与其弟Geb（地）分开了，这个Shu就相当于希腊神话中的阿特拉斯。——英译者

⑦复仇女神。

⑧巨灵神族或"巨人族"。

⑨这一行可能见于别一修订本。海因（Heyne）主张删去它，因为它有碍行文顺畅。——英译者

⑩有位注释家解释说："或因为人类生自墨利亚自然神女（灰树神女）；或因为他们出生后住在灰树之下，即树下。"这种解释可能是说人类起源于灰树。

⑪属于另一不同的修订本。——英译者

⑫属于不同的修订本。——英译者

### 阅读提示

赫西俄德的《神谱》述说了世界的起源和神族谱系，是记载诸神的诞生、职司与秩序的重要著作。本文选取的三个片段分别讲述了世界的起源、天地的开辟与阿佛洛狄特的诞生以及普罗米修斯的故事。

赫西俄德用神话解释了世界的起源，认为世界起源于混沌。"最先产生的确实是卡俄斯（混沌）……"这种看法与中国、埃及、古巴比伦神话中体现的观点有异曲同工之处：宇宙之初，天地未分，空间的上下边界尚未确定，模糊一片——"览乾元之兆域兮，本人物乎上世；纷混沌而未分，与禽兽乎无别"（曹植《迁都赋》）。在赫西俄德的创世神话中没有一个原初的造物主（区别于《圣经》神话中的上帝创世说），以至于得

把混沌看作是自生的，尔后便是连串的创生过程。

混沌产生后，其次产生的便是大地神该亚，该亚的后裔以天神乌兰诺斯一脉为主系，乌兰诺斯与母亲该亚结合生下若干强壮的儿子，乌兰诺斯因忌惮实力超群的儿子们威胁到自己的地位，将儿子们禁锢到大地深处，大地神不胜悲痛，怂恿儿子们反抗自己的父亲，克洛诺斯听从母亲该亚的吩咐，用一把巨大的镰刀阉割了父亲乌兰诺斯并取代了他在神界中的统治地位。从乌兰诺斯的伤口中流出的鲜血变成了复仇女神和巨灵，而且从他的生殖器溅落的浪花中诞生了妩媚动人的美神阿佛洛狄特。乌兰诺斯受惊逃窜至天空而与大地神分离，由此完成了天地的开辟，代表自然万物的神灵也得以正式诞生。在古希腊人看来，诸神分别代表着不同的自然现象（最新一代的神如雅典娜、缪斯等则代表着不同的社会现象），所以神谱实际上反映了一种朴素的宇宙起源观和宇宙演化观。

普罗米修斯的故事众所周知，赫西俄德是最早讲述普罗米修斯神话的人。普罗米修斯因为帮助人类盗取火种而受到神王宙斯的严酷惩罚，宙斯用挣脱不掉的绳索和无情的锁链捆绑了他，用长矛剖开他的胸膛，派大鹰停在他身上不断啄食他那不死的肝脏，但夜晚肝脏又复生长。马克思高度赞誉普罗米修斯为"哲学日历中最高的圣者和殉道者"。但是普罗米修斯在赫西俄德看来却是个反面角色。

赫西俄德认为是狡猾的普罗米修斯欺骗了宙斯，宙斯才处心积虑地报复人类。是他挑起了神与神、神与人之间的矛盾，他玩弄的花招打破了"原本生活在没有罪恶、没有劳累、没有疾病的大地上"的人类的安居乐业，迎来了"娇气女性的起源"潘多拉。可怜的人类是因为普罗米修斯对宙斯鲁莽的欺骗而惨遭株连。显然，赫西俄德是站在奥林波斯父神宙斯的立场记述和评价普罗米修斯神话的。《神谱》旨在歌颂宙斯的权力和新生的奥林波斯秩序，普罗米修斯正是因为僭越了宙斯建立的尊卑分明的权力秩序而遭受惩罚的。

### 读后思考题

1. 比较希腊神话与中国神话中的创世神话。
2. 普罗米修斯的形象在西方文学史上一直发生演变。在赫西俄德笔下，他是诡诈的骗子手、人类灾难的制造者；古希腊"悲剧之父"埃斯库罗斯首次为普罗米修斯正名，认为他是人类的恩主，暴政的反抗者；在歌德笔下，他是自由不羁的叛逆者；在拜伦笔下，他是隐忍而悲壮的悲剧英雄；在雪莱笔下，他是完美的革命先驱。而随着现代主义的兴起，在追求现代文明的进程中，西方人深感衍生自机械文明的种种现代性痛苦，向往回到那原本"没有罪恶、没有劳累、没有疾病的大地上"，普罗米修斯的人类创造者形象受到了质疑。请结合不同的历史时期理解普罗米修斯的意义。

# 哈姆莱特（节选）

［英］ 莎士比亚

◎威廉·莎士比亚（1564—1616），英国文艺复兴时期最伟大的戏剧家和诗人。出生于英国中部斯特拉福镇，少年时就读于当地文法学校，爱好戏剧、诗歌。后因家道中落而辍学，20 岁赴伦敦谋生，在剧院打过杂差、当过马夫。1590 年，他成为雇用演员，开始舞台和戏剧创作生涯。传世的作品有两首叙事长诗、154 首十四行诗、若干首短诗和 37 部剧本。戏剧包括历史剧、喜剧、悲剧和传奇剧，悲剧堪称他艺术的顶峰。戏剧代表作有喜剧《威尼斯商人》、悲剧《哈姆莱特》等。

◎莎士比亚的戏剧多取材于旧有剧本、小说、编年史或民间传说，展现了从封建割据状态到中央王权这一特定历史时期的社会面貌，反映了当时英国的政治、经济、思想、文化和生活习惯，可以看作这个时代的一部形象化的历史。莎士比亚以罕有的热情歌颂人文主义思想的胜利，提倡个性解放，反对禁欲主义，对人性做了全面、透彻的剖析。他的戏剧不仅在欧洲文学发展史上占有极其重要的地位，也是人类文化史上的珍贵遗产之一。

◎本文节选自《莎士比亚戏剧集》（四），朱生豪译，作家出版社 1957 年版。

## 第三幕

**第一场　城堡中一室**

（国王、王后、波洛涅斯①、奥菲利娅②、罗森格兰兹及吉尔登斯吞③上。）

**国王**　你们不能用迂回婉转的方法，探出他为什么这样神魂颠倒，让紊乱而危险的疯狂困扰他的安静的生活吗？

**罗森格兰兹**　他承认他自己有些神经迷惘，可是绝口不肯说为了什么缘故。

**吉尔登斯吞**　他也不肯虚心接受我们的探问；当我们想要引导他吐露他自己的一些真相的时候，他总是用假作痴呆的神气故意回避。

**王后**　他对待你们还客气吗？

**罗森格兰兹**　很有礼貌。

**吉尔登斯吞**　可是不大自然。

**罗森格兰兹**　他很吝惜自己的话，可是我们问他话的时候，他回答起来却是毫无拘束。

**王后**　你们有没有劝诱他找些什么消遣？

**罗森格兰兹**　娘娘，我们来的时候，刚巧有一班戏子也要到这儿来，给我们赶过了；我们把这消息告诉了他，他听了好像很高兴。现在他们已经到了宫里，我想他已经吩咐他们今晚为他演出了。

**波洛涅斯**　一点不错；他还叫我来请两位陛下同去看看他们演得怎样哩。

**国王**　那好极了，我非常高兴听见他在这方面感兴趣。请你们两位还要更进一步鼓起他的兴味，把他的心思移转到这种娱乐上面。

**罗森格兰兹**　是，陛下。（罗森格兰兹、吉尔登斯吞同下）

**国王**　亲爱的乔特鲁德，你也暂时离开我们；因为我们已经暗中差人去唤哈姆莱特到这儿来，让他和奥菲利娅见见面，就像是他们偶然相遇一般。她的父亲跟我两人将要权充一下密探，躲在可以看见他们，却不能被他们看见的地方，注意他们会面的情形，从他的行为上判断他的疯病究竟是不是因为恋爱上的苦闷。

**王后**　我愿意服从您的意旨。奥菲利娅，但愿你的美貌果然是哈姆莱特疯狂的原因；更愿你的美德能够帮助他恢复原状，使你们两人都能安享尊荣。

**奥菲利娅**　娘娘，但愿如此。（王后下）

**波洛涅斯**　奥菲利娅，你在这儿走走。陛下，我们就去躲起来吧。（向奥菲利娅）你拿这本书去读，他看见你这样用功，就不会疑心你为什么一个人在这儿了。人们往往用至诚的外表和虔敬的行动，掩饰一颗魔鬼般的内心，这样的例子是太多了。

**国王**　（旁白）啊，这句话是太真实了！它在我的良心上抽了多么重的一鞭！涂脂抹粉的娼妇的脸，还不及掩藏在虚伪的言辞后面的我的行为更丑恶。难堪的重负啊！

**波洛涅斯**　我听见他来了；我们退下去吧，陛下。（国王及波洛涅斯下）

（哈姆莱特上。）

**哈姆莱特**　生存还是毁灭，这是一个值得考虑的问题；默然忍受命运的暴虐的毒箭，或是挺身反抗人世的无涯的苦难，通过斗争在它们清扫，这两种行为，哪一种更高贵？死了；睡着了；什么都完了；要是在这一种睡眠之中，我们心头的创痛，以及其他无数血肉之躯所不能避免的打击，都可以从此消失，那正是我们求之不得的结局。死了；睡着了；睡着了也许还会做梦；嗯，阻碍就在这儿：因为当我们摆脱了这一具朽腐的皮囊以后，在那死的睡眠里，究竟将要做些什么梦，那不能不使我们踌躇顾虑。人们甘心久困于患难之中，也就是为了这个缘故；谁愿意忍受人世的鞭挞和讥嘲、压迫者的凌辱、傲慢者的冷眼、被轻蔑的爱情的惨痛、法律的迁延、官吏的横暴和费尽辛勤所换来的小人的鄙视，要是他只要用一柄小小的刀子，就可以清算他自己的一生？谁愿意负着这样的重担，在烦劳的生命的压迫下呻吟流汗，倘不是因为惧怕不可知的死后，惧怕那从来不曾有一个旅人回来过的神秘之国，是它迷惑了我们的意志，使我们宁愿忍受目前的折磨，不敢向我们所不知道的痛苦飞去？这样，重重的顾虑使我们全变成了懦夫，决心的赤热的光彩，被审慎的思维盖上了一层灰色，伟大的事业在这一种考虑之下，也会逆流而退，失去了行动的意义。且慢！美丽的奥菲利娅！——女神，在你的祈祷之中，不要忘记替我忏悔我的罪孽。

**奥菲利娅**　我的好殿下，您这许多天来贵体安好吗？

**哈姆莱特**　谢谢你，很好，很好，很好。

**奥菲利娅**　殿下，我有几件您送给我的纪念品，我早就想把它们还给您，请您现在收回去吧。

哈姆莱特　不，我不要，我从来没有给你什么东西。

奥菲利娅　殿下，我记得很清楚您把它们送给了我，那时候您还向我说了许多甜蜜的言语，使这些东西格外显得贵重；现在它们的芳香已经消散，请您拿回去吧，因为在有骨气的人看来，送礼的人要是变了心，礼物虽贵，也会失去了价值。拿去吧，殿下。

哈姆莱特　哈哈！你贞洁吗？

奥菲利娅　殿下！

哈姆莱特　你美丽吗？

奥菲利娅　殿下是什么意思？

哈姆莱特　要是你既贞洁又美丽，那么你的贞洁应该断绝跟你的美丽来往。

奥菲利娅　殿下，难道美丽除了贞洁以外，还有什么更好的伴侣吗？

哈姆莱特　嗯，真的；因为美丽可以使贞洁变成淫荡，贞洁却未必能使美丽受它自己的感化；这句话从前像是怪诞之谈，可是现在的时世已经把它证实了。我的确曾经爱过你。

奥菲利娅　真的，殿下，您曾经使我相信您爱我。

哈姆莱特　你当初就不应该相信我，因为美德不能熏陶我们罪恶的本性；我没有爱过你。

奥菲利娅　那么我真是受了骗了。

哈姆莱特　进尼姑庵去吧；为什么你要生一群罪人出来呢？我自己还不算是一个顶坏的人；可是我可以指出我的许多过失，一个人有了那些过失，他的母亲还是不要生下他来的好。我很骄傲，有仇必报，富于野心，我的罪恶是那么多，连我的思想里也容纳不下，我的想象也不能给它们形象，甚至于我都没有充分的时间可以把它们实行出来。像我这样的家伙，匍匐于天地之间，有什么用处呢？我们都是些十足的坏人；一个也不要相信我们。进尼姑庵去吧。你的父亲呢？

奥菲利娅　在家里，殿下。

哈姆莱特　把他关起来，让他只好在家里发发傻劲。再会！

奥菲利娅　哎哟，天哪！救救他！

哈姆莱特　要是你一定要嫁人，我就把这一个咒诅送给你做嫁奁：尽管你像冰一样坚贞，像雪一样纯洁，你还是逃不过谗人的诽谤。进尼姑庵去吧，去；再会！或者要是你必须嫁人的话，就去嫁一个傻瓜吧；因为聪明人都明白你们会叫他们变成怎样的怪物。进尼姑庵去吧，去；越快越好。再会！

奥菲利娅　天上的神明啊，让他清醒过来吧！

哈姆莱特　我也知道你们会怎样涂脂抹粉；上帝给了你们一张脸，你们又替自己另外造了一张。你们烟行媚视，淫声浪气，替上帝造下的生物乱取名字，卖弄你们不懂事的风骚。算了吧，我再也不敢领教了；它已经使我发了狂。我说，我们以后再不要结什么婚了；已经结过婚的，除了一个人以外，都可以让他们活下去；没有结婚的不准再结婚，进尼姑庵去吧，去。（下）

奥菲利娅　啊，一颗多么高贵的心是这样陨落了！朝臣的眼睛、学者的辩舌、军人的利剑、国家所瞩望的一朵娇花；时流的明镜、人伦的雅范、举世瞩目的中心，这样无可挽回地陨落了！我是一切妇女中间最伤心而不幸的，我曾经从他音乐一般的盟誓中吮吸芬芳的甘蜜，现在却眼看着他的高贵无上的理智，像一串美妙的银铃失去了谐和的音调，无比的青春美貌，在疯狂中凋谢！啊！我好苦，谁料过去的繁华，变作今朝的泥土！（退后）

（国王及波洛涅斯重上。）

**国王**　恋爱！他的精神错乱不像是为了恋爱；他说的话虽然有些颠倒，也不像是疯狂。他有些什么心事盘踞在他的灵魂里，我怕它也许会产生危险的结果。为了防止万一，我已经当机立断，决定了一个办法：他必须立刻到英国去，向他们追索延宕未纳的贡物；也许他到海外各国游历一趟以后，时时变换的环境，可以替他排解去这一桩使他神思恍惚的心事。你看怎么样？

**波洛涅斯**　那很好，可是我相信他的烦闷的根本原因，还是为了恋爱上的失意。啊，奥菲利娅！你不用告诉我们哈姆莱特殿下说些什么话；我们全都听见了。陛下，照您的意思办吧；可是您要是认为可以的话，不妨在戏剧终场以后，让他的母后独自一人跟他在一起，恳求他向她吐露他的心事；她必须很坦白地跟他谈谈，我就找一个所在听他们说些什么。要是她也探听不出他的秘密来，您就叫他到英国去，或者凭着您的高见，把他关禁在一个适当的地方。

**国王**　就是这样吧，大人物的疯狂是不能听其自然的。（同下）

【注释】

①波洛涅斯：御前大臣。

②奥菲利娅：波洛涅斯之女。

③罗森格兰兹及吉尔登斯吞：二人均为朝臣。

### 阅读提示

《哈姆莱特》创作于1601年，剧中丹麦王子哈姆莱特为父复仇的故事取材于12世纪初丹麦历史学家"博学者萨克叟"所著《丹麦史》中的一段传说，莎士比亚赋予这个古老的复仇故事以新的内容和形式，使之成为世界文学史上的经典之作。

全剧共五幕二十场，本文节选的是第三幕第一场。此剧写丹麦王子哈姆莱特为父报仇的故事。丹麦王子哈姆莱特在德国求学。他的叔父克劳狄斯毒死老哈姆莱特，篡夺了王位，并娶了哈姆莱特的母亲为王后。哈姆莱特回国以后，父亲的鬼魂告诉他自己死亡的真相，哈姆莱特决定为父复仇。哈姆莱特为了证实鬼魂的话和逃避仇人的监视，假装精神失常。同时克劳狄斯开始心生疑虑，授意哈姆莱特的两个老同学进行试探，哈姆莱特则在宫中演出一场弑兄夺嫂的戏进行反试探。看戏时克劳狄斯惊慌失措，证实了克劳狄斯就是杀父篡位的仇人。克劳狄斯也有所察觉，于是指示大臣波洛涅斯的女儿，也是哈姆莱特的爱人奥菲利娅去试探哈姆莱特。第三幕第一场就是在这样的背景下展开的。

哈姆莱特发出了著名的独白"生存还是毁灭"，他的精神世界经历着炼狱式的升华过程。

在该剧中，作者围绕爱情、友情、亲情的种种冲突，塑造了众多鲜明、复杂的人物形象，展现了一幅幅恢宏而细腻的戏剧场面。整部悲剧描写得最深刻动人的是主人公哈姆莱特内心世界的冲突，主要表现在哈姆莱特在复仇行动上一再延宕、犹豫，贻误时机。在《哈姆莱特》中，作者集中揭示了哈姆莱特的人文主义理想与残酷的社会现实之间的矛盾冲突。哈姆莱特曾经是一个乐观的人文主义者，认为世界是"美好的框架""壮丽的帐幕""庄严的屋宇"。他赞美人类，"人是一件多么了不得的杰作"，是"宇宙的精华""万物的灵长"。但是在经历父死母嫁，王位被篡夺的残酷现实后，他对世界的看法发生逆转，认为丹麦社会不过是一座监狱，认为"时代脱节"了，至于人，"在我看来，这个泥塑的生命算得了什么"。昔日的理想与信念被残酷的现实打击得体无完肤，他成了一个在精神上无所归依的流浪儿。迷惘、焦虑、惶惶不安的情绪笼罩在哈姆莱特复仇的过程中，这也就有了他行动上的犹豫和延宕。

传统的莎士比亚评论家们大多把哈姆莱特看作是文艺复兴时期人文主义的代表。哈姆莱特身上确实有人文主义思想的闪光，他正直、善良、进取向上，具有反封建、崇尚人的理性等特征，但他身上也有较浓厚的与人文主义精神相违背的情绪，例如，厌世情绪、宿命感、封建等级观念等。在哈姆莱特身上，两种意识此起彼伏，在不同的场合会不同程度地流露出来，这显示出莎士比亚笔下的戏剧人物在性格构成上的复杂性、多样性和立体性。

## 读后思考题

1. 请概括哈姆莱特的思想性格特点。
2. 歌德认为哈姆莱特之所以延宕是因为他性格软弱，缺乏坚忍的意志力，难以承担如此重大的复仇任务以及扭转乾坤的事业，就像橡树种植在花盆里，树根伸长，花盆便破碎了；柯尔律治认为，哈姆莱特过分的沉思损害了行动，他的心灵总被内在世界占据，失去了对外界事物的真实感；弗洛伊德认为哈姆莱特的延宕源自"俄狄浦斯情结"，即儿子潜意识中的杀父娶母情结。亦有人找到文本之外的原因，即莎士比亚有意用哈姆莱特的行为，影射伊丽莎白女王的宠臣埃塞克斯在图谋推翻女王时犹豫不决的长期延宕。请结合时代背景，探讨哈姆莱特在复仇中迟疑的原因。

# 少年维特的烦恼(节选)

[德] 歌德

◎约翰·沃尔夫冈·歌德(1749—1832),德国伟大的诗人、剧作家、小说家、思想家,18世纪启蒙文学的杰出代表。他出生于德国法兰克福一个富裕的中产阶级家庭,从小受到良好的教育。1770年到斯特拉斯堡大学攻读法律,结识了"狂飙突进"运动的精神领袖赫尔德,在其影响下成为要求感情自由和个性解放的"狂飙突进"的旗手,1771年结束学业,获得了法学博士学位后回到法兰克福。其后,歌德曾到魏玛公国任职,游学过意大利,也曾与席勒合作写过一批重要作品。歌德的主要作品有书信体小说《少年维特的烦恼》、诗体哲理悲剧《浮士德》和长篇小说《威廉·麦斯特》。

◎书信体小说《少年维特的烦恼》代表了"狂飙突进"运动的最高成就,也是德国第一部引起广泛的国际反响的文学作品。

◎本文节选自《少年维特的烦恼》,杨武能译,人民文学出版社1999年版。

## 一七七一年七月十八日

威廉,你想想这世界要是没有爱情,它在我们心中还会有什么意义!这就如一盏没有亮光的走马灯①!可是一当放进亮光去,白壁上便会映出五彩缤纷的图像,尽管仅只是些稍纵即逝的影子;但只要我们能像孩子似地为这种奇妙的现象所迷醉,它也足以造就咱们的幸福呵。今天我不能去看绿蒂,有一个免不掉的聚会拖住了我。怎么办?我派了我的用人去,仅仅为了自己身边有一个今天接近过她的人。我急不可耐地等着用人回来,一见到他就有说不出的高兴!要不是害臊,真恨不得捧住他的脑袋亲一亲!人们常讲电光石的故事,说它放在太阳地里便会吸收阳光,到了夜间仍旧亮华华的。这个小伙子对于我也就如电光石。我感到,她的目光曾在他脸上、面颊上、上衣纽扣以及外套的绉领上停留过,这一切因此对我也变得十分神圣、十分珍贵了!此刻,就是给一千银塔勒,我都不肯把这小伙子让给谁的。有他在跟前,我心里舒畅。——上帝保佑,你可别笑我啊。威廉,难道令我心中舒畅的东西,还会是幻影吗?

## 一七七一年八月二十一日

清晨,我从睡梦中醒来,伸出双臂去拥抱她,结果抱了一个空。夜里,我做了一场梦,梦见我与她肩靠肩坐在草地上,手握着手,千百次地亲吻;可这幸福而无邪的梦却欺骗了我,我在床上找她不着。唉,我在半醒半睡的迷糊状态中伸出手去四处摸索,摸着摸着终于完全清醒了,两股热泪就从紧迫的心中迸出,我面对着黑暗的未来,绝望地痛哭。

## 一七七一年九月十日

那是怎样一个夜晚哟，威廉！现在我一切都可以克服了。我不会再见到她！此刻，我恨不得扑到你怀里，痛痛快快地哭一场，向你倾吐我激动的情怀，我的好友！我坐在这儿，为使自己平静下来而一口一口地吸着长气，同时期待着黎明快快来到；太阳一出，我的马匹就备好了。

唉，她会睡得很安稳，不会想到再也见不着我了。我终于坚强起来，离开了她，在两个小时的交谈中丝毫不曾泄露自己走的打算。上帝呵，那是怎样一次谈话啊！

阿尔伯特答应我，一吃完晚饭就和绿蒂一起到花园里来。我站在高高的栗子树下的土坡上，最后一次目送着夕阳西下，沉落到幽静的山谷和平缓的河流背后去。我曾多少次和她一起站在这儿，欣赏着同一幕壮丽景色呵；然而现在……

我在那条十分熟悉的林荫道上来回踱着；早在认识绿蒂以前，这条路便对我产生了某种神秘的吸引力，使我经常在此驻足；后来，在我俩认识之初，我们便发现彼此对这个地方都有着相同的爱好，当时的欣喜之情简直难以言说。这条林荫道，的确是我见过的一件最富浪漫情调的艺术杰作。

你一直要走到栗子树间，眼前才会豁然开朗。——啊，我想起了，我已经对你描写过许多次，告诉你那些高耸的山毛榉树怎样像墙一般把人围在中间，那林荫道怎样被两旁的小丛林遮挡着，显得越发幽暗，直到最后成为一个与世隔绝的小天地，寂静凄清，令人悚然。我还清楚记得第一次在正午走进去时的奇异心境；我当时隐隐约约预感到，这将是一个既让人尝到许多幸福，又让人体验无数痛苦的所在。

我怀着令人销魂的离情别绪，在那儿沉思了约莫半个小时，便听见他们从土坡下走来了。我跑上前去，在拉住她的手时不由一怔，但还是吻了吻。我们再登上土坡去时，月亮也刚好从树影森森的山岗后面升了起来。我们谈着各种各样的事情，不觉已走到黑魆魆的凉亭前面。绿蒂跨进去坐下来，阿尔伯特坐在她身边，我也一样。然而，内心的不安叫我没法久坐，便站起身，走到她跟前，在那儿踱了一会儿，最后又重新坐下，那情形可真令人难受啊。这当儿，她让我们注意到美丽的月光，只见在我们面前的山毛榉树墙的尽头，整个土坡都被照得雪亮，加之是被包围在一片深邃的幽静中，那景象就更加鲜明悦目。我们全都沉默无语，过了好一阵她才又开口道：

"每当在月光下散步，我总不免想起自己已故的亲人，对死和未来的恐惧就一定会来袭扰我。我们都一定会死啊！"她声音激动地继续说，"可是维特，你说我们死后还会不会再见呢？见着了还能相互认识么？你的预感怎么样？你能说些什么？"

"绿蒂，"我说，同时把手伸给她，眼里噙满了泪水，"我们会再见的！在这儿和那儿都会再见！"

我讲不下去了。在我满怀离愁的时刻，威廉，难道她非这么问不可么！

"我们已故的亲人，"她继续问，"他们是否还记得我们呢？他们能不能感觉到，我们在幸福的时刻，总是怀着热爱想念他们呢？常常，在静静的夜晚，我坐在弟妹中间，像当年母亲坐在她的孩子们中间一样，孩子们围着我，像当年围着他们的母亲一样，这

时候，我面前每每就会浮现出我母亲的形象。我呢，眼含渴慕的热泪，仰望空中，希望她能哪怕只看我一眼，看看我是如何信守在她临终时对她许下的诺言，代替她做孩子们的母亲的。我激动得几乎喊出声来：'原谅我吧，亲爱的妈妈，要是我没能像您那样无微不至地关怀他们。'唉，我已经做了能做的一切，照顾他们穿衣，照顾他们饮食，更重要的，还保护他们，爱他们。亲爱的神圣的妈妈呀，你要能见到我们多么和睦就好了！你将怀着最热烈的感激之情赞美上帝，赞美你曾以临终的痛苦泪水，祈求他保佑你的孩子们的主……"

她这么讲啊讲啊，威廉！谁能够把她讲的都复述出来呢？这冷漠的、死的文字，怎能表达那灵智的精髓呵！

阿尔伯特温柔地打断了她：

"你太激动了，亲爱的绿蒂！我知道，你心里老惦着这件事，不过我求你……"

"呵，阿尔伯特，"她说，"我知道你不会忘记那些个晚上，当时爸爸出门去了，孩子们已被打发上了床，我俩一块儿坐在那张小小的圆桌旁边，你手头常常捏着一本书，但却很难得读一读；要知道在这个世界上，有什么比和这个美丽的灵魂进行交流更重要呢？她是位秀丽、温柔、快活而不知疲倦的妇女。上帝知道，我多么经常地流着热泪跪在自己床上，乞求他让我变成像她一样！"

"绿蒂！"我叫着，同时扑倒在她眼前，抓住她的手，眼泪簌簌滴到了她的手上，"绿蒂呵，上帝时刻保佑着你，还有你母亲在天之灵也保佑着你！"

"唉，你要是认识她就好了，"绿蒂紧握着我的手，说，"她值得你认识呐！"——听到这话，我自觉飘飘然起来；在此之前，我还从未受过更崇高、更可引以自豪的称赞哩。——她继续说："可这样一位妇女，却不得不正当盛年就离开人世。那时候，她最小的儿子才六个月啊！她没病多久，死的时候平静而安详，只有她的孩子们令她心疼，特别是最小的儿子。弥留之际，她对我讲：'把他们给我领来吧。'我就把孩子们领进房去，小的几个还懵懵懂懂，大的几个也不知所措，全围着病榻站着。她举起手来为他们祝福，挨个儿吻了他们，然后便打发他们出去，一边却对我讲：'你要做他们的母亲呵！'——我向她起了誓——'你答应了像母亲似的关心他们，照料他们，这个担子可不轻呀，我的女儿！我自己经常从你感激的泪水看出，你已体会到作个母亲多么不易。对于你的弟妹，你要有母亲的慈爱；对于你的父亲，你要有妻子似的忠实与柔顺，并且成为他的安慰。'她问父亲在哪儿。父亲为了不让我们看见他难以忍受的悲痛，已一个人出去；这个男子汉也是肝肠寸断了啊。"

"阿尔伯特，你当时也在房中。她见有人走动，便问是谁，并要求你走过去。她凝视着你和我，目光安详，流露出感到欣慰的神气，因为她知道我俩将在一起，幸福地在一起。"

阿尔伯特一把搂住绿蒂的脖子，吻她，吻了又嚷：

"我们现在是幸福的！将来也会幸福！"

冷静的阿尔伯特一时间竟失去了自制，我更完全忘乎所以。

"维特呵，"她又继续讲，"上帝却让这样一位夫人离开了人世！我有时想，当我们

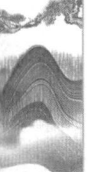

眼看自己生命中最亲爱的人被夺走时，没有谁的感受比孩子们更痛切的了。后来，我的弟妹很久很久还在对人诉说，是一些穿黑衣的男人把妈妈给抬走啦！"

她站起身来，我才恍如大梦初醒，同时深为震惊，因此仍呆坐在那儿，握着她的手。

"咱们走吧，"她说，"时候不早了。"她想缩回手去，我却握得更紧。

"我们会再见的，"我叫道，"我们会再相聚，不论将来变成什么样子，都能彼此认出来。我要走了，心甘情愿地走了；"我继续说，"可要我说永远离开你们，我却无此毅力。保重吧，绿蒂！保重吧，阿尔伯特！我们会再见的！"

"我想就在明天吧，"她开玩笑说。

天啦！这个"明天"多够我受！可她在抽回手去时，还压根儿不知道哩……

他俩走出了林荫道；我仍呆呆立着，目送着他们在月光下的背影，随后却扑倒在地上，痛哭失声，一会儿又一跃而起，奔上土坡，从那儿，还看见她的白色衣裙，在高高的菩提树下的阴影里闪动，可等我再伸出手去时，她的倩影已消失在园门中。

# 一七七二年三月十五日

我触了一个霉头，看起来是非离开此地不可啦。我咬牙切齿！见鬼！事情绝无补救，而要怨就只能怨你们。是你们鼓动我，催促我，折磨我，使我接受了这份与我性情不合的差事。这下我可好了！这下你们可好了！为了不让你讲什么又是我思想偏激才把一切弄糟了的，现在我请你，亲爱的先生，听听下面这段简短有趣的故事，它将是原原本本的纪实。

C伯爵喜欢我，器重我，这你知道，我已经对你讲过上百遍了。就在昨天，我在他府上吃饭，可没想到正巧碰着个当地的贵族男女晚上要来他家聚会的日子；再说我也从来没留心，像我们这样的小人物是不容插足他们的集会的。好啦。我在伯爵府上吃饭，饭后我们在大厅中踱起步来，我和伯爵谈话，和一位后来的上校谈话，不知不觉间聚会的时候就到了。天晓得，我却压根儿没想到呵。这当口，最最高贵的封·S太太率领着自己的丈夫老爷以及她那只孵化得很好的小鹅——一位胸部扁平，纤腰迷人的千金走进来了，并且在经过我身边时高高扬着他们那世袭的贵族的眼睛和鼻孔。我打心眼儿里讨厌这号人，因此打算一等伯爵与他们寒暄完就去向他告辞，谁知这时我那B小姐又进来了。我每次一见她总感几分欣喜，便留下来，站在她的椅子背后，过了好一会儿才发现她和我交谈不如平时随便，样子也颇尴尬。我觉得奇怪。"原来她也跟那班家伙一样哩，"我暗想，不禁生起气来，准备马上走；可我仍留下了，因为我很希望是错怪了她，不相信她真会如此，希望能从她口中听见一句好话，并且……谁知还希望什么。这其间，聚会的人已经到齐：有穿戴着参加弗朗茨一世②加冕时的全套盛装的F男爵，有带着自己的聋子老婆、在这种场合被郑重地称为封·R大人的宫廷顾问R等等，此外，还不应忘记提到捉襟见肘的J，他在自己满是窟窿的老古董礼服上，打着许多时新的补丁。聚到一块儿的就是这种人物。我与其中几个我认识的攀谈，他们全都爱理不理。我想……我只留心着我的B小姐，没注意到女人们都凑到大厅的头上，在那儿叽叽咕咕地

咬耳朵；没注意到，后来男人们也受了传染；没注意到，封·S夫人一个劲儿在对伯爵讲什么（这些情形全是事后B小姐告诉我的），直到伯爵终于向我走来，把我领到一扇窗户跟前。

"您了解我们的特殊处境，"他说，"我发现，参加聚会的各位对您在场感到不满。我本人可是说什么也不想……"

"阁下，"我抢过话头说，"千万请您原谅；我早该想到才是呵。不过我知道，您会恕我失礼的。我本早想告辞，却让一个恶灵给留住。"我微笑着补充道，同时鞠了一躬。

伯爵含意深长地紧紧握着我的手。我不声不响地出了一帮贵族聚会的大厅，到得门外，坐上一辆轻便马车，向着M地驶去。在那儿，我一边从山上观赏落日，一边读我的荷马，听他歌唱俄底修斯如何受着好客的牧猪人的款待。一切都是如此地美好啊。

傍晚回寓所吃饭，在客厅里已只剩几个人。他们挤在一个角落里掷骰子，把桌布都翻了过去。这当儿为人诚恳的阿德林走进来，脱下帽子，一见我就靠拢来低声说：

"你碰钉子了？"

"我？"我问。

"可不是，伯爵把你从集会里赶出来啦。"

"见他们的鬼去！"我说。"我倒宁肯出来呼吸呼吸新鲜空气呐。"

"这样就好，你能不在乎。"他说，"可令我讨厌的是，眼下已经闹得满城风雨。"

到这时候，我才感觉不自在起来。所有来进餐的人都盯着我瞧，我想原因就在这里吧！这才叫恼人呵。

甚至在今天，我走到哪儿，那儿的人都对我表示同情；我还听见一些本来嫉恨我的人在洋洋得意地讲："这下瞧见了，那种妄自尊大的家伙会有怎样的下场。他们凭着点儿小聪明就自以为了不起，把一切全不放在眼中……"诸如此类的混账话还有的是。我真恨不得抓起刀来，刺进自己的心窝里去；要知道你们尽可以说什么自行其是，不予理睬，可我倒想看看，有谁能忍受占了上风的无赖们对自己说东道西。他们的话要是凭空捏造，唉，那也倒罢了。

## 一七七二年三月十六日

所有的事情都叫我生气。今天我在大街上碰见B小姐，忍不住招呼了她。一当我们离开人群远了点，我就向她发泄对她最近那次态度的不满。

"呵，维特，"她语气亲切地说，"既然你了解我的心，怎么还能这样解释我当时的狼狈不安呢？从跨进大厅的一刻起，我就多么为你难受啊！我已预见到后来发生的一切，话到舌头无数次，只差对你讲出来。我知道，封·S和封·T宁肯带着她们的男人退场，也绝不愿和你在一起。我知道，伯爵也不好得罪他们……眼下可热闹啦！"

"眼下怎样了，B小姐？"我问，同时掩饰着内心的恐惧；而前天阿德林给我讲的一切，此刻就像沸腾的开水似地在我血管里急速流动起来。

"你可害得我好苦呵！"说着说着，可爱的人儿眼里就噙满了泪水。

我再控制不住自己，已准备跪倒在她脚下。

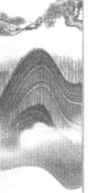

"请你有话就说出来吧，"我嚷道。

泪珠顺着她的脸颊往下淌，我完全失去了自制。她擦着眼泪，一点没有掩饰的意思。

"你知道我姑妈，"她开始讲，"当时她也在场，并且以怎样的目光盯着你哟！维特，我昨天晚上好不容易才熬过来，今儿一天又为和你交往挨了一顿训。我还不得不听着她贬低你，辱骂你，一点不能为你辩解，不好为你辩解。"

B小姐说的每一句话，都像剑一样刺痛我的心。她体会不到，如果不提这一切对我来说将是多么大的仁慈。现在她又告诉我人家还有哪些流言蜚语，以及谁谁谁将因此洋洋得意。她说，那些早就指责我傲气和目中无人的家伙，眼下对于我受的报应真是心花怒放，乐不可支。听着她，威廉，听着她以怀着真诚同情的声调讲这些……我当时气得肺都炸了，眼下也仍然怒火中烧。我那会儿真希望有谁站出来指责我，这样我便可以一刀戳穿他；也许见了血，我的心中会好受些。呵，我曾上百次地抓起刀来，想要刺破自己的胸膛，以舒心中的闷气。人说有一种宝马，当骑手驱赶过急，它便会本能地咬破自己的血管，使呼吸变得舒畅一些。我的情形经常也就如此，真巴不得切开自己的一条动脉，以便获得永远的自由。

**【注释】**

①Zauberlaterne，本来指的是一种原始的幻灯。

②弗朗茨一世（Franz der Erete，1708—1765），"德意志民族神圣罗马帝国"的皇帝，1745年加冕。

## 阅读提示

书信体小说《少年维特的烦恼》是歌德的成名作，小说内容取材于德国现实生活，许多情节是作者自己的生活经历，但是这部作品又不仅仅是一部个人的恋爱悲剧，19世纪的丹麦大批评家勃兰兑斯指出，它的价值在于表现了一个时代的烦恼、憧憬和苦闷。

小说中的时间是1771—1772年，作者在书中把主人公维特不幸的恋爱经历和在社会上遇到的挫折这两根线索串联起来，构成一部完整的小说：维特爱上了一个名叫绿蒂的姑娘，而绿蒂已同别人订婚。爱情上的挫折使维特悲痛欲绝。维特尝试从工作中寻求解脱，没有成功。由于和鄙陋的社会格格不入，加之对爱情绝望，维特最后持枪自杀。

"维特的烦恼"主要体现在两个方面：爱情与事业。在爱情方面，作为一个有理想有抱负而又多愁善感的知识青年，维特把爱情的幸福视为高于一切。在维持看来，绿蒂的为人和品德，可谓是人的一切美好本性的自然而和谐的体现，因而寄以全部热情和无限的崇拜。然而由于门第、财产、习俗等一道道高墙的阻隔，加之绿蒂无力冲破世俗的偏见和平庸生活的包围，她宁肯服从礼俗而牺牲爱情，这使维特渴求的爱情幸福终于在冷峻的现实面前碰了壁。

来自事业的烦恼根源于社会的等级观念。维特是一个市民出身的青年，他向往自由

平等的生活，并且希望从事一些有实际意义的工作。但是公使馆的繁文缛节，来自贵族官绅们"先祖传来的傲慢"，"莫须有的污蔑"，使他感到在官场像"陷在囚笼中"，"没有一天不被人糟蹋或者残害"。维特与当时德国社会如此格格不入，特别是在某次贵族宴会上，与会的"高贵的官绅淑女"，全都不约而同地对维特的出席表示惊讶和鄙弃。维特受到了来自贵族社会的歧视和侮辱，感到愤懑难熬。维特的才智无法施展，陷入了悲观绝望的深渊。生命的动力一个个消失殆尽，维特最终走上了人生的尽头。

具有"狂飙突进"时代精神的维特，在只注重出身、权势、地位和等级的社会里，尽管有出众的才能，仍处处碰壁，最终他以生命为代价向封建专制社会发出抗议。小说热情地宣扬了个性解放和感情自由，勇敢地喊出了那个时代的青年要求摆脱封建束缚，建立平等的人际关系，实现人生价值的心声，生动地反映了青年们的憧憬和痛苦，表现出一种抨击陋习、摒弃恶俗的叛逆精神，具有进步的时代意义。

当然，我们还应看到维特对封建社会、官僚贵族的厌恶与憎恨没有转化为积极的反抗行动，而只停留在孤独的感伤和愤懑中，他最后采取的反抗方式——自杀，也无助于人们走上真正有效的斗争道路。

在艺术上，歌德非常成功地运用第一人称的书信体，让主人公面对面地向读者述说自己的遭遇和感受，展露自己的抱负与情怀。近百封长短书信巧妙地构成一个整体，前后加"编者"的引言和按语，中间穿插着注释，把一些平淡无奇的事情讲得真切感人，娓娓动听。

### 读后思考题

1. 什么是"狂飙突进"运动？
2. 试分析维特的典型形象。

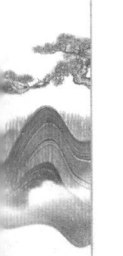

# 叶甫盖尼·奥涅金（节选）

[俄] 普希金

◎亚历山大·谢尔盖耶维奇·普希金（1799—1837），19世纪俄国浪漫主义文学的主要代表，同时也是现实主义文学的奠基人，现代标准俄语的创始人，被誉为"俄国文学之父""俄国诗歌的太阳"。他擅长各种体裁，在诗歌、小说、戏剧乃至童话等各个文学领域都给俄国文学提供了典范。其主要作品有诗歌《自由颂》《致大海》《致恰达耶夫》等，诗体小说《叶甫盖尼·奥涅金》，短篇小说《黑桃皇后》，长篇小说《上尉的女儿》等。高尔基称普希金为"一切开端的开端"。

◎诗体小说《叶甫盖尼·奥涅金》成功地塑造了俄国文学中著名的"多余人"——奥涅金，刻画了各类贵族的形象，反映了俄国19世纪初叶的社会生活的广阔画面，被俄国批评家别林斯基誉为"俄罗斯生活的百科全书和最富有人民性的作品"。这部诗体小说是普希金最重要、影响最深远的作品，既充满了浪漫主义色彩，也是俄国现实主义文学的奠基之作。

◎本文节选自《叶甫盖尼·奥涅金》，冯春译，上海译文出版社1982年版。

## 第一章 36 节

这寻欢作乐穷奢极欲的公子，
在喧闹的舞会中玩得筋疲力尽，
他还把早晨当作夜半，
正睡得既甜蜜而又深沉。
他直睡到午后方才苏醒，
一天的生活又安排到明晨，
虽然千篇一律却五光十色。
而明天和昨天也难以区分。
自由自在，正是美好的韶华时光，
在情场中获得了辉煌胜利，
每一天都在欢乐中度过，
可是我的奥涅金是否称心如意？
在酒宴中他是那么狂放，
难道这不损害他的健康？

## 第一章 37 节

不，奥涅金早就心灰意懒，

上流社会的欢乐使他腻烦,
美人儿也不能那么长久地
使他日夜不断地思念。
屡次变心实在令人懊丧,
朋友和友谊也使他厌倦。
因而,当他头痛的时候,
再不能用老办法去医治它:
拿出一瓶香槟酒把烤牛肉[1]
和斯特拉斯堡馅饼送下,
说些俏皮话来排遣忧闷;
他虽然是个暴躁的浪子,
却终于不再欢喜决斗,
对子弹和刀剑已经厌弃。

## 第一章38节

他已患上了一种病症,
这原因早该好好探寻,
他象英国人那样消沉,
简单说,俄国人的忧郁病
已经渐渐缠上他的身;
感谢上帝,他总算不想
用枪结束自己的生命;
可是对生活却提不起精神。
他象哈罗德[2]那样忧愁倦怠,
出现在上流社会的客厅;
无论是流言还是打波士顿[3],
是多情的秋波、做作的叹气,
什么也不能打动他的心,
什么也不能引起他的注意。

## 第三章31节

……
达吉雅娜给奥涅金的信

我在给您写信——还要怎样呢?

我还有些什么好说的？
现在，我知道，您可以随意
对我轻蔑，拿它来惩罚我。
但是您对我不幸的命运
哪怕还存一点怜悯之心，
就一定不会拒绝我的接近。
起初我真想默不作声，
请您相信吧：这样您就
永远不知道我的隐情，
我暗暗怀着这样的希望，
偶尔，哪怕每礼拜一次
能在我们村子里看见您，
仅仅是听听您的言辞，
和您说上一句话，然后
就是日日夜夜地想啊想啊，
直到下次再和您聚首。
但是据说您不爱与人交往，
在这偏僻的乡村感到孤寂，
而我们……一切都不值得炫耀，
虽然喜欢您是出于诚意。

您为什么要来访问我们？
在这荒僻的为人遗忘的乡间，
我本来永远不会认识您，
也不会遭到这痛苦的磨难。
随着时光的流逝（谁知道呢？）
平静了我这缺少经验的心，
我许会找到个合意的朋友，
我会成为一个忠实的妻子，
成为一个贤良慈祥的母亲。

另一个！……不，在这世界上
我的心决不献给任何一个人！
这是神明所注定，上苍的意思：
只有你才能占有我的心。
我整个生命是最好的证明，
保证我一定会和你相逢；

我知道,你是上帝赐给我的,
你将要保护我的一生……
在梦里你曾来到我的面前,
虽不可捉摸,我却感到亲切,
你奇异的目光如此乱我方寸,
你的声音早就在我心中萦回……
不,这不是虚无缥缈的梦境!
你一进来,我立刻就觉察,
我顿时呆住,浑身燃烧,
心里默默地说:就是他!
可不是吗?我曾听到你的声音:
当我在帮助穷苦的人们,
或者用祈祷来安慰我那
苦恼的灵魂心中的忧愁,
你不是在和我悄悄地谈心?
并且就在这样的时刻,
难道不是你,亲爱的幻影,
在明净的昏暗当中闪现,
轻轻地在我床头俯身站定?
难道不是你满怀欢欣与爱情,
对我轻声细语使我充满希望?
你是谁,我的安琪儿和保护者,
还是狡猾的人专把女性欺诳?
快来解答我的疑惑吧。
也许这一切全然是空想,
一个未经世事的灵魂的幻梦!
到头来却完全是另一种下场……
然而让它去吧!如今我把
自己的命运全向你托付,
在你面前洒下点点热泪,
恳切地请求你的保护……
试想一下吧:我孤零零一个人,
谁也不能理解我的心,
我已无力保持自己的理性,
我应当默默地去寻找死神。
我等着你:请你只看我一眼,

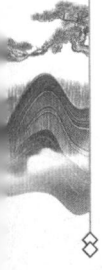

用它来复活我心中的希冀,
要不然就打破我这沉重的梦,
噢,给予我应得的责备!

写完了!我不敢再看一遍……
羞愧和恐惧使我手足无措……
但你的人格是我的保障,
我大胆地把自己向它托付……

【注释】

①原文为英语。

②原作中为加着重号的英语:Child-Harold。英国诗人拜伦(1788—1824)的长诗《恰尔德·哈罗德游记》中的主人公。

③一种牌戏。

## 阅读提示

《叶甫盖尼·奥涅金》再现了19世纪20年代俄国广阔的社会生活。反法卫国战争的胜利,打开了俄国封闭多年的国门,一批有教养的贵族接触到了进步的西方文化,他们痛感于俄国的落后,试图变革现状,最终导致1825年的十二月党人起义。还有一部分贵族青年感到时代的风暴即将来临,不甘心和贵族阶级一道灭亡,但又没有勇气去参加革命斗争,对未来感到迷茫,徒有聪明才智,却找不到自己在社会中的位置和未来人生的方向,只能在愤世嫉俗中白白地浪费自己的才华。普希金敏感地意识到现实中这一类人群的出现,塑造了以奥涅金为典型的"多余人"形象,开创俄国文学史上塑造"多余人"形象之先河。

奥涅金就其出身与教养而言是典型的贵族青年,整天周旋于酒宴、舞会与剧场,奔忙于情场角逐。但是当时的时代气氛和进步的启蒙思想,如亚当·斯密的《国富论》和卢梭的《社会契约论》、拜伦颂扬自由和个性解放的诗歌,都对他产生了影响,他开始对上流社会奢靡空虚的生活感到厌倦,精神要求不能满足,终日郁郁寡欢,怀疑一切,产生了精神危机,染上了流行于当时知识界的"忧郁症"。

适逢伯父病逝,为继承遗产他来到乡间,奥涅金以其鄙视现实的态度和与众不同的气质吸引了乡村地主的女儿达吉雅娜。达吉雅娜怀着爱情的冲动给奥涅金写了一封天真热情、充满纯洁感情的表白信,奥涅金却因为对社会的绝望,丧失创造幸福家庭的信心而拒绝了达吉雅娜。可他又在舞会上挑逗好友连斯基的未婚妻奥尔加,这无谓的行为导致连斯基提出决斗,奥涅金心中懊悔,但又径直走向决斗场,杀死了自己的好友。奥涅金远游他乡,找不到归宿,再度回到上流社会的社交场中,当他看到当年向自己求爱的达吉雅娜已嫁入上流社会,成为雍容华贵的将军夫人的时候,一种征服的欲望又使他跪倒在她的裙角边。达吉雅娜承认自己还爱着奥涅金，但出于道德的尊严而不能接受他。奥涅金被达吉雅娜拒绝了，事实上他是被整个社会所拒绝了，他只能成为一个不容于所有阶层的"多余人"。像奥涅金这样的人，在1825年前后的俄国有很多。俄国作家赫尔岑说："每走一步路都会碰见他（这样的人）。"

　　小说另一重要人物是达吉雅娜。在普希金之前，俄国文学中所出现的女性形象大多受英国感伤文学的影响，远离俄国的现实，同时又缺少理想色彩。可以说，达吉雅娜是俄国文学中第一个丰满的女性形象，是普希金为俄国生活树立的一个"理想"。作家称她为"我可爱的女幻想家"和"我的可爱的理想"。她沉静淳朴而天真热情，热衷于理想又纯洁高尚，她是一个"具有俄罗斯灵魂的姑娘"。达吉雅娜对当时的俄国社会抱有批判的态度，这是她和奥涅金之间的共通点，是他们的爱情发生发展的基础。但是达吉雅娜又在许多方面超越了奥涅金。达吉雅娜宁肯放弃她的爱情和幸福，也要忠实于自己做人的原则，她达到一种比奥涅金高出许多的人生境界。

## 读后思考题

1. 简述普希金在俄国文学史上的地位。
2. 为什么说奥涅金是一个"多余人"？

# 吉檀迦利（节选）

[印度] 泰戈尔

◎罗宾德拉纳特·泰戈尔（1861—1941），印度著名诗人、小说家、艺术家、思想家与社会活动家。泰戈尔出生于印度西孟加拉邦加尔各答市一个富有的地主家庭。1878年去英国留学，1880年回国后开始投身文学创作事业。泰戈尔一生作品丰富，共写了50多部诗集，被称为"诗圣"，其著名诗歌集有《吉檀迦利》《新月集》《飞鸟集》等。除了诸多诗集外，还创作了12部中长篇小说，100余部短篇小说，20多部剧本以及大量的文学、哲学、政治论著。1913年，泰戈尔以诗歌集《吉檀迦利》荣获诺贝尔文学奖。

◎泰戈尔的作品表达了印度人民在帝国主义和封建种姓制度压迫下要求改变自己命运的强烈愿望，充满了强烈的爱国主义和民主主义精神，他的创作构成了印度文艺复兴运动和民族独立运动的一个重要历史侧面。在艺术风格上，他擅长将哲理与诗情熔为一炉，以清新流丽、自然优雅的语言表达深刻的哲学与宗教见解，意境宁谧深邃，耐人寻味。

◎本文选自《泰戈尔诗选》，冰心、石真、郑振铎译，人民出版社2002年版。

## 5

请容我懈怠一会儿，来坐在你的身旁。我手边的工作等一下子再去完成。

不在你的面前，我的心就不知道什么是安逸和休息，我的工作变成了无边的劳役海中的无尽的劳役。

今天，炎暑来到我的窗前，轻嘘微语；群蜂在花树的宫廷中尽情弹唱。

这正是应该静坐的时光，和你相对，在这静寂和无边的闲暇里唱出生命的献歌。

## 8

那穿起王子的衣袍和挂起珠宝项链的孩子，在游戏中他失去了一切的快乐；他的衣服绊着他的步履。

为怕衣饰的破裂和污损，他不敢走进世界，甚至于不敢挪动。

母亲，这是毫无好处的，如你的华美的约束，使人和大地健康的尘土隔断，把人进入日常生活的盛大集会的权利剥夺去了。

## 16

我接到这世界节日的请柬，我的生命受了祝福。我的眼睛看见了美丽的景象，我的耳朵也听见了醉人的音乐。

在这宴会中，我的任务是奏乐，我也尽力演奏了。

现在，我问，那时间终于来到了吗，我可以进去瞻仰你的容颜，并献上我静默的敬礼吗？

## 28

罗网是坚韧的，但是要撕破它的时候我又心痛。

我只要自由，为希望自由我却觉得羞愧。

我确知那无价之宝是在你那里，而且你是我最好的朋友，但我却舍不得清除我满屋的俗物。

我身上披的是尘灰与死亡之衣；我恨它，却又热爱地把它抱紧。

我的债负很多，我的失败很大，我的耻辱秘密而又深重；但当我来求福的时候，我又战栗，唯恐我的祈求得了允诺。

## 31

"囚人，告诉我，谁把你捆起来的？"

"是我的主人，"囚人说，"我以为我的财富与权力胜过世界上一切的人，我把我的国王的钱财聚敛在自己的宝库里。我昏困不过，睡在我主的床上，一觉醒来，我发现我在自己的宝库里做了囚人。"

"囚人，告诉我，是谁铸的这条坚牢的锁链？"

"是我，"囚人说，"是我自己用心铸造的。我以为我的无敌的权力会征服世界，使我有无碍的自由。我日夜用烈火重锤打造了这条铁链。等到工作完成，铁链坚牢完善，我发现这铁链把我捆住了。"

## 35

在那里，心是无畏的，头也抬得高昂；

在那里，知识是自由的；

在那里，世界还没有被狭小的家国的墙隔成片段；

在那里，话是从真理的深处说出；

在那里，不懈的努力向着"完美"伸臂；

在那里，理智的清泉没有沉没在积习的荒漠之中；

在那里，心灵是受你的指引，走向那不断放宽的思想与行为——

进入那自由的天国，我的父呵，让我的国家觉醒起来罢。

### 🕮 阅读提示 🕮

泰戈尔主要以诗歌名世，而其诗歌又以宗教抒情诗的影响最为深远。1913年，泰戈尔以宗教抒情诗集《吉檀迦利·饥饿的石头》（国内一般翻译为《吉檀迦利》）荣膺诺贝尔文学奖，获奖理由是："由于他那至为敏锐、清新与优美的诗；这诗出之于高超的技巧，并由于他自己用英文表达出来，使他那充满诗意的思想业已成为西方文学的一部分。"

"吉檀迦利"在孟加拉文和印地文中都是"献诗"的意思。《吉檀迦利》由103首诗歌组成，是泰戈尔在他50岁那年从自己的三本诗集——《奈维德雅》《克雅》《吉檀迦利》及从1908年起散见于各报纸杂志上的诗歌里面精选而出，自己翻译为英文的。

《吉檀迦利》是泰戈尔中期诗歌创作的高峰，也是最能代表他思想观念和艺术风格的作品。这部宗教抒情诗集，是一份"奉献给神的祭品"。诗人在诗中歌颂了神的恩赐，表达了渴望与神结合的心情。但《吉檀迦利》绝不仅仅是献给神的颂歌，诗中的神，实际上就是诗人所追求的理想和真理的象征。泰戈尔恳求："我的父呵，让我的国家觉醒起来罢。""献诗"的落脚点还是诗人的人生追求与社会理想。诗人以赤子之心歌颂祖国与人民，充满爱国主义与民主主义的热情，同时还能唤起读者对人类、大自然以及世界上一切美好事物的爱心。诗集熔哲理与诗情于一炉，语言朴素自然、清新流丽，感情热烈真挚且含蓄细腻，意境宁谧深邃，耐人寻味。

我国现代著名诗人、翻译家冰心曾经翻译《吉檀迦利》，在译者前记中她是这么说的："从这一百零三首诗中，我们可以深深地体会到这位伟大的印度诗人是怎样地热爱自己的有着悠久优秀文化的国家，热爱这国家里爱和平爱民主的劳动人民，热爱这国家的雄伟美丽的山川。从这些诗的字里行间，我们看见了提灯顶罐，巾帔飘扬的印度妇女；田间路上流汗辛苦的印度工人和农民；园中渡口弹琴吹笛的印度音乐家；海边岸上和波涛一同跳跃喧笑的印度孩子，以及热带地方的郁雷急雨，丛树繁花……我们似乎听得到那繁密的雨点，闻得到那浓郁的花香。"

"在我到过印度之后，我更深深地觉得泰戈尔是属于印度人民的，印度人民的生活是他创作的源泉。他如鱼得水地生活在热爱韵律和诗歌的人民中间，他用人民自己生动素朴的语言，精炼成最清新最流利的诗歌，来唱出印度广大人民的悲哀与快乐，失意与希望，怀疑与信仰。因此他的诗在印度是'家弦户诵'，他永远生活在广大人民的心中。"

## 读后思考题

1. 泰戈尔的思想深受印度古代奥义书的影响。奥义书的核心思想认为"梵我合一"：万有同源，皆出于梵；万有一如，皆归于梵。换言之，梵是宇宙的最高本质和最高实在。宇宙万物皆派生于梵，统一于梵。请根据"梵我合一"的思想，谈谈你对泰戈尔这几句话的理解："人的灵魂意识和宇宙是根本统一的""印度人强调个人与宇宙之间的和谐""对于他们来说，人与自然的和谐是伟大的事实"。

2. 了解印度的文艺复兴运动和民族独立运动，感受泰戈尔对祖国与人民的热爱之情。

# 敬畏生命

[法] 阿尔贝特·史怀泽

◎阿尔贝特·史怀泽（1875—1965），法国神学家、哲学博士、医生。1913年来到非洲，在加蓬的兰巴雷内建立了丛林诊所，服务非洲直至逝世。他获得了1952年的诺贝尔和平奖，被称为"非洲之子"。他创立的以"敬畏生命"为核心的生命伦理学是当今世界和平运动、环保运动的重要思想资源。爱因斯坦曾经称赞："像史怀泽这样理想地集善和对美的渴望于一身的人，我几乎还没有发现过。"

◎本文选自《敬畏生命——五十年来的基本论述》，[德] 汉斯·瓦尔特·贝尔编，陈泽环译，上海社会科学院出版社1992年版。

善是保存和促进生命，恶是阻碍和毁灭生命。如果我们摆脱自己的偏见，抛弃我们对其他生命的疏远性，与我们周围的生命休戚与共，那么我们就是道德的。只有这样，我们才是真正的人；只有这样，我们才会有一种特殊的、不会失去的、不断发展的和方向明确的德性。

敬畏生命、生命的休戚与共是世界中的大事。自然不懂得敬畏生命。它以最有意义的方式产生着无数生命，又以毫无意义的方式毁灭着它们。包括人类在内的一切生命等级，都对生命有着可怕的无知。他们只有生命意志，但不能体验发生在其他生命中的一切；他们痛苦，但不能共同痛苦。自然抚育的生命意志陷于难以理解的自我分裂之中。生命以其他生命为代价才得以生存下来。自然让生命去干最可怕的残忍事情。自然通过本能引导昆虫，让它们用毒刺在其他昆虫身上扎洞，然后产卵于其中；那些由卵发育而成的昆虫靠毛虫活着，这些毛虫则应被折磨至死。为了杀死可怜的小生命，自然引导蚂蚁成群结队地去攻击它们。看一看蜘蛛吧！自然教给它的手艺多么残酷。

从外部看，自然是美好和壮丽的，但认识它则是可怕的。它的残忍毫无意义！最宝贵的生命成为最低级生命的牺牲品。例如，一个儿童感染了结核病菌。接着，这种最低级生物就在儿童的最高贵机体内繁殖起来，结果导致这个儿童的痛苦和夭亡。在非洲，每当我检验昏睡病人的血液时，我总是感到吃惊。为什么这些人的脸痛苦得变了形并不断呻吟：我的头，我的头！为什么他们必须彻夜哭泣并痛苦地死去？这是因为，在显微镜下人们可以看见10‰～40‰毫米的白色细菌；即使它们数量很少，以至于为了找到一个，有时得花上几个小时。

由于生命意志神秘的自我分裂，生命就这样相互争斗，给其他生命带来痛苦或死亡。这一切尽管无罪，却是有过的。自然教导的是这种残忍的利己主义。当然，自然也教导生物，在它需要时给自己的后代以爱和帮助。只是在这短暂的时间内，残忍的利己

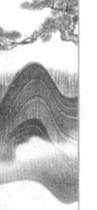

主义才得以中断。但是，更令人惊讶的是，动物能与自己的后代共同感受，能以直至死亡的自我牺牲精神爱它的后代，但拒绝与非其属类的生命休戚与共。

受制于盲目的利己主义的世界，就像一条漆黑的峡谷，光明仅仅停留在山峰之上。所有生命都必然生存于黑暗之中，只有一种生命能摆脱黑暗，看到光明。这种生命是最高的生命，人。只有人能够认识到敬畏生命，能够认识到休戚与共，能够摆脱其余生物苦陷其中的无知。

这一认识是存在发展中的大事。真理和善由此出现于世。光明驱散了黑暗，人们获得了最深刻的生命概念。共同体验的生命，由此在其存在中感受到整个世界的波浪冲击，达到自我意识，结束作为个别的存在，使我们之外的生存涌入我们的生存。

我们生存在世界之中，世界也生存于我们之中。这个认识包含着许多奥秘。为什么自然律和道德律如此冲突？为什么我们的理性不赞同自然中的生命现象，而必然形成与其所见尖锐对立的认识？为什么它必须在自身中发现完全不同于支配世界的规律。为什么在它发挥善的概念的地方，它就必须与世界作斗争？为什么我们须经历这种冲突，而没有有朝一日调和它的希望？为什么不是和谐而是分裂？等等。上帝是产生一切的力量。为什么显示在自然中的上帝否定一切我们认为是道德的东西，即自然同时是有意义地促进生命和无意义地毁灭生命的力量？如果我们已能深刻地理解生命，敬畏生命，与其他生命休戚与共；那么，我们怎样使作为自然力的上帝，与我们所必然想象的作为道德意志的上帝、爱的上帝统一起来？

我们不能在一种完整的世界观和统一的上帝概念中坚定我们的德性，我们必须始终使德性免受世界观矛盾的损害，这种矛盾像毁灭性的巨浪一样冲击着它。我们必须建造一条大堤，它能保存下来吗？

危及我们休戚与共的能力和意志的是日益强加于人的这种考虑：这无济于事！你为防止或减缓痛苦、保存生命所做的和能做的一切，和那些发生在世界上和你周围，你又对之无能为力的一切比较起来，是无足轻重的。确实，在许多方面，我们是多么的软弱无力，我们本身也给其他生物带来了多少伤害，而不能停止。想到这一点，真是令人害怕。

你踏上林中小路，阳光透过树梢照进了路面，鸟儿在歌唱，许多昆虫欢乐地嗡嗡叫。但是，你对此无能为力的是：你的路意味着死亡。被你踩着的蚂蚁在那里挣扎，甲虫在艰难地爬行，而蠕虫则蜷缩起来。由于你无意的罪过，美好的生命之歌中也出现了痛苦和死亡的旋律。当你想行善时，你感受到的则是可怕的无能为力，不能如你所愿地帮助生命。接着你就听到诱惑者的声音：你为什么自寻烦恼？这无济于事。不要再这么做，像其他人一样，麻木不仁，无思想、无感情吧。

还有一种诱惑：同情就是痛苦。谁亲身体验了世界的痛苦，他就不可能在人所意愿的意义上是幸福的。在满足和愉快的时刻，他不能无拘无束地享受快乐，因为那里有他共同体验的痛苦。他清楚地记着他所看见的一切。他想到他所遇见的穷人，看见的病人，认识到这些人的命运残酷性，阴影出现在他的快乐的光明之中，并越来越大。在快乐的团体中，他会突然心不在焉。那个诱惑者又会对他说，人不能这样生活。人必须能

够无视发生在他周围的事情,不要这么敏感。如果你想理性地生活,就应当有铁石心肠。穿上厚甲,变得像其他人一样没有思想。最后,我们竟然会为我们还懂得伟大的休戚与共而惭愧。当人们开始成为这种理性化的人时,我们彼此隐瞒,并装着好像人们抛弃的都是些蠢东西。

这是对我们的三大诱惑,它不知不觉地毁坏着产生善的前提。提防它们。首先,你对自己说,互助和休戚与共是你的内在必然性。你能做的一切,从应该被做的角度来看,始终只是沧海一粟。但对你来说,这是能赋予你生命以意义的唯一途径。无论你在哪里,你都应尽你所能从事救助活动,即解救由自我分裂的生命意志给世界带来的痛苦;显然,只有自觉的人才会从事这种救助活动。如果你在任何地方减缓了人或其他生物的痛苦和畏惧,那么你能做的即使较少,也是很多。保存生命,这是唯一的幸福。

另一个诱惑,共同体验发生在你周围的不幸,对你来说是痛苦,你应这样认识:同甘与共苦的能力是同时出现的。随着对其他生命痛苦的麻木不仁,你也失去了同享其他生命幸福的能力。尽管我们在世间见到的幸福是如此之少;但是,以我们本身所能行的善,共同体验我们周围的幸福,是生命给予我们的唯一幸福。最后,你根本没有权利这么说:我要这么生存,因为你认为,你比其他生命幸福。你必须如你必然所是地做一个真正自觉的人,与世界共同生存的人,在自身中体验世界的人。你是否因此按流行的看法比较幸福,这是无所谓的。我们内心神秘的声音并不需要幸福的生存——听从它的命令,才是唯一能使人满足的事情。

我这样和你们说,是为了不让你们麻木不仁,保持清醒的头脑!这与你们的灵魂有关。如果这些表达了我内心思想的话语,能使在座的诸位撕碎世上迷惑你们的假象,能使你们不再无思想地生存,不再害怕由于敬畏生命和必然认识到共同体验的重要而失去自己,那么,我就感到满足,而我的行为也将被人赞赏……

## 阅读提示

敬畏一切生命是史怀泽伦理学的基石。《敬畏生命——五十年来的基本论述》的编者汉斯·瓦尔特·贝尔说:"他的'敬畏生命'的要求,适用于人类行为能够促进或危害的一切生命领域,从别人的生命,个人对自然的行为直至时代的中心问题:和平、社会发展、文化、科学、环境等,……数十年来,人类给生物带来了未曾预见的问题,而随着阿尔贝特·史怀泽的理论也出现了这种伦理概念,它不仅包括对人类生命的责任,也包括对自然中生命的广泛责任,史怀泽的道德原则和当代的精神发展及其趋势、希望、重负不可分离。它是当代以及未来的伦理力量。这种力量不会在论战中失落,而能在个人范围内和社会领域中形成坚定的律令。"

史怀泽"敬畏生命"的伦理学把同情的范围从人扩展到所有的生物,它具有人类中心主义的伦理学所不曾达到的深度与广度。他倡导人类应该与世间万物建立一种休戚与共、生死相依的密切关系,"只有这样,我们才是真正的人;只有这样,我们才会有一种特殊的、不会失去的、不断发展的和方向明确的德性。"(《敬畏生命》)人类必须抵制住作者所提到的三大诱惑，只有这样才能获得最深刻的生命概念以及内在的幸福。

全文围绕敬畏生命是真正的人的道德标准这一中心论点展开，对道德完善、生命发展以及灵魂净化等诸多问题进行了综合论述，思维清晰，逻辑严密。当然，史怀泽作为一名神学家，他的思想不可避免带有浓厚的宗教色彩，在阅读课文的时候应辩证分析和看待。

### 读后思考题

1. 作者从伦理角度提出了"敬畏生命"这一概念，谈谈你对"敬畏生命、生命的休戚与共是世界中的大事"这句话的理解。

2. "敬畏生命"的伦理学解构了几千年来占主导地位的人类中心主义。进入20世纪以来，人类中心主义的伦理学日益暴露出其缺陷，因为它仅仅从人和人的关系角度考虑问题，基本上未在人和物的关系层面上展开。史怀泽敬畏生命的伦理学开始在人与人、人与物两个向度上建构新的伦理学。请联系实际谈一谈这对于人类文明的生态转变具有什么样的意义。

# 在葛底斯堡国家烈士公墓落成典礼上的演说

[美] 亚伯拉罕·林肯

◎亚伯拉罕·林肯（1809—1865），美国第16任总统，资产阶级革命家、政治家。他领导了美国南北战争，颁布了《解放黑人奴隶宣言》，被称为"伟大的解放者"，与乔治·华盛顿、富兰克林·罗斯福一起被公认为是美国历史上最伟大的三位总统。

◎林肯也是著名的演说家、雄辩家。《在葛底斯堡国家烈士公墓落成典礼上的演说》在美国历史上被誉为最优秀的演讲辞之一。美国19世纪的政治家萨姆尔说："林肯的那篇演讲辞，直到葛底斯堡大战被人们遗忘之后，还会存在的，而且将来有一天，假使这场战争再被人们想起，大半是由于林肯的演讲辞。"

◎本文选自《世界100位名人的著名演讲辞》，张雅莲主编，国际文化出版公司1992年版。

八十七年前，我们的先辈们在这个大陆上创立了一个新国家，它孕育于自由之中，奉行一切人生来平等的原则。

现在我们正从事一场伟大的内战，以考验这个国家，或者任何一个孕育于自由和奉行上述原则的国家是否能够长久存在下去。我们在这场战争中的一个伟大战场上集会。烈士们为使这个国家能够生存下去而奉献了自己的生命，我们来到这里，是要把这个战场的一部分奉献给他们作为最后的安息之所。我们这样做是完全应该而且非常恰当的。

但是，从更广泛的意义上来说，这块土地我们不能够奉献，不能够圣化，不能够神化。那些曾在这里战斗过的勇士们，活着的和去世的，已经把这块土地圣化了，这远不是我们微薄的力量所能增减的。我们今天在这里所说的话，全世界不大会注意，也不会长久地记住，但勇士们在这里所做过的事，全世界却永远不会忘记。毋宁说，倒是我们这些还活着的人，应该在这里把自己奉献于勇士们已经如此崇高地向前推进但尚未完成的事业。倒是我们应该在这里把自己奉献于仍然留在我们面前的伟大任务——我们要从这些光荣的死者身上吸取更多的献身精神，来完成他们已经完全彻底为之献身的事业；我们要在这里下定最大的决心，不让这些死者白白牺牲；我们要使国家在上帝福佑下得到自由的新生，要使这个民有、民治与民享的政府永世长存。

### 🌺 阅读提示 🌺

1863年11月19日，林肯在葛底斯堡国家烈士公墓的揭幕式上发表演说，哀悼在葛底斯堡战役中阵亡的将士。演讲时间非常短，当时一位摄影师想替他留下一张讲话时的姿态，但他尚未把那架原始笨重的摄影机摆弄好，林肯已经讲完了。林肯以不足300字的篇幅，不足3分钟的时间，诉诸《独立宣言》所支持的"凡人生而平等"原则，重新定义这场内战：不只是为联邦的生死存亡而奋斗，亦是"自由之新生"，将真正的平等带给全体公民。演讲情感真挚，富于感染力，给在困境中的美国人民以巨大的鼓舞与激励。尤其是演讲的结尾，"要使这个民有、民治与民享的政府永世长存"，激起全世界爱好自由和平等的人民的强烈共鸣，并成为世界民主政治的最核心的价值观。

### 读后思考题

1. 演讲的立意要深，才能产生深远的影响。这篇演讲稿是为葛底斯堡国家烈士公墓的揭幕式而作的，演讲者是如何深化主题的？

2. 请以本篇演讲稿为例，谈一谈短篇演讲稿在写作过程中应该注意哪些问题。在一段较短暂的时间内，演讲者如何做才能取得最佳的演讲效果？

# 在斯坦福大学 2005 年毕业典礼上的演讲

[美] 史蒂夫·乔布斯

◎史蒂夫·乔布斯（1955—2011），发明家、企业家、美国苹果公司联合创办人。1976 年乔布斯和朋友成立苹果电脑公司，他将美学至上的设计理念在全世界推广开来，深刻地改变了现代通信、娱乐乃至生活的方式。

◎乔布斯被誉为商业沟通的天才，演讲才华超众。乔布斯每次的演讲都被奉为经典，其演讲的全过程展现了演讲的艺术，处处体现着大师的风范，堪称完美。《哈佛商业评论》曾刊载《像乔布斯一样去演讲》一文，专门介绍乔布斯的演讲艺术。

◎本文对原演讲稿有删改。选自《解放日报》2011 年 3 月 11 日"解放周末·博闻版"，原载《青年文摘》（绿版）2005 年第 11 期，杜然译，题目是《乔布斯说生命故事》。

斯坦福大学是世界上最好的大学之一，今天能参加各位的毕业典礼，我备感荣幸。我没有从大学毕业，说句实话，此刻算是我人生中离"大学毕业"最近的一刻了。今天，我想告诉你们我生命中的三个故事，并非什么了不得的大事件，只是三个小故事而已。

第一个故事，是关于串起生命中的点点滴滴。

我在里德大学待了 6 个月就退学了，但之后仍作为旁听生混了 18 个月后才真正离开。

我为什么要退学呢？故事要从我出生之前开始说起。我的生母是一名年轻的未婚妈妈，当时她还是一所大学的在读研究生，于是决定把我送给别人收养。她坚持我应该被一对念过大学的夫妇收养。所以在我出生的时候，她已经为我被一位律师和他的太太收养做好了所有的准备。但在最后一刻，这对夫妇改了主意，决定收养一个女孩。候选名单上的另外一对夫妇，也就是我的养父母，在一天午夜接到了一通电话："有一个不请自来的男婴，你们想收养吗？"他们回答："当然想。"事后，我的生母才发现我的养母根本就没有从大学毕业，而我的养父甚至连高中都没有毕业，所以她拒绝签署最后的收养文件。直到几个月后，我的养父母保证会把我送到大学，她的态度才有所转变。

17 年之后，我果然进了大学。但因为年幼无知，我选择了一所像斯坦福一样昂贵的大学。我的父母都是工人，他们倾其所有资助我的学业。在 6 个月之后，我发现自己完全不知道这样念下去究竟有什么用。当时，我的人生漫无目标，为了念书，还花光了父母毕生的积蓄，所以我决定退学。我相信车到山前必有路。做这个决定的时候，我非常害怕，但现在回头去看，这是我这一生中做出的最正确的决定之一。从我退学那一刻起，我就再也不用去上那些我毫无兴趣的必修课了，我开始旁听那些看来比较有意思的科目。

这件事情做起来一点都不浪漫。因为没有自己的宿舍，我只能睡在朋友房间的地板上；一个可乐瓶的押金是 5 分钱，我靠收集空瓶换押金买吃的；在每个周日的晚上，我都会步行 7 英里穿越市区，去 Hare Krishna 神庙免费吃顿好的，我喜欢这顿牙祭。我跟随好奇心和直觉所做的事情，事后证明大多数都是极其珍贵的经验。

我举一个例子：那个时候，里德大学拥有大概是全美国最好的书法教育。整个校园里的每一张海报、每一个抽屉上的标签，都是漂亮的手写体。由于已经退学，不用再去上那些常规的课程，于是我选择了一门书法课程，想学学怎么写出一手漂亮字。在这门课上，我学习了各种衬线和无衬线字体，学习如何改变不同字体组合之间的字间距，学习如何做出漂亮的版式。它充满了美感、历史感和艺术般的微妙，那是科学永远无法捕捉到的，我发现这太有意思了。

当时，我压根儿没想到这些知识会在我的生命中有什么实际运用价值，但是 10 年之后，当我们设计第一款 Macintosh 电脑时，这些东西全派上了用场。我把它们全部设计进去，这是第一台可以排出好看版式的电脑。如果当时我在大学里没有旁听这门课程，Macintosh 就不会提供各种字体和等间距字体。自从视窗系统抄袭了苹果系统以后，所有的个人电脑都有了这些东西。如果我没有退学，我就不会去旁听书法课，而今天的个人电脑大概也就不会有出色的版式功能。当然我在念大学的那会儿，不可能有先见之明，把那些生命中的点点滴滴都串起来；但 10 年之后再回头看，生命的轨迹变得非常清楚。

再强调一次，你不可能充满预见地将生命的点滴串联起来，只有在回头看的时候，你才会发现这些点点滴滴之间的联系。所以，你要坚信，你现在所经历的，将在你未来的生命中串联起来。你不得不相信某些东西，你的直觉、命运、生活、机遇……正是这种信仰让我没有失去希望，它使我的人生与众不同。

我的第二个故事是关于爱与失去。

我是幸运的，在年轻时就知道了自己爱做什么。在 20 岁时，我就和沃兹在我父母的车库里开创了苹果公司。我们勤奋工作，只用了 10 年时间，它就从车库里的两个小伙子创办的公司成长为拥有 4 000 名员工、价值达到 20 亿美元的企业。那个时候，我们最棒的产品 Macintosh 刚刚推出一年，而我才刚过 30 岁。

然后，我就被炒了鱿鱼。一个人怎么可以被自己所创立的公司解雇呢？这么说吧，随着苹果的成长，我们请了一个原本以为很能干的家伙和我一起管理这家公司。在头一年左右，他干得还不错，但后来，我们对公司未来前景的看法出现了分歧，于是我们之间出现了矛盾。由于公司的董事会站在他那一边，所以在我 30 岁时，就被踢出了局。我失去了一直贯穿我整个成年生活的核心，那种打击是毁灭性的。

在头几个月，我真不知道要做些什么。我感到自己辜负了前辈企业家的期望——就像接力棒交到我的手里，而我却丢掉了。我成了人人皆知的失败者，我甚至想过逃离硅谷。然而有一种东西慢慢照亮了我：我依然爱着我所做的事情。在苹果公司发生的一切丝毫没有改变我，一点都没有。虽然被抛弃了，但我的热忱不改。我决定重新开始。

当时我并没有看出来，但事实证明，我被苹果公司解雇是我这一生所经历过的最棒

的事情。事业成功所伴随的那种沉重不见了，取而代之的是重回起跑线的那种新手的轻盈。每件事情都不再那么确定，我获得了解放，进而开始了我一生中最富有创造力的时期。

在接下来的5年里，我开创了一家叫做NeXT的公司，接着又建立了一家名叫Pixar的公司，并与一位奇妙的女士共坠爱河，她后来成为了我的太太。Pixar制作了世界上第一部全电脑动画电影《玩具总动员》，现在这家公司是世界上最成功的动画制作公司之一。再后来，经过一次戏剧性的收购，苹果公司买下了NeXT，于是我又回到了苹果公司，我们在NeXT研发出的技术成为推动苹果公司复兴事业的核心动力。我和劳伦斯也拥有了美满的家庭。

我非常肯定，如果没有被苹果公司炒掉，这一切都不可能在我身上发生。生活有时候就像一块板砖拍向你的脑袋，但不要丧失信心。热爱我所从事的工作，是一直支持我不断前进的唯一理由。你得找出你的最爱，对工作如此，对爱人亦是如此。工作将占据你生命中相当大的一部分，从事你认为具有非凡意义的工作，方能给你带来真正的满足感。而从事一份伟大工作的唯一方法，就是去热爱这份工作。如果你到现在还没有找到这样一份工作，那么就继续找。如同那些美好的爱情一样，伟大的工作只会在岁月的酝酿中越陈越香。所以，在你终有所获之前，不要停下寻觅的脚步。不要停下！

我的第三个故事是关于死亡。

17岁时，我读过一句格言："如果你把每一天都当成你生命里的最后一天，你将在某一天发现原来一切皆在掌握之中。"这句话从我读到之日起，就对我产生了深远的影响。在过去的33年里，我每天早晨都对着镜子问自己："如果今天是我生命中的末日，我还愿意做我今天本来应该做的事情吗？"当一连好多天答案都否定的时候，我就知道做出改变的时候到了。

记住自己将不久于人世，这是我在做出人生重大选择时的一个最重要的参考工具。

因为所有的事情——外界的期望、所有的尊荣、对尴尬和失败的惧怕——在面对死亡的时候，都将烟消云散，只留下真正重要的东西。在我所知道的各种方法中，记住你终将死去是帮助你避开"我可能会失去×××"思维陷阱的最佳方法。财富名利生不带来，死不带去，没有理由不听从你内心的呼唤。

大约一年前，我被诊断出癌症。在早晨7点半，我做了一个检查，扫描结果清楚地显示我的胰脏内出现了一个肿瘤。我当时甚至不知道胰脏是什么。医生告诉我，几乎可以确定这是一种不治之症，顶多还能活3至6个月。大夫建议我回家，把诸事安排妥当，这是医生对临终病人的标准用语。这意味着，你得把你今后10年要对孩子说的话用几个月的时间说完；这意味着，你得把一切都安排妥当，尽可能减少你的家人在你身后的负担；这意味着，向众人告别的时间到了。

一整天，我的脑子里只有这个判决。那天晚上，我做了一个切片检查。我打了镇静剂，但我太太在场，她后来告诉我，当大夫们从显微镜下观察了细胞组织之后，都哭了起来，因为发现这是一种非常罕见的、可以通过手术治疗的胰脏癌。我接受了手术，现在已经康复。

这是我最接近死亡的一次，我希望在随后的几十年里，都不要有比这一次更接近死亡的经历。在经历了这次与死神擦肩而过之后，死亡对我来说只是一项有效的判断工具，并且和它只是一个纯粹的理性概念时相比，我能够更肯定地告诉你们以下事实：没人想死，即使想去天堂的人，也希望能活着进去。死亡是我们每个人的人生终点站，没人能够例外。死亡很可能是生命最好的造物，它是生命更迭的媒介，送走耄耋老者，给新生代让路。现在你们还是新生代，但不久的将来，你们也将逐渐老去，被送出人生的舞台。很抱歉说得这么富有戏剧性，但生命就是如此。

　　记住，你们的时间有限，所以不要把时间浪费在别人的生活里。不要被条条框框束缚，否则你就生活在他人思考的结果里。不要让他人的观点所发出的噪音淹没你内心的声音。最为重要的是，要有遵从你的内心和直觉的勇气，它们可能已经知道你想成为一个什么样的人，其他事物都是次要的。

　　在我年轻的时候，有一本非常棒的杂志叫《环球百科目录》，它被我们那一代人奉为圭臬。可惜的是，《环球百科目录》出版了数期，生命就走到了尽头。那是上世纪70年代中期，我正是你们这个年纪，这本杂志出版了最后一期。封底有一张清晨乡间公路的照片，照片下面有一行字："求知若渴，虚怀若愚。"（Stay hungry, stay foolish.）我一直希望自己做到这样。现在，在你们毕业开始新生活的时候，我把这句话送给你们。

　　求知若渴，虚怀若愚。

　　谢谢大家！（掌声）

### ❋阅读提示❋

　　在这篇演讲中，乔布斯与听众分享了自己成长过程中的三个故事。这三个故事，就是他人生中三个重大的转折，也是他生命中面临的三次重大考验。在绘声绘色地讲述这三个转折和考验的同时，他把身在其中所获得的感受和启迪也娓娓道出，感染每位听众。从中我们可以看出，在演讲过程穿插精彩的故事，确实可以为演讲增添许多光色，但演讲并不仅仅是讲故事，而是通过讲故事传达自己的思想观念和情感，让听众在不知不觉中接受自己的观点。这篇演讲稿最动人之处，不是他的故事有多精彩，而是他在自己的成长过程中获得的生命的启迪和智慧。我们不仅为他的故事所打动，更为他的智慧所折服。同时，乔布斯善于调控演讲节奏，让演讲的过程充满愉悦，让人觉得妙趣横生、意气风发，让听众在快乐中领悟人生的真谛。

### ❋读后思考题❋

　　1. 乔布斯的这篇演讲稿主要是围绕自己的亲身经历展开的，这种演讲模式会对听众产生什么影响？在演讲中又应该注意哪些问题？

　　2. 演讲不仅要以情感人，而且要以理服人。这篇演讲稿在说理方面有何独到之处？

# 在哈佛大学 2009 年毕业典礼上的演讲

朱棣文

◎朱棣文（1948— ），祖籍江苏太仓，生于美国密苏里州圣路易斯。美国华裔物理学家，1997 年获诺贝尔物理学奖。中国科学院外籍院士，2009 年出任美国能源部部长。

◎本文对原演讲稿有删节。选自《广州日报》2010 年 8 月 3 日，题目是《未来并非在劫难逃》。

各位老师，各位家长，各位朋友，以及最重要的各位毕业生同学，感谢你们，让我有机会同你们一起分享这个美妙的日子。

我很感激哈佛大学给我荣誉学位，这对我很重要。要知道，在学术上，我是我们家的不肖之子。我的哥哥在麻省理工学院得到医学博士，在哈佛大学得到哲学博士；我的弟弟在哈佛大学得到一个法律学位。我本人得到诺贝尔奖的时候，我想我的妈妈会高兴。但是，我错了。消息公布的那天早上，我给她打电话，她听了只说："这是好消息，不过我想知道，你下次什么时候来看我？"如今在我们兄弟当中，我最终也拿到了哈佛学位，我想这一次，她会感到满意。

毕业典礼演讲都遵循古典奏鸣曲的结构，我的演讲也不例外。刚才是第一乐章——轻快的闲谈。接下来的第二乐章是送上门的忠告。这样的忠告很少被重视，几乎注定被忘记，永远不会被实践。但是，就像王尔德说的："对于忠告，你所能做的，就是把它送给别人，因为它对你没有任何用处。"所以，下面就是我的忠告。

第一，取得成就的时候，不要忘记前人。要感谢你的父母和支持你的朋友，要感谢那些启发过你的教授，尤其要感谢那些上不好课的教授，因为他们迫使你自学。从长远看，自学能力是优秀的文理教育中必不可少的，将成为你成功的关键。你还要去拥抱你的同学，感谢他们同你进行过的许多次彻夜长谈，这为你的教育带来了无法衡量的价值。当然，你还要感谢哈佛大学。不过即使你忘了这一点，校友会也会来提醒你。

第二，在你们未来的人生中，做一个慷慨大方的人。在任何谈判中，都把最后一点点利益留给对方。不要把桌上的钱都拿走。在合作中，要牢记荣誉不是一个守恒的量。成功合作的任何一方，都应获得全部荣誉的 90%。

我的第三个忠告是，当你开始生活的新阶段时，请跟随你的爱好。如果你没有爱好，就去找，找不到就不罢休。生命太短暂，如果想有所成，你必须对某样东西倾注你的深情。我在你们这个年龄，是超级的一根筋，我的目标就是非成为物理学家不可。本科毕业后，我在加州大学伯克利分校又待了 8 年，读完了研究生，做完了博士后，然后去贝尔实验室待了9年。在这些年中,我关注的中心和职业上的全部乐趣,都来自物理学。

我还有最后一个忠告,就是说兴趣爱好固然重要,但是你不应该只考虑兴趣爱好。当你白发苍苍、垂垂老矣、回首人生时,你需要为自己做过的事感到自豪。你的物质生活和得到的承认,都不会产生自豪。只有那些你出手相助、被你改变过的人和事,才会让你产生自豪。

过去几十年中,我们的气候一直在发生变化。气候变化并不是现在才有的。但是,现在的测量表明气候变化加速了。北极冰盖在9月份的大小,只相当于50年前的一半。1870年起,人们开始测量海平面上升的速度,现在的速度是那时的5倍。一个重大的科学发现就这样产生了。科学第一次在人类历史上,预测出我们的行为对50~100年后的世界有何影响。这些变化的原因是,从工业革命开始,人类排放到大气中的二氧化碳增加了。这使得地球的平均气温上升了0.8 ℃。即使我们立刻停止所有温室气体的排放,气温仍然将比过去上升大约1 ℃。因为在气温达到均衡前,海水温度的上升将持续几十年。

能够成为奥巴马施政团队的一员,我感到极其荣幸。如果有一个时机,可以引导美国和全世界走上可持续能源的道路,那么这个时机就是现在。总统已经发出信息,未来并非在劫难逃,而是乐观的。我也抱有这种乐观主义。我们面前的任务令人生畏,但是我们能够并且将会成功。

我们已经有了一些答案,可以立竿见影地节约能源和提高能源使用效率。比如,我们有办法将楼宇的耗电减少80%,增加的投资在15年内就可以收回来。楼宇的耗电占我们能源消费的40%,节能楼宇的推广将使我们二氧化碳的释放减少三分之一。

我们正在加速美国这座巨大的创新机器。我们将大量投资有效利用太阳能、风能、核能的新方法,大量投资能够捕获和隔离电厂废气中的二氧化碳的方法。先进的生物燃料和电力汽车将使得我们不再那么依赖外国的石油。

奥巴马政府正在为美国的繁荣和可持续能源,打下新的基础。但是我们无法为所有问题找到答案。这就需要你们的参与。在这次演讲中,我请求在座各位哈佛毕业生加入我们。你们是我们未来的智力领袖,请花时间加深理解目前的危险局势,然后采取相应的行动。你们是未来的科学家和工程师,我要求你们给我们更好的技术方案。你们是未来的经济学家和政治学家,我要求你们创造更好的政策选择。你们是未来的企业家,我要求你们将可持续发展作为你们业务中不可分割的一部分。

最后,你们是人道主义者,我要求你们为了人道主义说话。气候变化带来的最残酷的讽刺之一,就是最受伤害的人,恰恰就是最无辜的人——那些世界上最穷的人们和那些还没有出生的人。

希望你们成功,也希望你们保护和拯救我们这个星球,为了你们的孩子,以及未来所有的孩子。

### ❀ 阅读提示 ❀

　　这篇演讲稿结构清晰明了，重点突出，共分为三大部分。第一部分为轻快的闲谈，以拉近与听众的距离。第二部分是四个忠告，分别为：取得成绩的时候，不要忘记前人；在未来的人生中，做一个慷慨大方的人；当开始生活的新阶段时，请跟随你的爱好；兴趣爱好固然重要，但不应该只考虑兴趣爱好。在提出忠告时，演讲者既联系自己的经历和职业实际，又结合学生和未来社会发展前景，从而使得演讲具有极大的亲和力和吸引力，耐人寻味，发人深思。如作者在忠告学生"当你开始生活的新阶段时，请跟随你的爱好"时，就结合自身之所以在物理学上取得成就，就得益于自己对物理学的持久的热爱，因而有很强的说服力。第三部分为两大责任，分别为要改变气温升高的现状，要为人道主义说话。这个部分充分体现了演讲者的忧患意识和人文情怀，能够增强大学生的时代使命感和责任感。该演讲层层递进，既表达了对毕业生美好的祝愿，又寄予了殷切的期望。在演讲过程中，演讲者常常结合自身的学习和工作情况，娓娓道来，语重心长，容易走进听众的心灵深处，引起听众的共鸣和思考。

### ❀ 读后思考题 ❀

1. 这篇演讲稿主要谈论了哪些问题？体现了演讲者什么样的人生态度？
2. 作为毕业典礼演讲，面对的是即将毕业的大学生，演讲者是如何设计主题的？

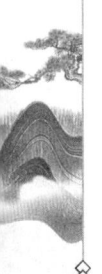

# 为学与做人

梁启超

◎梁启超（1873—1929），广东新会人，清光绪举人。字卓如，一字任甫，号任公，又号饮冰室主人。中国近代思想家、政治家、文学家、学者。青年时期和其师康有为一起，倡导变法维新，并称"康梁"，是戊戌变法（百日维新）领袖之一。梁启超学识渊博，曾倡导"诗界革命""小说界革命"。他著述宏富，有《新民说》《中国近三百年学术史》《中国文化史》等。由林志钧编辑的《饮冰室合集》是目前比较详备的梁启超作品集。

◎梁启超先生也是一位著名的演说家，从发动戊戌变法到晚年的执教清华、南开，做过无数次的精彩演讲。这些演讲都是其人生经验和学术研究的集中阐发，处处闪耀着智慧的光芒。

◎本文选自《梁启超演讲集》，贾菁菁编选，天津古籍出版社2005年版。

诸君，我在南京讲学将近三个月了。这边苏州学界里头，有好几回写信邀我，可惜我在南京是天天有功课的，不能分身前来。今天到这里，能够和全城各校诸君聚在一堂，令我感激得很。但有一件，还要请诸君原谅，因为我一个月以来，都带着些病，勉强支持，今天不能作很长的讲演，恐怕有负诸君期望哩。

问诸君："为什么进学校？"我想人人都会众口一辞的答道："为的是求学问。"再问："你为什么要求学问？""你想学些什么？"恐怕各人的答案就很不相同，或者竟①自答不出来了。诸君啊，我请替你们总答一句罢："为的是学做人。"你在学校里头学的什么数学、几何、物理、化学、生理、心理、历史、地理、国文、英语，乃至什么哲学、文学、科学、政治、法律、经济、教育、农业、工业、商业等等，不过是做人所需要的一种手段，不能说专靠这些便达到做人的目的。任凭你把这些件件学得精通，你能够成个人不能成个人还是别问题。

人类心理，有知、情、意三部分，这三部分圆满发达的状态，我们先哲名之为三达德——智，仁，勇。为什么叫做"达德"呢②？因为这三件事是人类普通道德的标准，总要三件具备才能成一个人。三件的完成状态怎么样呢？孔子说："知者不惑，仁者不忧，勇者不惧。"所以教育应分为知育、情育、意育三方面——现在讲的智育、德育、体育，不对。德育范围太笼统，体育范围太狭隘——知育要教到人不惑，情育要教到人不忧，意育要教到人不惧。教育家教学生，应该以这三件为究竟，我们自动的自己教育自己，也应该以这三件为究竟。

怎么样才能不惑呢？最要紧是养成我们的判断力。想要养成判断力，第一步，最少须有相当的常识；进一步，对于自己要做的事须有专门智识；再进一步，还要有遇事能断的智慧。假如一个人连常识都没有，听见打雷，说是雷公发威；看见月蚀，说是虾蟆

贪嘴，那么，一定闹到什么事都没有主意，碰着一点疑难问题，就靠求神、问卜、看相、算命去解决，真所谓"大惑不解"，成了最可怜的人了。学校里小学、中学所教，就是要人有了许多基本的常识，免得凡事都暗中摸索。但仅仅有这点常识还不够。我们做人，总要各有一件专门职业，这门职业，也并不是我一人破天荒去做，从前已经许多人做过，他们积了无数经验，发见出好些原理原则，这就是专门学识。我打算做这项职业，就应该有这项专门学识。例如我想做农吗，怎样的改良土壤，怎样的改良种子，怎么的防御水旱病虫……等等，都是前人经验有得成为学识的，我们有了这种学识，应用他来处置这些事，自然会不惑，反是则惑了。做工做商……等等都各各有他的专门学识，也是如此。我想做财政家吗，何种租税可以生出何样结果，何种公债可以生出何样结果……等等，都是前人经验有得成为学识的。我们有了这种学识，应用他来处置这些事，自然会不惑，反是则惑了。教育家、军事家……等等都各各有他的专门学识，也是如此。我们在高等以上学校所求的智识，就是这一类。

但专靠这种常识和学识就够吗？还不能。宇宙和人生是活的不是呆的，我们每日所碰见的事理是复杂的变化的不是单纯的印板的。倘若我们只是学过这一件才懂这一件，那么，碰着一件没有学过的事来到跟前，便手忙脚乱了。所以，还要养成总体的智慧，才能得有根本的判断力。这种总体的智慧如何才能养成呢？第一件，要把我们向来粗浮的脑筋，着实磨练他，叫他变成细密而且踏实。那么，无论遇着如何繁难的事，我都可以彻头彻尾想清楚他的条理，自然不至于惑了。第二件，要把我们向来昏浊的脑筋，着实将养他，叫他变成清明。那么，一件事理到跟前，我才能很从容很莹澈的去判断他，自然不至于惑了。以上所说常识学识和总体的智慧，都是知育的要件，目的是教人做到知者不惑。

怎么样才能不忧呢？为什么仁者便会不忧呢？想明白这个道理，先要知道中国先哲的人生观是怎么样。"仁"之一字，儒家人生观的全体大用都包在里头。"仁"到底是什么？很难用言语说明，勉强下个解释，可以说是普遍人格之实现。孔子说："仁者，人也。"意思是说人格完成就叫做"仁"。但我们要知道，人格不是单独一个人可以表见的，要从人和人的关系上看出来。所以"仁"字从二人，郑康成解他做"相人偶"。总而言之，要彼我交感互发，成为一体，然后我的人格才能实现。所以我们若不讲人格主义，那便无话可说。讲到这个主义，当然归宿到普遍人格。换句话说，宇宙即是人生，人生即是宇宙，我的人格和宇宙无二无别。体验得这个道理，就叫做"仁者"。

然则这种仁者为什么就会不忧呢？大凡忧之所从来，不外两端，一曰忧成败，二曰忧得失。我们得着"仁"的人生观，就不会忧成败。为什么呢？因为我们知道宇宙和人生是永远不会圆满的，所以《易经》六十四卦，始"乾"而终"未济"，正为在这永远不圆满的宇宙中，才永远容得我们创造进化。我们所做的事，不过在宇宙进化几万万里的长途中，往前挪一寸两寸，那里配说成功呢？然则不做怎么样呢？不做便连这一寸两寸都不往前挪，那可真真失败了。"仁者"看透这种道理，信得过只有不做事才算失败，凡做事便不会失败。所以《易经》说："君子以自强不息。"换一方面来看，他们又信得过凡事不会成功的，几万万里路挪了一两寸，算成功吗？所以《论语》说："知其不可

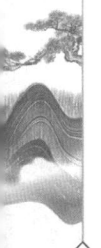

而为之。"你想，有这种人生观的人，还有什么成败可忧呢？再者，我们得着"仁"的人生观，便不会忧得失。为什么呢？因为认定这件东西是我的，才有得失之可言。连人格都不是单独存在，不能明确的画出这一部分是我的，那一部分是人家的，然则那里有东西可以为我所得？既已没有东西为我所得，当然也没有东西为我所失。我只是为学问而学问，为劳动而劳动，并不是拿学问、劳动等等做手段来达某种目的——可以为我们"所得"的。所以老子说："生而不有，为而不恃。""既以为人己愈有，既以与人己愈多。"你想有这种人生观的人，还有什么得失可忧呢？总而言之，有了这种人生观，自然会觉得"天地与我并生，而万物与我为一"，自然会"无入（人）而不自得"。他的生活，纯然是趣味化艺术化。这是最高的情感教育，目的教人做到仁者不忧。

怎么样才能不惧呢？有了不惑、不忧工夫，惧当然会减少许多了。但这是属于意志方面的事。一个人若是意志力薄弱，便有很丰富的智识，临时也会用不着；便有很优美的情操，临时也会变了卦。然则意志怎么才会坚强呢？头一件须要心地光明。孟子说："浩然之气，至大至刚。行有不慊于心，则馁矣。"又说："自反而不缩，虽褐宽博，吾不惴焉；自反而缩，虽千万人，吾往矣。"俗语说得好："生平不作亏心事，夜半敲门也不惊。"③一个人要保持勇气，须要从一切行为可以公开做起。这是第一著。第二件要不为劣等欲望之所牵制。《论语》记："子曰：'吾未见刚者。'或对曰：'申枨。'子曰：'枨也欲，焉得刚？'"一被物质上无聊的嗜欲东拉西扯，那么，百炼钢也会变成绕指柔了。总之一个人的意志，由刚强变为薄弱极易，由薄弱返到刚强极难。一个人有了意志薄弱的毛病，这个人可就完了。自己作不起自己的主，还有什么事可做？受别人压制，做别人奴隶。自己只要肯奋斗，终须能恢复自由。自己的意志做了自己情欲的奴隶，那么，真是万劫沈沦，永无恢复自由的余地，终身畏首畏尾，成了个可怜人了。孔子说："和而不流，强哉矫；中立而不倚，强哉矫；国有道，不变塞焉，强哉矫；国无道，至死不变，强哉矫。"我老实告诉诸君说罢，做人不做到如此，决不会成一个人。但做到如此真是不容易，非时时刻刻做磨练意志的工夫不可。意志磨练得到家，自然是看着自己应做的事，一点不迟疑，扛起来便做，"虽千万人吾往矣"。这样才算顶天立地做一世人，绝不会有藏头躲尾左支右绌的丑态。这便是意育的目的，要教人做到勇者不惧。

我们拿这三件事作做人的标准，请诸君想想，我自己现时做到那一件——那一件稍微有一点把握，倘若连一件都不能做到，连一点把握都没有，嗳哟，那可真危险了！你将来做人恐怕就做不成。讲到学校里的教育吗？第二层的情育第三层的意育，可以说完全没有，剩下的只有第一层的知育。就算知育罢，又只有所谓常识和学识，至于我所讲的总体智慧靠来养成根本判断力的，却是一点儿也没有。这种"贩卖智识杂货店"的教育，把他前途想下去，真令人不寒而栗！现在这种教育，一时又改革不来，我们可爱的青年，除了他更没有可以受教育的地方。诸君啊，你到底还要做人不要？你要知道危险呀！非你自己抖擞精神想方法自救，没有人能救你呀！

诸君啊！你千万别要以为得些断片的智识就算是有学问呀。我老实不客气告诉你罢，你如果做成一个人，智识自然是越多越好；你如果做不成一个人，智识却是越多越坏。你不信吗？试想想全国人所唾骂的卖国贼某人某人，是有智识的呀，还是没有智识的呢？试想想，全国人所痛恨的官僚政客——专门助军阀作恶鱼肉良民的人，是有智识的呀，还是没有智识的呢？诸君须知道啊，这些人当十几年前在学校的时代，意气横厉，天真烂漫，何尝不和诸君一样？为什么就会堕落到这样田地呀？屈原说的："何昔日之芳草兮，今直为此萧艾也！岂其有他故兮，莫好修之害也。"天下最伤心的事，莫过于看着一群好好的青年，一步一步的往坏路上走。诸君猛醒啊！现在你所厌所恨的人，就是你前车之鉴了。

诸君啊！你现在怀疑吗？沉闷吗？悲哀痛苦吗？觉得外边的压迫你不能抵抗吗？我告诉你，你怀疑和沉闷，便是你因不知才会惑；你悲哀痛苦，便是你因不仁才会忧；你觉得你不能抵抗外界的压迫，便是你因不勇才有惧。这都是你的知、情、意未经过修养磨练，所以还未成个人，我盼望你有痛切的自觉啊！有了自觉，自然会自动。那么，学校之外，当然有许多学问，读一卷经，翻一部史，到处都可以发见诸君的良师呀！诸君啊，醒醒罢！养足你的根本智慧，体验出你的人格人生观，保护好你的自由意志，你成人不成人，就看这几年哩！

### 【注释】

①《梁启超演讲集》原文为"竞"，疑为打印错误。中华书局1989年版《饮冰室合集》，此处为"竟"。

②《梁启超演讲集》原文为"昵"，疑为打印错误。中华书局1989年版《饮冰室合集》，此处为"呢"。

③《梁启超演讲集》原文为：欲语说得好，"生平不作亏心事，夜半敲门也不惊"，疑为打印错误。

### 阅读提示

这是梁启超晚年的一篇演讲。当时他已远离上层政治，致力于学术文化研究，但他仍然热切地关注着社会、民生。

在这篇演讲中，作者从为学和做人两方面来启迪学生，论证条理清晰。首先，作者指出为学的目的在于做人。青年人只有具备了三达德（智、仁、勇）才能成为一个人，而三达德的完成状态则是"知者不惑，仁者不忧，勇者不惧"。接着，作者分别阐述怎样才能不惑、不忧、不惧。最后，作者提醒青年人千万不要以为得些断片的智识就是学问，呼吁青年人要有一种痛切的自觉，在知育、情育、意育三方面修养自己，使自己真正成为一个人。

本文证明论点的过程，列举了多种论据：有生活中的实例，也有古人流传至今的名言警句，还有作者亲身经历中卓有成效的经验等。这些论据的精选运用，使得演讲稿具体、生动，富有说服力。本文语言通俗浅显，多用口语和简明的短句，引用古代文句时，注重化深为浅；同时文中多次使用设问句和反问句，这可以促使听众由被动听讲者变为主动的思考者和参与者，增强演讲效果。

## 读后思考题

1. "大凡忧之所从来,不外两端,一曰忧成败,二曰忧得失。"成为"仁者"便可无忧,你觉得这在现实中有可能吗?
2. 结合当前的大学教育,谈谈你对梁启超先生关于"为学与做人"之间关系的看法。
3. 这篇演讲稿大量引用经典、格言,这对演讲产生了哪些积极的效果?

# 答李石岑书[①]

顾颉刚

◎顾颉刚（1893—1980），江苏苏州人。历史学家，一生从事中国历史和古代文献典籍的研究和辨伪工作。与钱玄同等发起古史辨伪的大讨论，广集当时的研究成果编成《古史辨》八册，形成"古史辨"派。顾颉刚著述颇丰，著有《汉代学术史略》《秦汉的方士与儒生》《尚书通检》《中国疆域沿革史》等。

◎本文选自《一缄书札一扇窗——二十世纪中国文化名人日记书信经典》，朱自清等著，中国国际广播出版社2008年版。

石岑先生：

接读来书，承以大著"我的生活态度之自白"见示，嘱为答书，也把自己的学问生活一说，盛意极隆。先生称我为"最富于为学问而学问的趣味者。"实为知我之言，我决不谦让。别人颂扬我的，每说我学问好，那是我最怕听的话。这种话我听到一番就要羞愤一番。我自知我的学问实在浅薄幼稚得很，几乎说不上学问二字；但学问是我的嗜好，我愿意用全力去研究它，这是自居不疑的。现在先生嘱我作一个自白，我也很愿意；只是我心中好久充满着悲感，一想到就要垂涕而道，请先生不要嫌怪才好。

我是一个特富于好奇心的人。不到七八岁的时候，就喜欢翻看书籍，并不是要功课做得好，得着长者的赞许，只觉得书籍里的世界比我日常所处的世界大很多；我遏不住好奇的欲望，要伸首到这大世界里探看一回。这时候因为屡把教师和尊长的书籍翻弄，惹起了他们的厌恶，我叔父并在书架上贴一个纸条，写着"双庆（我的小名）不许翻动"，我的姑丈家里有一个黄金阁，是藏书的地方，我一到了他们那边，就上阁埋头翻书，他们呼唤只是不出来，这是传为亲戚间的笑话。十一岁时，在旧书篓里寻到一本湖北官书局书目，觉得上面的书名都很有趣，就拣了价钱最贱的书向书铺里买，那知没有。买了一本西洋文明书要回来，我父见了，就说"这是你不懂得的，买它做什么？"但是我觉得自己实有买这本书的要求，至于懂不懂乃是无关重要的。这是我所买书的第一部，使我不能忘记。那时我并没有钱，只是在新年中可以得到的一宗收入，就是长辈给与我的拜年钱。我把这些钱瞒了家人，到书铺里畅快的拣择一番，又不敢把买来的书带回家去，就存在亲戚家里，悄悄的一本一本携归，所以每一个新年里我很可添些书；余时只要在长辈处得到一点零星钱，又也就买。十六岁后进了中学，更是尽力购书，什么书都买，只要价钱不甚贵的。有一年，负的书债竟至二百余元，不敢向家中要钱只是向同学间张罗。现在想着，也觉得那时太胆大了；但那时并不想将来如何还债，只要带到家里，摩挲拂拭一回，也就快意。所以有这许多书。年底结账拿不出钱来，依旧还给书铺完事。到现在，由我亲手买来的书已有万余册了，反成了一个累赘，一年中总有一个月的功夫做了书的佣仆。

我的第二个嗜好，便是游览，我所以喜欢游览，原和书籍一样，为的是要伸首到大世界里探听一回。在七八岁的时候，最盼望的是扫墓，因为扫墓时可以到离家较远的地方。这时看见了很大的湖，很高的山，很茂盛的树林，建筑物另有一种样子的乡村，心境的开展觉得不可言说。后来学校中旅行，也是我最高兴的一件事；我们到了一处，游了四五天，别人倦了，我还是兴致勃勃，觉得归去总是一个遗憾。团体的行动没有法子违拗，过了些时我就独自前往，我独游时当然没有多钱，只是过很苦的生活，但心中更觉得畅快。到现在，我很愿做研究历史的旅行，可惜这种机会是不易得到的。

在中学校的时候，我对于读书完全是一种兴致，并没有什么目的。所以读的书泛滥无归，随读随忘，一点没有着落。现在想去，只有一点可取处，就是因为什么书都看，无形中把眼光放得很大，不屑做书本上一家一派的舆台了。民国二年，进了北京大学预科，那年的冬天，章太炎先生在化石桥设立国学会演讲，我也报名往听。我向来对于教师讲书，总不甚留意，以为与其听他讲不如自己看书的明白，但这一回因为太炎先生的名望很大，所以竭力摄住了精神听讲。不幸太炎先生给袁政府捕去；这个讲学会仅仅开了二十余天。可是在这二十余天中，他已经给我一个为学的骨干。他主张一个人为学须有宗旨；又说"约的病仅止于陋，博的病止于胡乱得不成东西"。我从前的读书，虽并不希望博洽，但确是没有宗旨，所以脑子里只有一堆零碎材料，连贯不起来，经了这一回的提示，顿时激起我连贯材料的欲望。我想我的为学，无论什么东西都好看出它的地位，不肯随便舍弃，满眼都是史料，可见自己近情的学问乃是史学，就要勉力做史书。那时我很想做一部中国的学术史，名为学览，粗粗定了一个目录，钉了二百余本的卷子，分类标题，预备聚集材料。但一方面搜集材料，一方面需要有整理的方法才好，整理的方法应该怎样，太炎先生的著作与言词均不能给我一个满意的回答。所以民国三年以后，我很把治学的方法深思过几年。只是凭空组成的方法自己总不能满意。这样的彷徨觅路耗费了好多时候。民国六年秋间，胡适之先生到北京大学来担任中国哲学功课，一般同学都很奇怪，他们说："西洋留学生，如何会讲中国哲学？"我初时也存此想，但后来越听越感动，觉得他讲的虽是哲学，不啻讲的史学。更不啻的是讲治史学的方法。他用实验主义的态度讲学问，处处是出我意外，入我意中。从此，我不仅有了治学的宗旨，更有了治学的方法了。我从心底里发出快乐来，愈加增我研究学问的听（兴）趣。我觉得中国的历史从来不曾用这个方法整理过，现在用了这个方法去做整理工作，真不知可以开拓出多少的新境界。

我有一个癖性，凡是一件应做的没有做，就觉得肩上压着一些重量；等到做了，这身子就得一轻。到如今，我真要负担不起了！我也想大声的呼唤："我要压死了！有谁肯来救我？救我的方法，就是供给我为学的费用，替我向社会中赎出这个身子。"然而谁人答应呢？也谁人能应呢？要是我做了外国人，我要研究学问，有政府的供给，有富人的资助，我不怕达不到这个志愿。但在现在的中国又如何可以作此想望呢？在此时此地去求人，结论无论你说得怎样的恳挚，只博得别人的鼻里轻轻的一嗤，又微微的笑

道:"谁有闲精神管你的闲事来!"

总结一句话,我现在所有的烦闷,完全是志愿生活的冲突。我自问在学问上是一个可以有为的人,只是社会上不能顺了我的性情用我;几乎把我的才具放在铁匣里封锁了。我在很无聊的时候,也未尝不想:"我的苦是苦在志愿上;要是把这志愿打消,只随着别人混过一世,这个痛苦也会没有的。"但我究是一个不会过混混生活的人,所以一转身又觉得与其混混着消除痛苦,反不如保存这志愿而加增痛苦为有意味了。然而永久只能保存,这痛苦永久只能注目在将来,作一个空浮的想望,到底也没有什么益处。"我的一生究竟如何?"这是我常好自问又怯于自问的一句话,石岑先生,这一句话,我也不希望你代答,因为这是明知代答不来的;只希望你知道我的心中长有此一段痛苦,推想世界上有许多同样的人,有志于学问而不得成就的悲哀,发一长叹,我也就感激你对于我和我们的同情了!

顾颉刚上,民国一三年<sup>②</sup>一月二九日

【注释】

①李石岑(1892—1934),原名李邦藩,字石岑,湖南醴陵人。主办商务印书馆《民锋》《教育》杂志。历任中国公学、大夏大学、复旦大学、暨南大学、中山大学哲学系教授。是"古史辨"派创始人之一。

②即公元1924年。

### 阅读提示

这是一封顾颉刚写给友人李石岑的信。顾颉刚和李石岑同为"古史辨"派创始人。应李石岑邀请,顾颉刚为《李石岑讲演集》写下题目为"我的生活态度之自白"的序文,并以信的形式回复给李石岑。信的开头,作者称呼李石岑为石岑先生,用盛意极隆形容自己写这篇文章时的心情。"实为知我之言,我决不谦让"透露作者和李石岑亲密的朋友关系。作者与李石岑亦师亦友,对于李石岑的邀请,作者十分感激。信中,作者从以下四个方面自白"我的生活态度",首先写对读书的好奇。童年时期读书是为了伸首到大千世界探看一回。少年时期只要有一点零用钱,就要到书铺里寻找乐趣。中学时期即使书债累累也要买书回家摩挲拂拭,心中才能快意。满足对书籍的好奇,成为他博览群书的乐趣。其次谈到游览。小时候喜欢扫墓,可以看到远方的风景,心境得到开展。独游时条件艰苦,但因为在旅游中可以看到历史,心中依然感觉畅快。再次谈到读书的目的和治学方法。中学时期无目的的读书让眼界变得开阔。在大学里受章太炎先生的讲演和胡适先生中国哲学课的启发,作者对读书的宗旨和治学的方法有了清晰的认识。这些在课堂上因为收获而带来的愉悦,不仅增加作者研究历史的兴趣,也让作者对以后的研究充满信心。最后作者因为物质基础得不到满足,抱怨不能如愿完成历史研究工作。尽管作者无法化解这些矛盾,但他对治学之路依然充满热情,并希望友人能理解他的苦衷。信的落款,作者署名"顾颉刚上",表现了作者对李石岑的敬重之情。

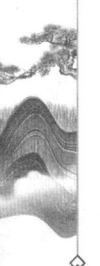

给友人写信，目的是借助文字交流思想感情或互通信息。写这类信，应遵循一定要求：合乎规范、言之有物、通情达理。格式上，称呼和结语要注意，称呼要根据双方的亲疏程度，但求恰当，不失礼貌；结语要表示祝福和敬重。落款中署名要注意自己的身份应与开头对收信人的称呼一致。内容上，若是信中同时要谈几件事，则要注意主次分明，有头有尾，详略得当，最好是一件事一段落，不要混为一谈。情感上要真挚、坦诚。

## 读后思考题

1. 试体会这封信行文上的朴实、坦诚之处。
2. 请给自己的朋友写一封信。

# 致 父 母

徐志摩

◎徐志摩（1897—1931），浙江海宁人，诗人、散文家。1921年赴英国留学。回国后任教于北京大学、光华大学、大夏大学、南京中央大学。创办《新月》杂志，是新月诗派代表人物。他的诗歌柔美、清丽、音韵和谐，表达对爱情、自由、美的追求，擅长细腻的心理捕捉、缠绵的情感刻画。他的散文长于用抒情表达自我，词彩艳丽、坦白真诚。代表作品有诗集《志摩的诗》《翡冷翠的一夜》《猛虎集》《云游》，散文集《落叶》《巴黎的鳞爪》《自剖》《秋》。

◎本文选自《徐志摩书信集》，韩石山编，天津人民出版社2006年版。

我至爱爸妈膝下：

自爱亲回硖①后，儿因看妈上车时衰弱情状，心中甚为难过，无时不在念中，惟此星期准备上课，往来宁沪，迄未得暇，不曾修禀问候，不知妈到家后精神有见好否？今日在大马路②遇见幼仪③与朱太太买物，说起爸爸来信言，妈心感不快，常自悲泣，身体亦不见健。儿当时觉得十分难受，明知爱亲常常不乐，半为儿不孝，不能顺从爱亲意念所至。妈身体屡弱至此，儿亦不能稍尽奉养之职。即如今日闻幼仪言后，何尝不想立刻回硖省候，但转念学校功课繁重，又是初初开学，未便请假，因此甚感两难。妈亦是明白人，其实何必不看开些，何必自苦如此。妈想，妈若不乐，爸爸在家当然亦不能自得，儿在外闻知，亦不禁心悬两地，不能尽心教书。即幼仪亦言回家去，只见到忧愁，听到忧愁，实在有些怕去，如此一来，岂非一家人都不得安宁，有何乐趣？其实天下事全在各人如何看法，绝对满意事，是不可能的。做人只能随时譬解，自寻快乐。即如我家情形，不能骨肉时常团聚，自是一憾。但现在时代不同，往时大家庭办法决不可能，既然如此，彼此自然只能退一步想。儿虽不孝，爱亲一样有儿有孙有女。况只要爱亲不嫌，一家仍可时常相处。儿最引以为虑的，是妈妈的身体。我与幼仪一样思想，只求妈能看开些，决心养好身体，只要精神一健，肝肠自然平顺。看事情亦可从好处着想。爸爸本性是爱热闹豁达大度的，自无问题。我等亦能安命，无所怨尤，岂非一家和顺，人人可以快乐安慰？妈总要这样想想才好。先前的理想现已不可能，当然只能放开。好在目前情形，并不过于不堪，妈又何必执意悲观，结果一家人都不愉快，有何好处？儿拙于口才，每次见妈，多有抱怨，又有不容置辩，只能缄默，万分无奈，姑且再写此信去劝妈妈，万事总当从亮处看，一家康宁和顺，已是幸福，理想是做不到的。妈能听儿解劝，则第一要事就该自己当心养息。儿等在外做事，但盼家信来说爱亲身体安健，心怀舒畅。如得消息不安或不快，则儿等立即感受忧愁，不能安心做事矣。此点儿反覆申说，纯出至诚，尚望爸爸再以此向妈妈疏说，同意好好看顾妈心，说说笑笑。硖居如闷，最好仍来上海。能来儿处最佳，否则幼仪处亦好。儿懒惰半年多，忽然忙碌，不免感劳，但亦无可如何也。星一去南京，昨晚回来，光华每日有课，下星一仍赴宁。耑此敬叩金安。

儿摩叩禀，小曼叩安<br>
一九二九年九月二十六日

**【注释】**

①硖：即浙江海宁硖石，徐志摩的家乡。
②大马路：今上海南京路。
③幼仪：张幼仪，徐志摩前妻。

### 阅读提示

这是徐志摩1929年9月26日写给父母的一封家信。作者在写这封信时，正经历种种感情波折，却依然十分挂念父母。信的开头，作者称呼父母为"我至爱爸妈膝下""爱亲"，表明作者十分孝敬自己的父母。信中，"儿因看妈上车时衰弱情状，"作者留意母亲的一举一动，因为自己往来宁沪上课不得暇不能回家省亲而感到难过和愧疚。作者牵挂父母亲近况，只是在大马路上偶遇前妻张幼仪，也要询问父母身体状况。得知父母心情不能愉快，身体亦不见健，作者归心似箭，又因学校开学功课繁重亦不能尽奉养之职，甚感两难。于是，作者安慰父母凡事看开，提到父母亲膝下已有儿有孙有女，希望父母能放下心结，享天伦之乐，并再次表达对母亲身体状况的挂念，希望母亲养好身体。最后，作者希望父亲能好好看顾母亲，恳请父母能到上海散心，以解心中烦闷。信的结语，"敬叩金安"作者再次希望父母能健康平安。

这封信写得感人、真挚。作者虽在外忙碌，不能回家省亲，依然心系父母的身心状况。面对日渐年迈的父母，作者感到难过和愧疚，信中对父母的关切之情溢于言表。

信是情感交流的工具。给父母写信要注意用词的恰切和情感的真挚。语言上要表现出对父母的尊敬，如开头的称呼前要加"尊敬的""至爱的"等敬语，结尾的祝语要表示祝愿，如"敬祝身体健康"。即使是商讨事情的信，也要先问候父母的身体情况。情感要真挚，言语间要让父母感受到你对他们的爱。

### 读后思考题

1. 请分析文中作者通过哪些描写来表达他对母亲的关切之情。
2. 请给父母写一封信。

# 傅雷家书（三则）

傅 雷

◎傅雷（1908—1966），字怒安，号怒庵，上海人。1928年初到法国留学。1931年回国，受聘于上海美术专科学校。后致力于文学翻译工作。1949年后，曾任中国作协上海分会理事、书记处书记。有译著《约翰·克利斯朵夫》《高老头》《欧也妮·葛朗台》《幻灭》《嘉尔曼》《艺术哲学》等30余部，著有《世界美术名作二十讲》《傅雷家书》等。

◎傅聪，傅雷长子。1934年生于上海，8岁半开始学习钢琴，9岁师从意大利钢琴家梅百器。1954年赴波兰留学。1955年3月获"第五届肖邦国际钢琴比赛"第三名和"玛祖卡"最优奖。1959年起为了艺术背井离乡，轰动一时，此后浪迹五大洲，只身驰骋于国际音乐舞台，有"钢琴诗人"之美名。

◎本文选自《傅雷家书》，傅雷著，傅敏编，北京生活·读书·新知三联书店2000年版。

## 一九五四年一月三十日晚

亲爱的孩子，你走后第二天，就想写信，怕你嫌烦，也就罢了。可是没一天不想着你，每天清早六七点就醒，翻来覆去的睡不着，也说不出为什么。好像克利斯朵夫的母亲独自守在家里，想起孩子童年一幕幕的形象一样，我和你妈妈老是想着你二三岁到六七岁间的小故事。——这一类的话我们不知有多少可以和你说，可是不敢说，你这个年纪是一切向前望的，不愿意回顾的；我们噜哩噜苏的抖出你尿布时代的往事，会引起你的憎厌。孩子，这些我都很懂得，妈妈也懂得。只是你的一切终身会印在我们脑海中，随时随地会浮起来，像一幅幅的小品图画，使我们又快乐又惆怅。

真的，你这次在家一个半月，是我们一生最愉快的时期；这幸福不知应当向谁感谢，即使我没宗教信仰，至此也不由得要谢谢上帝了！我高兴的是我又多了一个朋友；儿子变了朋友，世界上有什么事可以和这种幸福相比的！尽管将来你我之间离多聚少，但我精神上至少是温暖的，不孤独的。我相信我一定会做到不太落伍，不太冬烘，不至于惹你厌烦。也希望你不要以为我在高峰的顶尖上所想的，所见到的，比你们的不真实。年纪大的人终是往更远的前途看，许多事你们一时觉得我看得不对，日子久了，现实却给你证明我并没大错。

孩子，我从你身上得到的教训，恐怕不比你从我得到的少。尤其是近三年来，你不知使我对人生多增了几许深刻的体验，我从与你相处的过程中学得了忍耐，学到了说话的技巧，学到了把感情升华！

你走后第二天，妈妈哭了，眼睛肿了两天：这叫做悲喜交集的眼泪。我们可以不用怕羞的这样告诉你，也可以不担心你憎厌而这样告诉你。人毕竟是感情的动物。偶然流露也不是可耻的事。何况母亲的眼泪永远是圣洁的，慈爱的！

## 一九五四年十月二日

聪，亲爱的孩子。收到九月二十二日晚发的第六信，很高兴。我们并没为你前信感到什么烦恼或是不安。我在第八信中还对你预告，这种精神消沉的情形，以后还是会有的。我是过来人，决不至于大惊小怪。你也不必为此耽心，更不必硬压在肚里不告诉我们。心中的苦闷不在家信中发泄，又哪里去发泄呢？孩子不向父母诉苦向谁诉呢？我们不来安慰你，又该谁来安慰你呢？人一辈子都在高潮——低潮中浮沉，惟有庸碌的人，生活才如死水一般；或者要有极高的修养，方能廓然无累，真正的解脱。只要高潮不过分使你紧张，低潮不过分使你颓废，就好了。太阳太强烈，会把五谷晒焦；雨水太猛，也会淹死庄稼。我们只求心理相当平衡，不至于受伤而已。你也不是栽了筋斗爬不起来的人。我预料国外这几年，对你整个的人也有很大的帮助。这次来信所说的痛苦，我都理会得；我很同情，我愿意尽量安慰你、鼓励你。克利斯朵夫不是经过多少回这种情形吗？他不是一切艺术家的缩影与结晶吗？慢慢的你会养成另外一种心情对付过去的事：就是能够想到而不再惊心动魄，能够从客观的立场分析前因后果，做将来的借鉴，以免重蹈覆辙。一个人惟有敢于正视现实，正视错误，用理智分析，彻底感悟；终不至于被回忆侵蚀。我相信你逐渐会学会这一套，越来越坚强的。我以前在信中和你提过感情的 ruin〔创伤，覆灭〕，就是要你把这些事当做心灵的灰烬看，看的时候当然不免感触万端，但不要刻骨铭心的伤害自己，而要像对着古战场一般的存着凭吊的心怀。倘若你认为这些话是对的，对你有些启发作用，那末将来在遇到因回忆而痛苦的时候（那一定免不了会再来的），拿出这封信来重读几遍。

说到音乐的内容，非大家指导见不到高天厚地的话，我也有另外的感触，就是学生本人先要具备条件：心中没有的人，再经名师指点也是枉然的。

为了你，我前几天已经在《大英百科辞典》上找 Krakow〔克拉可夫〕那一节看了一遍，知道那是七世纪就有的城市，从十世纪起，城市的历史即很清楚。城中有三十余所教堂。希望你买一些明信片，并成一包，当印刷品（不必航空）寄来，让大家看看喜欢一下。

## 一九五六年十月三日晨

亲爱的孩子，你回来了，又走了；许多新的工作，新的忙碌，新的变化等着你，你是不会感到寂寞的；我们却是静下来，慢慢的回复我们单调的生活，和才过去的欢会与忙乱对比之下，不免一片空虚，——昨儿整整一天若有所失。孩子，你一天天的在进步，在发展：这两年来你对人生和艺术的理解又跨了一大步，我愈来愈爱你了，除了因为你是我们身上的血肉所化出来的而爱你以外，还因为你有如此焕发的才华而爱你：正因为我爱一切的才华，爱一切的艺术品，所以我也把你当作一般的才华（离开骨肉关系），当作一件珍贵的艺术品而爱你。你得千万爱护自己，爱护我们所珍视的艺术品！遇到任何一件出入重大的事，你得想到我们——连你自己在内——对艺术的爱！不是说

你应当时时刻刻想到自己了不起,而是说你应当从客观的角度重视自己:你的将来对中国音乐的前途有那么重大的关系,你每走一步,无形中都对整个民族艺术的发展有影响,所以你更应当战战兢兢,郑重将事!随时随地要准备牺牲目前的感情,为了更大的感情——对艺术对祖国的感情。你用在理解乐曲方面的理智,希望能普遍的应用到一切方面,特别是用在个人的感情方面。我的园丁工作已经做了一大半,还有一大半要你自己来做的了。爸爸已经进入人生的秋季,许多地方都要逐渐落在你们年轻人的后面,能够帮你的忙将要越来越减少;一切要靠你自己努力,靠你自己警惕,自己鞭策。你说到技巧要理论与实践结合,但愿你能把这句话用在人生的实践上去;那末你这朵花一定能开得更美,更丰满,更有力,更长久!

谈了一个多月的话,好像只跟你谈了一个开场白。我跟你是永远谈不完的,正如一个人对自己的独白是终身不会完的。你跟我两人的思想和感情,不正是我自己的思想和感情吗?清清楚楚的,我跟你的讨论与争辩,常常就是我跟自己的讨论与争辩。父子之间能有这种境界,也是人生莫大的幸福。除了外界的原因没有能使你把假期过得像个假期以外,连我也给你一些小小的不愉快,破坏了你回家前的对家庭的期望。我心中始终对你抱着歉意。但愿你这次给我的教育(就是说从和你相处而反映出我的缺点)能对我今后发生作用,把我自己继续改造。尽管人生那么无情,我们本人还是应当把自己尽量改好,少给人一些痛苦,多给人一些快乐。说来说去,我仍抱着"宁天下人负我,毋我负天下人"的心愿。我相信你也是这样的。

### ◈ 阅读提示 ◈

《傅雷家书》是我国著名文学艺术翻译家傅雷暨夫人写给傅聪、傅敏等的家信摘编,写信时间为1954年至1966年6月。本文选了其中3封。《傅雷家书》满纸家常话,最长的一封信长达7000多字,字里行间,无处不体现着傅雷对孩子浓浓的父爱。除了对儿子生活、健康、心理变化上的关爱,信中还贯穿着傅雷对傅聪音乐、美术、哲学、历史、文学等全方位的教育,道德与艺术始终是其教育思想的本位。傅雷曾说,他给儿子写的信有多种作用:(1)讨论艺术;(2)激发青年人的感想;(3)训练傅聪的文笔和思想;(4)做一面忠实的"镜子"。傅雷更多地与傅聪谈论艺术与人生,是想让孩子明白"国家的荣辱、艺术的尊严",从而培养他具有一个艺术家应有的高尚情操,做一个"德艺俱备、人格卓越的艺术家"。

傅雷当年在给儿子写信的时候,从没想过有一天这些书信会结集出版,因此信中的感情格外真挚淳朴,令人动容。该书出版至今发行量已超过110万册,在网络通信技术高度发达、人们已经习惯了快速浏览、快速收发信息的今天,重新翻看傅雷写给孩子那一行行充满智慧的文字,对我们来说无疑是一场心灵的震撼与洗涤。

### ◈ 读后思考题 ◈

1. 作为一名文学艺术翻译家,傅雷在写作家书的时候体现出怎样的语言风格?
2. 试结合傅雷的人生经历,进一步理解这些家书的深刻内蕴。

# 沧洲日记（四则）①

郁达夫

◎郁达夫（1896—1945），原名郁文，浙江富阳人，现代著名作家，创造社主要成员。郁达夫早年留学日本，20世纪20年代在安庆、上海、北京、广州等地教书、编辑刊物，曾参加中国左翼作家联盟，抗战期间在南洋从事抗日救亡宣传活动。1945年失踪，疑被日本宪兵杀害于印尼苏门答腊。郁达夫是中国自叙传抒情小说的代表作家，其小说《沉沦》开启了现代小说情欲描写之滥觞，反映了"五四"青年知识者的"时代病"。此外，著有小说《春风沉醉的夜晚》《她是一个弱女子》《迟桂花》，文集《达夫日记》《达夫散文集》《达夫游记》等。

◎本文选自《郁达夫全集》第5卷，吴秀明主编，浙江大学出版社2007年版。

## 十月七日（九月初八），星期五，晴爽

此番带来的书，以关于德国哲学家Nietzche者较多，因这一位薄命天才的身世真有点可敬佩的地方，故而想仔细研究他一番，以他来做主人公而写一篇小说。但临行时，前在武昌大学教书时的同学刘氏，曾以继续翻译卢骚事为请，故而卢骚的《漫步者的沉思》，也想继续翻译下去。总之此来是以养病为第一目标，而创作次之，至于翻译，则又是次而又次者也。

昨晚睡后，听火警钟长鸣不已，想长桥附近，又有许多家草房被烧去了。

早餐后，就由清波门坐船至赤山埠，翻石屋岭，出满觉陇，在石屋洞大仁寺内，遇见了弘道小学学生的旅行团。中有一位十七八岁的女人，大约是教员之一，相貌有点像霞②，对她看了几眼，她倒似乎有些害起羞来了。

上翁家山，在老龙井旁喝茶三碗，买龙井茶叶、桑芽等两元，只一小包而已。又上南高峰走了一圈，下来出四眼井，坐黄包车回旅馆，人疲乏极了，但余兴尚未衰也。

今晨发霞的信，此后若不做文章，大约一天要写一封信去给她。

自南山跑回家来，洗面时忽觉鼻头皮痛，在太阳里晒了半天，皮层似乎破了。天气真好，若再如此的晴天继续半月，则《蜃楼》③一定可以写成。

在南高峰的深山里，一个人徘徊于樵径石垒间时，忽而一阵香气吹来，有点使人兴奋，似乎要触发性欲的样子，桂花香气，亦何尝不暗而艳，顺口得诗一句，叫作"九月秋迟桂始花"，秋迟或作山深，但没有上一句。"五更衾薄寒难耐"，或可对对，这是今晨的实事，今晚上当去延益里取一条被来。

傍晚出去喝酒，回来已将五点，看见太阳下了西山。今晚上当可高枕安眠，因已去延益里拿了一条被来了。

今天的一天漫步，倒很可以写一篇短篇。

晚上月明。十点后，又有火烧，大约在城隍山附近，因火钟只敲了一记。

### 十月八日（阴历九月初九），星期六，晴爽

今天是重阳节，打算再玩一天，上里湖葛岭去登高，顺便可以去看一看那间病院。

早晨发霞信，告以明日游踪。

在奎元馆吃面的中间，想把昨天的诗做它成来：

病肺年来惯出家，老龙井上煮桑芽，

五更衾薄寒难耐，九月秋迟（或作山深）桂始花，

香暗时挑闺里梦，眼明不吃雨前茶，

题诗报与朝云道，玉局参禅兴正赊。

午后上葛岭去，登初阳台，台后一块巨石，我将在小说中赐它一个好名字，叫作"观音眺"。从葛岭回来，人也倦了，小睡了数分钟，晚上出去喝酒，并且又到延益里去了一趟。从明日起，当不再出去跑。

晚上读卢骚的《漫步》。

### 十月九日（阴历九月初十），星期日，晴爽

天气又是很好的晴天，真使人在家里坐守不住，"迟桂开时日日晴"，成诗一句，聊以作今日再出去闲游的口实。

想去吃羊腰，但那家小店已关门了，所以只能在王润兴饱吃一顿醋鱼腰片。饭后过城站，买莫友芝《邵亭诗钞》一部，《屑玉丛谈》三集四集各一部，系《申报》馆铅印本。走回来时，见霞的信已经来了，就马上写了一封回信，并附有兄嫂一函，托转交者。

钱将用尽了，明日起，大约可以动手写点东西，先想写一篇短篇，名《迟桂花》。

### 十月十日（九月十一），星期一，阴晴

近来每于早晨八时左右起床，晚上亦务必于十时前后入睡，此习惯若养得成，则于健康上当不无小补。以后所宜渐戒的，就是酒了，酒若戒得掉，则我之宿疾，定会不治而自愈。

今天天气阴了，心倒沉静了下来，若天天能保持着今天似的心境，那么每天至少可以写得二三千字。

《迟桂花》的内容，写出来怕将与《幸福的摆》④有点气味相通，我也想在这篇小说里写出一个病肺者的性格来。

午前写了千字不到，就感到了异常的疲乏。午膳后，不得已只能出去漫步，先坐船

至岳坟，后就步行回来。这一条散步的路线很好，以后有空，当常去走走。回来后，洗了一次澡。

晚上读彭羡门《延露词》，真觉得细腻可爱。接霞来信，是第二封了。月亮皎洁如白昼。

今天中饭是在旅馆吃的，我在旅馆里吃饭，今天还是第一次，菜蔬不甚好，但也勉强过得去；很想拼命的写，可这几日来，身体实太弱了，我正在怕，怕吐血病，又将重发，昨今两天已在痰里见过两次红了。

【注释】

①《沧洲日记》最初见《忏余集》，上海北新书局1947年出版的《达夫日记》中为"沧洲日记"。1932年10月，郁达夫肺病复发，从上海到杭州疗养，住在湖滨沧洲旅馆，借养病之际，读书写作，为时8天，"沧洲日记"因此得名。日记共8篇（1932年10月6日—13日），此处选讲其中4篇。

②霞，指王映霞，名旭，字映霞。杭州省立女子师范学校毕业，郁达夫的第二位妻子，与其一起生活十来年，两人这段以激情始却以悲剧终的情爱纠葛曾轰动一时。

③《蜃楼》，1926年就开始写的长篇小说，拖了几年都没写完。

④《幸福的摆》，德国作家鲁道夫·林道（1829—1910）所作短篇小说。郁达夫翻译，发表于1928年7月、8月《奔流》月刊第一卷第2期、第3期。

## 阅读提示

郁达夫是中国现代文学史上的日记文学大家。1927年，他将追求王映霞时写的恋爱日记编成《日记九种》出版，开创了新文学作家出版日记的先例。郁达夫生前出版过许多日记集，他的日记记录了对祖国前途、民族命运的担忧，对朋友、亲人尤其是对王映霞的关爱，以及对书、酒、文学、山水等的爱好，这些日记对于了解历史转型期中国知识分子的精神面貌有着重要的史料价值。

一般而言，写日记可以"备遗忘、录时事、志感想"（郁达夫语）。鲁迅日记就是典型的"备遗忘"式，语言简练、客观记事。徐志摩《爱眉小札》则满纸都是倾诉，重在抒情。郁达夫《沧洲日记》篇幅不长，却兼具多重功能，它完整地记录了郁达夫每天的饮食起居以及读书写作的状态，其间穿插许多直接的情感表达。日记有确切的时间、地点和天气，所记主次分明，详略得当，可称为日记写作的范本。

写日记最基本的要求是"真"，要有真内容、真性情、真腔调，否则日记将失去其存在的意义。郁达夫的日记虽然公开出版，却极少伪饰。除了真实性，日记写作亦追求文学性，郁达夫在《日记文学》中宣称："日记文学，是文学里的一个核心，是正统文学以外的一个宝藏。"他的日记记事清晰，强调连贯性和完整性；抒情直白，具有愉悦心性、释放情感的审美功能；语言优美，文笔精妙，亦文亦史。

郁达夫将日记视为练习写作的重要途径，《沧洲日记》记载得最多的事件是闲游山水，闲游是为了放松身心以养病体，更是为了寻找写作的灵感。我们从这几则日记中不难发现：郁达夫的短篇小说名作《迟桂花》的创作灵感正是在游山玩水中获得的。这篇小说是郁达夫的圆熟之作，小说充满诗意，具有清新幽远的意境美，"迟桂花"则构成小说的一个重要隐喻。

### 读后思考题

1. 根据《沧洲日记》的内容，分析郁达夫的个人好恶。
2. 日记写作的基本要求是什么？从郁达夫的日记中，你获得了哪些日记写作的方法？

# 清华大学王观堂先生纪念碑铭

陈寅恪

◎陈寅恪（1890—1969），江西义宁（今江西修水）人，著名历史学家。青少年时博览群书，先后多次出国留学。1902年赴日本留学，1910年赴欧洲留学，1918年赴美国入哈佛大学学习梵文和巴利文。1921年转往德国柏林大学研究院梵文研究所习东方古文字。1925年被清华大学聘任，与王国维、梁启超、赵元任并称为清华国学研究院"四导师"。曾任中央研究院历史语言研究所研究员、香港大学中文系主任、西南联合大学教授、岭南大学教授、中山大学教授、中国科学院哲学社会科学学部委员等。主要著作有《唐代政治史述论稿》《柳如是别传》《隋唐制度渊源略论稿》《魏晋南北朝史讲演录》《元白诗笺证稿》《寒柳堂集》《金明馆丛稿初编》《金明馆丛稿二编》等。

◎本文选自《陈寅恪集·金明馆丛稿二编》，北京生活·读书·新知三联书店2001年版。原文为繁体，本文改为简体。

海宁王先生①自沉后二年，清华研究院同人咸怀思不能自已。其弟子受先生之陶冶煦育②者有年，尤思有以永其念。佥③曰，宜铭之贞珉④，以昭示于无竟⑤。因以刻石之词命寅恪，数辞不获已，谨举先生之志事，以普告天下后世。其词曰：士之读书治学，盖将以脱心志于俗谛⑥之桎梏⑦，真理因得以发扬。思想而不自由，毋宁⑧死耳。斯古今仁圣所同殉之精义，夫岂庸鄙之敢望。先生以一死见其独立自由之意志，非所论于一人之恩怨，一姓之兴亡⑨。呜呼！树兹石于讲舍⑩，系哀思而不忘。表哲人之奇节，诉真宰⑪之茫茫。来世不可知者也。先⑫生之著述，或有时而不章。先生之学说，或有时而可商。惟此独立之精神，自由之思想，历千万祀⑬，与天壤⑭而同久，共三光⑮而永光。

（原载清华大学消夏周刊一九二九年第一期）

【注释】

①海宁王先生：王国维（1877—1927），浙江海宁人，号观堂。我国近代著名学者，清华国学研究院"四导师"之一。1927年6月2日自沉于北京颐和园昆明湖。生平著述60余种，研究领域涉及文学、美学、甲骨文、金文、音韵学等领域，均有划时代的意义。著述收入《王国维全集》。

②煦（xù）育：抚育；养育。（宋）曾巩《代皇子免延安郡王第二表》："若臣者夙依煦育，生处深严。"

③佥（qiān）：副词。都；皆。《尚书·尧典》："佥曰：'于，鲧哉！'"

④贞珉：石刻碑铭的美称。（元）余阙《化城寺碑》："斵辞贞珉，永告无斁。"

⑤无竟：没有穷尽；没有边际。在此指永远。

⑥俗谛：佛教用语，本指佛教依照事物的现象而阐发的浅明而易为世人所理解的道理。又称"世谛""世俗谛"，与"真谛"相对。在这里指世俗的、既有的、流行的成见。

⑦桎梏（zhì gù）：束缚；压制。

⑧毋宁：宁可，不如。

⑨"非所论"两句：王国维自沉后，对其死因莫衷一是，有人说是因为王国维与罗振玉之间的个人恩怨，有人说是"殉清"。

⑩讲舍：讲学、传经的堂舍。

⑪真宰：宇宙的主宰。《庄子·齐物论》："若有真宰，而特不得其朕。"

⑫先：《金明馆丛稿二编》作"光"，"光"当是"先"字之误。

⑬祀：岁；年。《尔雅·释天》："载，岁也。夏曰岁，商曰祀，周曰年，唐虞曰载。"

⑭天壤：天地。《管子·幼官》："修春秋冬夏之常祭，食天壤山川之故祀。"

⑮三光：日月星。（汉）班固《白虎通·封公侯》："天有三光日月星，地有三形高下平。"

## 阅读提示

"铭"是我国古老的文体之一。铭文常刻于器物或碑石之上，或用来自我警戒，或用来称颂功德。在器物上著辞以自警的如"苟日新，日日新，又日新"的商汤《盘铭》；立碑石以纪事述言的名为碑铭，如陈寅恪的这篇《清华大学王观堂先生纪念碑铭》。

南朝刘勰早在《文心雕龙·箴铭第十一》中就对"铭"这一文体的特点做了阐述——"夫箴诵于官，铭题于器，名目虽异，而警戒实同。箴全御过，故文资确切；铭兼褒赞，故体贵弘润。其取事也必核以辨，其摛文也必简而深。"通俗而言，刘勰点明了"铭"的三个特点：（1）铭的功用在于警戒褒赞；（2）铭的事迹选材要有典型性；（3）铭的文辞要简洁，意蕴要深远。

1927年6月2日，王国维自沉颐和园昆明湖，在给他儿子的遗书中说"五十之年，只欠一死。经此世变，义无再辱"。遗书于其自沉因由语焉不详，当时社会上遂对其死因多有猜度，或云"殉清"，或云与好友兼亲家的罗振玉发生冲突所致，或云受叔本华悲观主义哲学影响而厌世。作为王国维生前好友，作为同受中国文化浸淫过的读书人，陈寅恪对王国维之死有其独到的理解，他认为王国维殉的是中国文化。在1927年悼念王国维的《王观堂先生挽词并序》中，他写道"一死从容殉大伦，千秋怅望悲遗志"，"大伦"即中国文化。陈寅恪认为："凡一种文化值衰落之时，为此文化所化之人，必感苦痛，其表现此文化之程量愈宏，则其受之苦痛愈甚；迨既达极深之度，殆非出于自杀无以求一己之心安而义尽也。""盖今日之赤县神州数千年未有之巨劫奇变；劫尽变穷，则此文化精神所凝聚之人，安得不与之共命而同尽，此观堂先生所以不得不死，遂为天下后世所极哀而深惜者也。"

1929年，王国维纪念碑在清华大学工字厅旁边落成，陈寅恪受命撰写碑铭。王国维一生可记可赞之事何其多，在学术上开创性的贡献又何其多，陈寅恪没有选择这些事迹和贡献去选材行文，而是首先集中阐释王国维自沉的深刻意义，昭示于世，破除世俗的

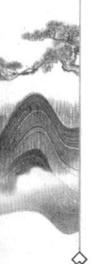

庸俗猜测,此可谓"取事也必核以辨"。其次,陈寅恪高度赞扬了王国维以死来坚守独立自由之意志的崇高人格,并将其概括为"独立之精神,自由之思想",同时对王国维之死做了深化和提升,认为王国维殉的是中国文化,此可谓符合"铭兼褒赞"的功用。再者,全文语句简洁凝练,含意深刻,尤其是"独立之精神,自由之思想"十字,高度概括了知识分子的崇高人格,影响深远。从符合"铭"这一文体的特征的角度来看,陈寅恪《清华大学王观堂先生纪念碑铭》无疑是"铭"中的典范之作。

### 读后思考题

1. 请你联系屈原自沉汨罗江、老舍自沉未名湖,谈谈你对王国维自沉昆明湖的理解。

2. 铭是一种文体,可以以物为题,如《陋室铭》;可以以人为题,如本文;篇幅简短,语言简洁。请你选择某个主题,写一则200字以内的铭文。

# 珠海市桂山镇文天祥广场序

黄天骥

◎黄天骥(1935— ),广东广州人,1956年毕业于中山大学中文系,留校任教。现为中山大学中文系教授、博士生导师,国家古籍整理出版规划小组成员,全国高校古籍整理研究委员会委员,中国戏曲学会副会长,中国古代戏曲学会会长,国务院中央文史馆诗词研究院顾问,广东省文史馆名誉馆员。曾任中山大学中文系主任,中山大学研究生院常务副院长,国务院学位委员会第二届学科评议组成员。出版过《冷暖集》、《深浅集》、《俯仰集》、《方圆集》、《西厢记创作论》、《中国古代戏剧形态研究》(主编)、《中国文学史》(分卷主编)、《纳兰性德和他的词》、《诗词创作发凡》、《周易辨原》、《黄天骥自选集》、《中大往事》、《岭南感旧》、《岭南新语》等论著。还出版过《李笠翁戏剧选》《元明清散曲精选》等十多种古代戏曲、诗词、小说的校释书籍。

◎本文选自《方圆集》,黄天骥著,广东人民出版社2012年版。

零丁洋①上,碧浪连空,白鸥掠波,锦鳞潜泳。我桂山镇雄立海中,老树依岩。银滩卷雪,迎旭日之光华,揽天风之浩荡。近年经济发展,帆樯如织,而岛上民众,胸襟似海。每于花朝月夕,极目微茫,俯仰今古。乃忆八百年前,南宋丞相文公天祥②,抗元兵于粤赣,陷魑魅③之牢笼,系孤胆于烟波,集天地之正气④。船过零丁,慷慨吟哦,痛感山河破碎,空负头颅,身世飘摇,竟同萍絮。既悟人生之悠悠,谁无一死;誓取丹心之耿耿,留照汗青⑤。诗成掷笔,血泪交迸,惊风雨而泣鬼神,撼心魂而垂千古。斯人一去,海宇流芳,伫听涛声,啸歌如在。我镇世代得接忠风,百姓倍怀英烈。望洋兴感,意气干云。遂填海湾新地,辟建文天祥广场,更镌诗碑卅二,播扬文天祥佳句。旁开馆厦,广陈史迹,岩矗雕像,遥瞰天南。冀⑥中外游侣,访胜寻幽,受文化之熏陶,承爱国之传统。尝闻风和日丽,波底尚掀乱流,安定岂可忘忧,开放常思忠悃⑦。今日苍苍岭树,如见旌旗,猎猎⑧长风,犹闻警铎⑨,去者已矣,来者可追⑩。共期群策群力,振兴中华,俾我列祖列宗,扬眉吐气。是为序。

桂山镇人民政府　立

【注释】

①零丁洋:在广东珠江口。亦作"伶仃洋"。文天祥败于元军,被执过此,作《过零丁洋》诗:"辛苦遭逢起一经,干戈寥落四周星。山河破碎风飘絮,身世浮沉雨打萍。惶恐滩头说惶恐,零丁洋里叹零丁。人生自古谁无死,留取丹心照汗青。"诗见《文天祥集》。

②文公天祥：文天祥（1236—1283），南宋吉州庐陵（今江西吉安）人。字宋瑞，一字履善，号文山。宋理宗宝祐四年（1256）进士第一。官至江西安抚使。元兵至，受命与元军谈判，被扣留。后脱险返回真州。端宗即位于福州，拜为右丞相，封信国公。募兵抗战，力图恢复，兵败被俘，不屈，作《正气歌》以见志。囚于燕京四年。至元十九年十二月初九就义于大都（今北京市）。

③魑魅：古谓能害人的山泽之神怪，常喻指坏人或邪恶势力。

④正气：文天祥曾作诗歌《正气歌》，以表气节。此诗作于元至元十八年夏天，其时文天祥身陷囹圄已近两年。《正气歌》热情地歌颂了古代那些为正义而斗争的人们，弘扬了祖国传统的民族气节，表现了文天祥在任何环境下都能经得住考验的顽强意志。

⑤"船过零丁"至"留照汗青"化用了文天祥的《过零丁洋》诗句。

⑥冀：希望；盼望。

⑦忠悃（kǔn）：忠诚。

⑧猎猎：象声词，风声。南朝宋鲍照《上浔阳还都道中》："鳞鳞夕云起，猎猎晚风遒。"

⑨铎（duó）：古乐器，形如大铃。宣教政令时，用以警众者。文事用木铎，金铃木舌；武事用金铎，金铃铁舌。

⑩去者已矣，来者可追：《论语·微子》："往者不可谏，来者犹可追。"

### ❀阅读提示❀

1279 年，文天祥在珠江入海口零丁洋中发出了"人生自古谁无死，留取丹心照汗青"的千古绝唱，浩然正气回荡海内。2004 年，珠海市桂山镇为了纪念这位宁死不屈的民族英雄，斥资巨额，耗时一年多，在桂山岛上建成了面积达 5000 多平方米的文天祥广场。在建设中，诚邀黄天骥教授作序。此序用浅近的文言，抓住文天祥这一点文化因由，俯仰古今，纵横天地，有宏伟之旋律，一己之真情，情景交融，古今相接。在历来序跋文中，此序都堪占一席之地。

### ❀读后思考题❀

1. 《孟子·公孙丑上》："我善养吾浩然之气。"请你结合阅读文天祥的《正气歌》，谈谈你对民族气节的理解。

2. 请你阅读《文天祥集》，谈谈你对抗元英雄文天祥的认识。

# 略论语言形式美

## 王 力

◎王力（1900—1986），字了一，广西博白人。我国著名语言学家、翻译家和散文家。1926年考入清华大学国学研究院，师从梁启超、赵元任等。1927年留学法国，回国后先后在清华大学、西南联合大学、岭南大学、中山大学、北京大学等校任教，并先后兼任中国科学院哲学社会科学部委员，中国文字改革委员会委员、副主任，中国语言学会名誉会长等职。从事中国语言学研究逾半个多世纪，是中国现代语言学的奠基人之一，著有《汉语史稿》《汉语音韵学》《中国现代语法》等40余部专著。

◎本文选自《龙虫并雕斋文集》（第一册），中华书局1980年版。选文有删减。

语言的形式之所以能是美的，因为它有整齐的美、抑扬的美、回环的美。这些美都是音乐所具备的，所以语言的形式美也可以说是语言的音乐美。在音乐理论中，有所谓"音乐的语言"；在语言形式美的理论中，也应该有所谓"语言的音乐"。音乐和语言不是一回事，但是二者之间有一个共同点：音乐和语言都是靠声音来表现的，声音和谐了就美，不和谐就不美。整齐、抑扬、回环，都是为了达到和谐的美。在这一点上，语言和音乐是有着密切的关系的。

语言形式的美不限于诗的语言，散文里同样可以有整齐的美、抑扬的美和回环的美。从前有人说，诗是从声律最优美的散文中洗炼出来的；也有人意识到，具有语言形式美的散文却又正是从诗脱胎出来的。其实在这个问题上讨论先有鸡还是先有蛋是没有意义的；只要是语言，就可能有语言形式美存在，而诗不过是语言形式美的集中表现罢了。

## 整齐的美

在音乐上，两个乐句构成一个乐段。最整齐匀称的乐段是由长短相等的两个乐句配合而成的，当乐段成为平行结构的时候，两个乐句的旋律基本上相同，只是以不同的终止来结束。这样就形成了整齐的美。同样的道理应用在语言上，就形成了语言的对偶和排比。对偶是平行的、长短相等的两句话；排比则是平行的、但是长短不相等的两句话，或者是两句以上的、平行的、长短相等的或不相等的话。

远在第二世纪，希腊著名历史学家普鲁塔克就以善用排比的语句为人们所称道。直到现在，语言的排比仍然被认为是修辞学的重要手段之一。但是，排比作为修辞手段虽然是人类所共有的，对偶作为修辞手段却是汉语的特点所决定的。古代汉语以单音词为主。现代汉语虽然双音词颇多，但是这些双音词大多数都是以古代单音词作为词素的，

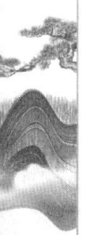

各个词素仍旧有它的独立性。这样就很适宜于构成音节数量相等的对偶。对偶在文艺中的具体表现就是骈体文[①]和诗歌中的偶句。

骈偶[②]的来源很古。《易·乾卦·文言》说:"同声相应,同气相求。"[③]《左传》僖公三十三年说:"武夫力而拘诸原,妇人暂而免诸国。"《诗·召南·草虫》说:"喓喓草虫,趯趯阜螽。"[④]《邶风·柏舟》说:"觏闵既多,受侮不少。"[⑤]《小雅·采薇》说:"昔我往矣,杨柳依依;今我来思,雨雪霏霏。"这种例子可以举得很多。

六朝的骈体文并不是突然产生的,也不是由谁规定的,而是历代文人的艺术经验的积累。秦汉以后,文章逐渐向骈俪的方向发展。例如曹丕《与朝歌令吴质书》说:"高谈娱心,哀筝顺耳。驰骋北场,旅食南馆。浮甘瓜于清泉,沈朱李于寒水。"又说:"节同时异,物是人非。"这是正向着骈体文过渡的一个证据。从骈散兼行到全部骈俪,就变成了正式的骈体文。

对偶既然是艺术经验的积累,为什么骈体文又受韩愈等人排斥呢?骈体文自从变成一种文体以后,就成为一种僵化的形式,缺乏灵活性,从而损害了语言的自然。骈体文的致命伤还在于缺乏内容,言之无物。作者只知道堆砌陈词滥调,立论时既没有精辟的见解,抒情时也没有真实的感情。韩愈所反对的也只是这些,而不是对偶和排比。他在《答李翊书》里说"惟陈言之务去",又在《南阳樊绍述墓志铭》里说"惟古于词必己出,降而不能乃剽贼"[⑥];他并没有反对语言中的整齐的美。没有人比他更善于用排比了:他能从错综中求整齐,从变化中求匀称。他在《原道》里说:"博爱之谓仁,行而宜之之谓义,由是而之焉之谓道,足乎己无待于外之谓德",又说:"是故君者出令者也,臣者行君之令者也,民者出粟米麻丝、作器皿、通货财,以事其上者也"。这样错综变化,就能使文气更畅。尽管是这样,他也还不肯放弃对偶这一重要的修辞手段。他的对偶之美,比之庾信、徐陵[⑦],简直是有过之无不及。试看他在《送李愿归盘谷序》所写的"坐茂树以终日,濯清泉以自洁";在《进学解》所写的"纪事者必提其要,纂言者必钩其玄";在《答李翊书》所写的"养其根而俟其实,加其膏而希其光,根之茂者其实遂,膏之沃者其光晔"[⑧]。哪一处不是文质彬彬,情采兼备的呢?

总之,如果我们能够做到整齐而不雷同,匀称而不呆板,语言中的对偶和排比,的确可以构成形式的美。在对偶这个修辞手段上,汉语可以说是"得天独厚",这一艺术经验是值得我们继承的。

## 抑扬的美

在音乐中,节奏是强音和弱音的周期性的交替,而拍子则是衡量节奏的手段。譬如你跳狐步舞,那是四拍子,第一拍是强拍,第三拍是次强拍,第二、第四两拍都是弱拍;又譬如你跳华尔兹舞,那是三拍子,第一拍是强拍,第二、第三两拍都是弱拍。

节奏不但音乐里有,语言里也有。对于可以衡量的语音单位,我们也可以有意识地让它们在一定时隙中成为有规律的重复,这样就构成了语言中的节奏。诗人常常运用语言中的节奏来造成诗中的抑扬的美。西洋的诗论家常常拿诗的节奏和音乐的节奏相比,来说明诗的音乐性。在这一点上说,诗和音乐简直是孪生兄弟了。

从传统的汉语诗律学上说，平仄的格式就是汉语诗的节奏。这种节奏，不但应用在诗上，而且还应用在后期的骈体文上，甚至某些散文作家在他们的作品中也灵活地用上了它。

平仄格式到底是高低律呢，还是长短律呢？我倾向于承认它是一种长短律。汉语的声调和语音的高低、长短都有关系，而古人把四声分为平仄两类，区别平仄的标准似乎是长短，而不是高低。但也可能既是长短的关系，又是高低的关系。由于古代汉语中的单音词占优势，汉语诗的长短律不可能跟希腊诗、拉丁诗一样。它有它自己的形式。这是中国诗人们长期摸索出来的一条宝贵的经验。

汉语诗的节奏的基本形式是平平仄仄、仄仄平平。这是四言诗的两句。上句是两扬两抑格，下句是两抑两扬格。平声长，所以是扬；仄声短，所以是抑。上下两句抑扬相反，才能曲尽变化之妙。《诗·周南·关雎》诗中的"参差荇菜，左右流之"，就是合乎这种节奏的。每两个字构成一个单位，而以下字为重点，所以第一字和第三字的平仄可以不拘。《诗·卫风·伯兮》诗中的"岂无膏沐？谁适为容！"同样是合乎这种节奏的。在《诗经》时代，诗人用这种节奏，可以说是偶合的，不自觉的，但是后来就渐渐变为自觉的了。曹操《短歌行》的"譬如朝露，去日苦多"；"周公吐哺，天下归心"；《土不同》的"心常叹怨，戚戚多悲"；《龟虽寿》的"神龟虽寿，犹有竟时"；"养怡之福，可得永年"，这些就不能说是偶合的了。这两个平仄格式的次序可以颠倒过来，而抑扬的美还是一样的。曹操的《土不同》的"水竭不流，冰坚可蹈"；《龟虽寿》的"烈士暮年，壮心不已"，就是这种情况。

有了平仄的节奏，这就是格律诗的萌芽。这种句子可以称为律句。五言律句是四言律句的扩展；七言律句是五言律句的扩展。由此类推，六字句、八字句、九字句、十一字句，没有不是以四字句的节奏为基础的。

五字句比四字句多一个字，也就是多一个音节。这一个音节可以加在原来四字句的后面，叫做加尾；也可以插入原来四字句的中间，叫做插腰。加尾要和前一个字的平仄相反，所以平平仄仄加尾成为平平仄仄平，仄仄平平加尾成为仄仄平平仄；插腰要和前一个字的平仄相同，所以平平仄仄插腰成为平平平仄仄，仄仄平平插腰成为仄仄仄平平。

从五言律诗到七言律诗，问题很简单：只消在每句前面加上平仄相反的两个字就成了。从此以后，由唐诗到宋词，由宋词到元曲，万变不离其宗，总不外是平仄交替这个调调儿。七减四成为三字句，二加四成为六字句，三加五成为八字句，四加五或二加七成为九字句，如此等等，可以变出许多花样来。甚至语言发展了，声调的种类起了变化，而平仄格式仍旧不变。试看马致远的《秋思》："利名竭，是非绝。红尘不向门前惹，绿树偏宜屋角遮，青山正补墙头缺。更那堪竹篱茅舍！"这个曲调是《拨不断》，头两句都要求收音于平声，第五句要求收音于仄声，按《中原音韵》，"竭"和"绝"在当时正是读平声，"缺"字在当时正是读仄声（去声）。当时的入声字已经归到平上去三声去了，但是按照当代的读音仍旧可以谱曲。

直到今天，不少的民歌，不少的地方戏曲，仍旧保存着这一个具有民族特点的、具

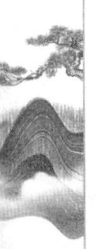

有抑扬的美的诗歌节奏。汉语的声调是客观存在的，利用声调的平衡交替来造成语言中的抑扬的美，这也是很自然的。

新诗的节奏不是和旧体诗词的节奏完全绝缘的。特别是骈体文和词曲的节奏，可以供我们借鉴的地方很多。已经有些诗人在新诗中成功地运用了平仄的节奏。现在试举出贺敬之同志《桂林山水歌》开端的四个诗行来看：

> 云中的神啊，雾中的仙，
> 神姿仙态桂林的山！
> 情一样深啊，梦一样美，
> 如情似梦漓江的水！

这四个诗行同时具备了整齐的美、抑扬的美、回环的美。整齐的美很容易看出来，不必讨论了；回环的美下文还要讲到，现在单讲抑扬的美。除了衬字（"的"字）不算，"神姿仙态桂林山"和"如情似梦漓江水"十足地是两个七言律句。我们并不是说每一首新诗都要这样做；但是，当一位诗人在不妨碍意境的情况下能够锦上添花地照顾到语言形式美，总是值得颂扬的。

不但诗赋骈体文能有抑扬的美，散文也能有抑扬的美，不过作家们在散文中把平仄的交替运用得稍为灵活一些罢了。我从前曾经分析过王安石的《读孟尝君传》，认为其中的腔调抑扬顿挫，极尽声音之美。例如"孟尝君＼特＼鸡鸣＼狗盗＼之雄（耳），岂足＼以言＼得士？"这两句话的平仄交替是那样均衡，决不是偶合的。前辈诵读古文，摇头摆脑，一唱三叹，逐渐领略到文章抑扬顿挫的妙处，自己写起文章来不知不觉地也就学会了古文的腔调。我们今天自然应该多作一些科学分析，但是如果能够背诵一些现代典范白话文，涵泳其中，抑扬顿挫的笔调，也会是不召自来的。

## 回环的美

回环，大致说来就是重复和再现。在音乐上，再现是很重要的作曲手段。再现可以是重复，也可以是模进。重复是把一个音群原封不动地重复一次，模进则是把一个音群移高或移低若干度然后再现。不管是重复或者是模进，所得的效果都是回环的美。

诗歌中的韵，和音乐中的再现颇有几分相像。同一个音（一般是元音，或者是元音后面再带辅音）在同一个位置上（一般是句尾）的重复，叫做韵。韵在诗歌中的效果，也是一种回环的美。当我们听人家演奏舒伯特或托赛利的小夜曲的时候，翻来覆去总是那么几个音群，我们不但不觉得讨厌，反而觉得很有韵味；当我们听人家朗诵一首有韵的诗的时候，每句或每行的末尾总是同样的元音（有时是每隔一句或一行），我们不但不觉得单调，反而觉得非常和谐。

韵脚⑨的疏密和是否转韵⑩，也有许多讲究。《诗经》的韵脚是很密的：常常是句句用韵，或者是隔句用韵。即以句句用韵来说，韵的距离也不过像西洋的八音诗。五言诗隔句用韵，等于西洋的十音诗。早期的七言诗事实上比五言诗的诗行更短，因为它句句押韵（所谓"柏梁体"⑪），事实上只等于西洋的七音诗。从鲍照起，才有了隔句用韵的七言诗，韵的距离就比较远了。我想这和配不配音乐颇有关系，词的小令最初也配音

乐,所以韵也很密。曲韵原则上也是很密的,只有衬字太多的时候,韵才显得疏些。直到今天的京剧和地方戏,还保持着密韵的传统,就是句句用韵。在传唱较久的京剧或某些地方戏曲中,还注意到单句押仄韵,双句押平韵(如京剧《四郎探母》和《捉放曹》等),这大约也和配音乐有关。一韵到底是最占势力的传统韵律。两句一换韵比较少见,必须四句以上换韵才够韵味,而一韵到底则最合人民群众的胃口。打开郑振铎的一部《中国俗文学史》来看,可以说其中的诗歌全部是一韵到底的。我们知道,元曲规定每折必须只用一个韵部,例如关汉卿《窦娥冤》第一折押尤侯韵,第二折押齐微韵,第三折押先天韵,第四折押皆来韵。直到现代的京剧和地方戏,一般也都是一韵到底的,例如京剧《四郎探母·坐宫》押言前辙,《捉放曹·宿店》押发花辙。在西洋,一韵到底的诗是相当少的。可见一韵到底也表现了汉语诗歌的民族风格。

双声、叠韵也是一种回环的美。这种形式美在对仗中才能显示出来。有时候是双声对双声,如白居易《自河南经乱……》:"田园零落干戈后,骨肉流离道路中",以"零落"对"流离",又如李商隐《落花》:"参差连曲陌,迢递送斜晖",以"参差"对"迢递";有时候是叠韵对叠韵,如杜甫《秋日荆南述怀》:"苍茫步兵哭,展转仲宣哀",以"苍茫"对"展转",又如李商隐《春雨》:"远路应悲春畹晚,残宵犹得梦依稀",以"畹晚"对"依稀";又有以双声对叠韵的,如杜甫《咏怀古迹》第一首:"支离东北风尘际,漂泊西南天地间",以"支离"对"漂泊",又如李商隐《过陈琳墓》:"石麟埋没藏春草,铜雀荒凉对暮云",以"埋没"对"荒凉"。双声、叠韵的运用并不限于连绵字,非连绵字也可以同样地形成对仗。杜甫是最精于此道的。现在随手举出一些例子。《野人送朱樱》:"数回细写愁仍破,万颗匀圆讶许同",以"细写"对"匀圆";《吹笛》:"风飘律吕相和切,月傍关山几处明",以"律吕"对"关山";《咏怀古迹》第二首:"怅望千秋一洒泪,萧条异代不同时",以"怅望"对"萧条"("萧条"是连绵字,但"怅望"不是连绵字),第三首:"一去紫台连朔漠,独留青冢对黄昏",以"朔漠"对"黄昏";第四首:"翠华想象空山里,玉殿虚无野寺中",以"想象"对"虚无"。这都不是偶然的。

我们应该把回环的美和同音相犯区别开来。回环是好的,同音相犯是不好的。六朝人所谓"八病",前四病是同声调相犯⑫,后四病是双声相犯和叠韵相犯。

关于双声相犯,有"傍纽""正纽"二病(第七病和第八病)。傍纽指同句五字中不得用双声字(连绵字不在此例),正纽指同句五字中不得用同音不同调的字。这里当然不能十分拘泥,但是总的原则还是对的。王融、庾信、姚合、苏轼等人虽也写过双声诗,但那只是文人的游戏,不能认为有任何艺术价值。否则拗口令也都可以叫做诗了。

关于叠韵相犯,有"大韵""小韵"二病。大韵指五言诗的韵脚和同联的其余九字任何一字同韵(连绵字不在此例),小韵指十字中任何两个字同韵(连绵字不在此例)。这也未免太拘,也不容易遵守。只有一点是重要的,就是在关节的地方不能和韵脚同韵。具体说来,凡有韵脚的句子,如果是五言,第二字不能和第五字同韵;如果是七言,第二字或第四字不能和第七字同韵。唐人很讲究这个,宋人就不大讲究了。像周弼《野望》:"白草吴京甸,黄桑楚战场","黄"与"桑"同韵不要紧,"桑"与"场"同

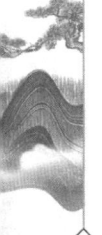

韵就是对语言形式欠讲究了。声音相近或相同的字，最好不要让它们同在一联之内。像梅尧臣《送少卿张学士知洪洲》："朱旗画舸一百尺，五月长江水拍天"，彭汝砺《城上》："云际静浮滨汉水，林端清送上方钟"，"百"和"拍"相近，"静"和"清"相近，在形式上也是不够讲究的。当然有特殊原因的不在此例，如李商隐《天涯》："春日在天涯，天涯日又斜"，第二句第二字"涯"和韵脚"斜"同韵，这是因为诗人要重复上句末二字，而上句又是有韵脚的，不能不如此。至于同一个字两次出现在同一句里，如杜甫《闻官军收河南河北》："即从巴峡穿巫峡，便下襄阳向洛阳"，就更不足为病了。

上面所说的语言形式的三种美——整齐的美，抑扬的美，回环的美——总起来说就是声音的美，音乐性的美。由此可见，有声语言才能表现这种美，纸上的文字并不能表现这种美。文字对人类文化贡献很大，但是我们不要忘记它始终是语言的代用品，我们要欣赏语言形式美，必须回到有声语言来欣赏它。不但诗歌如此，连散文也是如此。叶圣陶先生给我的信里说："台从将为文论诗歌声音之美，我意宜兼及于文，不第言古文，尤须多及今文。今文若何为美，若何为不美，若何则适于口而顺于耳，若何则仅供自治，违于口耳，倘能举例而申明之，归纳为若干条，诚如流行语所称大有现实意义。盖今人为文，大多数说出算数，完篇以后，惮于讽诵一二遍，声音之美，初不存想，故无声调节奏之可言。试播之于电台，或诵之于会场，其别扭立见。台从恳切言之，语人以此非细事，声入心通，操觚者必须讲求，则功德无量矣。"叶先生的话说得对极了，可惜我担不起这个重任，希望有人从这一方面进行科学研究，完成这个"功德无量"的任务。

朱自清先生说过这样的一段话："过去一般读者大概都会吟诵，他们吟诵诗文，从那吟诵的声调或吟诵的音乐得到趣味或快感，意义的关系很少。……民间流行的小调以音乐为主，而不注重词句，欣赏也偏重于音乐上，跟吟诵诗文也正相同。感觉的享受似乎是直接的、本能的，即使是字面儿的影响所引起的感觉，也还多少有这种情形，至于小调和吟诵，更显然直接诉诸听觉，难怪容易唤起普遍的趣味和快感。至于意义的欣赏，得靠综合诸感觉的想像力，这个得有长期的修养才成。"我看利用语言形式美来引起普遍的趣味和快感，这是非常重要的一件事。不注重词句自然是不对的，但重视语言的音乐性也是非常应该的。我们应该把内容和形式很好地统一起来，让读者既能欣赏诗文的内容，又能欣赏诗文的形式。

**【注释】**

①骈体文：也称"骈文""骈俪文"或"骈偶文"。这种文体语句方面讲究骈偶和"四六"，音律方面讲究平仄相对，用词上讲究用典和藻饰。

②骈偶：指两两对举出现，也就是对仗。骈体文的对仗，上下联字数自必相等，但句首句尾的虚词以及共有的句子成分不算在对仗之内；此外，对仗也不要求很工整。

③出自《易·乾》，意为同类的事物互相感应，志趣、意见相同的人相互响应，自然地结合在一起。

④喓喓草虫,趯趯阜螽:喓喓(yāo),草虫鸣叫声。趯趯(tì),跳跃的样子。阜(fù)螽,即草虫。

⑤觏闵:遭遇不幸。觏(gòu),遇见,遭受。闵,忧患,凶丧。

⑥剽贼:剽窃、抄袭。

⑦庾信(513—581),字子山,小字兰成;徐陵(507—583),字孝穆。两人同为南北朝文学家,擅作"宫体诗",其文风有"徐庾体"之称。

⑧俟(sì):等待。实:果实。膏:古人用来点灯的油脂。希:希望,盼望。光:光亮。

⑨韵脚:韵文末句押韵的字。

⑩转韵:即换韵。

⑪柏梁体:又称"柏梁台体""柏梁台诗",是七言诗的一种。据说汉武帝筑柏梁台,与群臣联句赋诗,句句用韵,故后世把这种句句押韵的七言诗称为"柏梁体"。

⑫"八病"的解释根据《文镜秘府论》。前四病是平头、上尾、蜂腰、鹤膝。平头指五言诗第一字不得与第六字同声,第二字不得与第七字同声,其实就是避免平仄失对。上尾指第五字不得与第十字同声,也是平仄失对的问题。蜂腰指第二字不得与第五字同声,但是唐人的律诗并不遵守这条。鹤膝指第五字不得与第十五字同声,杜甫在律诗中很注意避免此病。参看拙著《中国古典文论中谈到的语言形式美》,见《文艺报》1962年第2期。——原注

### 阅读提示

我们每个人说话、写文章,都希望能够做到语言优美。要做到语言优美,离不开语言的形式美。在这篇文章中,王力先生用深入浅出的语言为我们揭示了语言的几种形式美:整齐的美、抑扬的美、回环的美。

语言的整齐美,集中表现在对偶句和排比句。语言的抑扬美,主要是利用声调的平衡交替来构成文章的抑扬顿挫。语言的回环美,文章提到押韵(一韵到底)、双声叠韵。除此之外,《诗经》以来的叠章、叠句、叠字等,也可以构成语言的回环美。

如果能够注意语言的形式美,不仅使我们能够更好地欣赏文学作品,而且有助于我们平常说话、写文章时增强表达效果。这就是我们从王力先生这篇文章中得到的启发和收获。

### 读后思考题

1. 如何把回环的美和同音相犯区别开来?
2. 试选一篇喜欢的诗歌或者文章,从整齐的美、抑扬的美、回环的美三个方面赏析语言的形式美。

# 文章底美质

陈望道

◎陈望道（1891—1977），原名参一，笔名陈雪帆、南山、张华、一介等，浙江义乌人。我国著名教育家、修辞学家和语言学家。1915年赴日本留学，先后在东洋大学、早稻田大学、中央大学修习文学、哲学、法律。1920年应陈独秀邀请回国编辑《新青年》，后任教于上海大学、复旦大学、安徽大学等高校。主要致力于语文改革、修辞学和语法学等方面的研究，是最早提倡使用新式标点符号的学者之一，也是中国现代修辞学的创始人。主要著作有《修辞学发凡》《文法简论》等。

◎本文选自《陈望道语言学论文集》，商务印书馆2009年版。

文章底美质，我们可以将它大别为三：第一要人家看了就明白，第二要人家看了会感动，第三要人家看着有兴趣。第一是关于知识的，所以有人把它叫做"知识的美质"；第二是关于感情的，所以有人把它叫做"感情的美质"；第三是关于人底嗜好的，所以有人把它叫做"审美的美质"。知识的美质是"明晰"，感情的美质是"遒劲"，审美的美质是"流利"。

## 一、明了（Clearness）

要文章明晰，必须具备下列两个条件：

第一是周到（Precision）；

第二是显豁（Perspicuity）。

所谓周到，就是文章上显出的意思同作者心里底意思毫没有大小轻重的差别。譬如说，"俄国冬天很冷"，这话虽然很显豁，但"俄国究竟冷到怎样？"还是不明白，所以总觉得还有些不周到。明了周到地说起来，似乎该说"俄国冬天很冷，流了泪就成了冰条，喷了气就成为浓雾"。所以要文章周到，必须注意下列几件事：

1. 要有限制或说明的字眼——譬如前面这句"俄国冬天很冷"，我们所以有冷到怎样的疑问，就因为"冷"字没有限制说明的缘故。加了"流了泪就成了冰条，喷了气就成为浓雾"，将冷字限定，便不再有什么疑问了。又如说"父亲有病，请你回来"，这句话也很有疑问，所谓"有病"，到底是要死的病呢，还是轻微的病？所谓"回来"，到底是抛了一切回去呢，还是等有空闲的时候回去？这也就因为没有限制说明的缘故。所以要除去种种疑问，换句话说，就是完成明了的美质，在必要时，须得周到地加上限制或说明的字眼。

2. 用近似的说话来对照——譬如说"古文难能而不可贵"，又如说"他敬伊，却不

爱伊"。因为说到难能，很容易想到可贵；说到敬伊，很容易疑为爱伊。这样用近似语对照说明出来，便很周到，也就不至于暧昧不明了。

3. 不用宽泛语——譬如说"我想编出一本文法书"，这"想"字就太宽泛。所谓"想"究竟是决定呢，还是打算筹备？倘是决定的，我们就不妨说"我决定编出一本文法书"，不用那"想"一类的宽泛语，听的人就格外容易明了了。

所谓显豁，就是平易毫不费解。要文章平易，必须注意下列几件事：

1. 一样的事物用一样的名词——譬如说，"章太炎"就全体用"章太炎"，不要又说什么"章余杭"等等。

2. 应该避去前名（Ante-cedent）不明的代词——譬如说"他从北京到南京去，在那里买了许多土产"。"那里"两字底前名，究竟是"北京"呢，还是"南京"，就暧昧不明，不如设法避去。

3. 意义接近的词句，放在接近的地位上——就是谓词同主词、宾词、补词，或修饰词同被修饰词，最好放在接近的地位。譬如说"某人十年前在美国某学校毕业，回国后就在某学校教书，学生都很信仰他，但他自己还以为经验不够，要到各地视察教育情形，今天来到上海，住在振华旅馆"，这样，主词"某人"同谓词"来到上海住在振华旅馆"，就隔离太远了。我们不如说"某人今天来到上海，住在振华旅馆……"。

4. 避去有种种解说的词句和结构——譬如"合作和工业底将来"，这就是"斗鸡眼的结构"（Squinting Construction）。我们不容易明白他到底是说"合作和工业"两种东西的将来还是将合作一种东西同将来的工业相提并论？

## 二、遒劲（Force）

文章明了了，看的人固然不致误解，但人家看了毫无感动或厌倦睡去，也是不行的。所以我们有了明了的美质，还须进一步发挥雄健动人的势力，洗却平弱枯槁的缺点。要文章遒劲须从下列两方面用力：

第一从思想方面；

第二从词句方面。

思想方面必须深刻与新颖。所谓深刻，就是作者确有所感而且深厚，并不是表面涂饰。表面涂饰的文章，如同替人家做的哀词，请人家做的寿序①，多不能感动别人心情，使人歌哭，便是因为思想不深刻的缘故。所谓新颖，就是自己讲自己底话，并不一意摹仿古人！文章不将古人的死格式完全推翻，绝不能感动别人，使人精神焕发。什么"求木之长者"，什么"世风日下"，全是废话，毫无意义，能够感动我们毫厘的情感吗？

词句方面又必须注意下列几项：

1. 注意字面——用字约有下列几项，应该注意：

（1）少用奇词——一切险怪的字，最好避去不用。

（2）多用专词（Special term）——就是所谓"具体的写法"，如胡适君在"星期评论""谈新诗"所举的李义山诗"历览前贤国与家，成由勤俭败由奢"，便太抽象，不很有感动我们的力量。

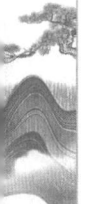

（3）多用譬喻——如明喻、暗喻之类。

2. 注意字数——凡是有力的文字，一定很简洁、很短峭。譬如现在有许多新译的书，一般人读了都易厌倦，便是不注意字数的结果。

3. 注意排列——我们读书最注意的地方，在一本书大约头几句同末几句及特别处所底几句；（诸君读过《论语》"学而时习之"想必是记得的。）在一篇也必是如此；在一句也必是头几个字或末几个字。所以凡是紧要的词句必须摆在这些地方才有力量，这是应该注意的一种方法。

又须注意用对句，将紧要的词句，用对句表出。如"人死留名，豹死留皮"，就很有感动旧脑筋的力量。此外还须注意层次：最好由小入大，由浅入深，层层激进，步步入深。

### 三、流利（Fase）

文章能够做到明晰，又能够做到遒劲，文章的目的总算可以达到了。但要使人不厌百回读，却还须注意最末的一件事，就是流利。

文章怎样做才会流利，本来不是简单几句话能够说明。但我觉得诸君不妨从下列两方面用力：

第一是自然的语气（Movement）；

第二是谐和的声调（Rhythm）。

所谓自然的语气，就是像水流就低一般，毫没有艰涩的一种模样。初学的人要做到这一步，最简便的方法，就是将意义相近的字安排在第一句末脚和第二句起首，就是使意义相近的安排在相近的地方。譬如说"昨天早晨我接到一册《小说月报》第三号，那时我才从床上起来。一手就翻到《猎人日记》"。内中"接到"同"翻到"是自然相联的事情，我们最好将它接联安排起来。这种接联安排的方法，很能够帮助我们流畅，也是名文自然必有的手段，请诸君于读名文时，时时留意。

所谓和谐的声调，就是文章读起来很顺口，轻重缓急又同意义很相调和。这不是简单所能说明，诸君要修养这一层，只有将名文时时朗读，带便参究它的音节，后来自然会懂到做到。

凡事都是说着容易做着难，文章也是如此。诸君不看见说"国利民福"的堆满十八省，祸国害民的却也十八省堆满么？诸君知道这一层，诸君必能容忍我这短于文章的人讲论文章的美质！

（《新青年》第9卷第1号，1921年5月1日）

【注释】

①寿序：祝寿的文章。

### 🎇 阅读提示 🎇

　　这篇演讲稿首先将文章的美质分为三类："第一是要人家看了就明白，第二是要人家看了会感动，第三是要人家看着有兴趣。"然后对文章提出了"明了""遒劲""流利"三点要求。

　　要使文章明晰，必须使文章做到周到、显豁；要使文章遒劲，必须从思想方面、词句方面用力；要使文章流利，则必须注意自然的语气与和谐的声调。陈望道先生的这篇演讲稿就这几个方面分别进行了论述。

　　全文语言精练、结构明晰、论述简明扼要，既有助于读者提高文章鉴赏的能力，也是对文章写作的系统指导。

### 🎇 读后思考题 🎇

1. 作者从哪几个角度对文章的美质进行分析？分别提出了哪些具体建议？
2. 选取一篇自己的习作，根据本文的建议进行反思和修改，并比较改动前后的变化。

# 精进的程序

朱光潜

朱光潜（1897—1986），笔名孟实、盟石，安徽桐城人。我国著名的美学家、文艺理论家、教育家、翻译家。留学英、法 8 年，广泛涉猎西方心理学、文学、艺术等多学科知识，并凭《悲剧心理学》获得法国斯特拉斯堡大学文学博士学位。回国后，先后任教于北京大学、四川大学、武汉大学等。1937 年，出任《文学杂志》主编，该刊曾是"京派作家"的主要阵地。朱光潜是我国现代美学的开拓者与奠基人之一，其主要学术著作有《文艺心理学》《诗论》《变态心理学》《克罗齐哲学述评》《谈美书简》《艺文杂谈》《西方美学史》及其他翻译著作等。

◎本文选自《朱光潜全集》（第 4 卷），安徽教育出版社 1988 年版。

文学是一种很艰难的艺术，从初学到成家，中间须经过若干步骤，学者必须循序渐进，不可一蹴而就。拿一个比较浅而易见的比喻来讲，作文有如写字。在初学时，笔拿不稳，手腕运用不能自如，所以结体不能端正匀称，用笔不能平实遒劲，字常是歪的，笔锋常是笨拙扭曲的。这可以说是"疵境"。特色是驳杂不稳，纵然一幅之内间或有一两个字写得好，一个字之内间或有一两笔写得好，但就全体看去，毛病很多。每个人写字都不免要经过这个阶段。如果他略有天资，用力勤，多看碑帖笔迹（多临摹，多向书家请教），他对于结体用笔，分行布白，可以学得一些规模法度，手腕运用的比较灵活了，就可以写出无大毛病、看得过去的字。这可以说是"稳境"，特色是平正工稳，合于规模法度，却没有什么精彩，没有什么独创。多数人不把书法当作一种艺术去研究，只把它当作日常应用的工具，就可以到此为止。如果想再进一步，就须再加揣摩，真草隶篆各体都须尝试一下，各时代的碑版帖札须多读多临，然后荟萃各家各体的长处，造成自家所特有的风格，写成的字可以算得艺术作品，或奇或正，或瘦或肥，都可以说得上"美"。这可以说是"醇境"，特色是凝练典雅，极人工之能事，包世臣和康有为所称的"能品""佳品"都属于这一境。但是这仍不是极境，因为它还不能完全脱离"匠"的范围，任何人只要一下功夫，到功夫成熟了，都可以达到。最高的是"化境"，不但字的艺术成熟了，而且胸襟学问的修养也成熟了，成熟的艺术修养与成熟的胸襟学问的修养融成一片，于是字不但可以见出驯熟的手腕，还可以表现高超的人格；悲欢离合的情调，山川风云的姿态，哲学宗教的蕴藉，都可以在无形中流露于字里行间，增加字的韵味。这是包世臣和康有为所称的"神品""妙品"，这种极境只有极少数幸运者才能达到。

作文正如写字。用字象用笔，造句象结体，布局象分行布白。习作就是临摹，读前人的作品有如看碑帖墨迹，进益的程序也可以分"疵""稳""醇""化"四境。这中间有天资和人力两个要素，有不能纯借天资达到的，也有不能纯借人力达到的。人力不可少，否则始终不能达到"稳境"和"醇境"；天资更不可少，否则达到"稳境"和"醇境"有缓有速，"化境"却永远无法望尘。在"稳境"和"醇境"，我们可以纯粹就艺术而言艺术，可以借规模法度作前进的导引；在"化境"，我们就要超出艺术范围而推广到整个人的人格以至整个的宇宙，规模法度有时失其约束的作用，自然和艺术的对峙也不存在。如果举实例来说，在中国文字中，言情文如屈原的《离骚》，陶渊明和杜工部的诗，说理文如庄子的《逍遥游》《齐物论》和《楞严经》，记事文如太史公的《项羽本纪》《货殖传》和《红楼梦》之类作品都可以说是到了"化境"，其余许多名家大半止于"醇境"或是介于"化境"与"醇境"之间，至于"稳境"和"疵境"都无用举例，你我就大概都在这两个境界中徘徊。

一个人到了艺术较高的境界，关于艺术的原理法则无用说也无可说；有可说而且需要说的是在"疵境"与"稳境"。从前古文家有奉"义法"为金科玉律的，也有攻击"义法"论调的。在我个人看，拿"义法"来绳"化境"的文字，固近于痴人说梦；如果以为学文艺始终可以不讲"义法"，就未免更误事。记得我有一次和沈尹默先生谈写字，他说："书家和善书者有分别，世间尽管有人不讲规模法度而仍善书，但是没有规模法度就不能成为一个真正的书家。"沈先生自己是"书家"，站在书家的立场他拥护规模法度，可是仍为"善书者"留余地，许他们不要规模法度。这是他的礼貌。我很怀疑"善书者"可以不经过揣摩规模法度的阶段。我个人有一个苦痛的经验。我虽然没有正式下功夫写过字，可是二三十年来没有一天不在执笔乱写，我原来也相信此事可以全凭自己的心裁，苏东坡所谓"我书意造本无法"，但是于今我正式留意书法，才觉得自己的字太恶劣，写过几十年的字，一横还拖不平，一竖还拉不直，还是未脱"疵境"。我的病根就在从头就没有讲一点规模法度，努力把一个字写得四平八稳。我误在忽视基本功夫，只求耍一点聪明，卖弄一点笔姿，流露一点风趣。我现在才觉悟"稳境"虽平淡无奇，却极不易做到，而且不经过"稳境"，较高的境界便无从达到。文章的道理也是如此，韩昌黎所谓"醇而后肆"是作文必循的程序。由"疵境"到"稳境"那一个阶段最需要下功夫学规模法度，小心谨慎地把字用得恰当，把句造得通顺，把层次安排得妥帖，我作文比写字所受的训练较结实，至今我还在基本功夫上着意，除非精力不济，注意力松懈时，我必尽力求稳。

稳不能离规模法度。这可分两层说，一是抽象的，一是具体的。抽象的是文法、逻辑以及古文家所谓"义法"，西方人所谓文学理论和文学批评。在这上面再加上一点心理学和修辞学常识，就可以对付了。抽象的原则和理论本身并没有多大功用，它的唯一的功用在帮助我们分析和了解作品。具体的规模法度须在模范作品中去找。文法、逻辑、义法等等在具体实例中揣摩，也比较更彰明较著。从前人说："熟读唐诗三百首，不会吟诗也会吟"，语调虽卑，却是经验之谈。为初学说法，模范作品在精不在多，精选熟读透懂，短文数十篇，长著三数种，便已可以作为达到"稳境"的基础。读每篇文字须在命意、用字、造句和布局各方面揣摩；字、句、局三项都有声义两方面，义固重要，声音节奏更不可忽略。既叫做模范，自己下笔时就要如写字临帖一样，亦步亦趋地模仿它。我们不必唱高调轻视模仿，古今大艺术家，据我所知，没有不经过一个模仿阶段的。第一步模仿，可得规模法度，第二步才能集合诸家的长处，加以变化，造成自家所特有的风格。

练习作文，一要不怕模仿，二要不怕修改。多修改，思致愈深入，下笔愈稳妥。自己能看出自己的毛病才算有进步。严格地说，自己要说的话是否从心所欲地说出，只有自己知道，如果有毛病，也只有自己知道最清楚，所以文章请旁人修改不是一件很合理的事。丁敬礼向曹子建说："文之佳恶，吾自得之，后世谁相知定吾文者耶？"杜工部也说："文章千古事，得失寸心知。"大约文章要做得好，必须经过一番只有自己知道的辛苦，同时必有极谨严的艺术良心，肯严厉地批评自己，虽微疵小失，不肯轻易放过，须把它修到无疵可指，才能安心。不过这番话对于未脱"疵境"的作者恐未免是高调。据我的观察，写作训练欠缺者通常有两种毛病：首先是对于命意用字造句布局没有经验，规模法度不清楚，自己的毛病自己不能看出，明明是不通不妥，自己却以为通妥；其次是容易受虚荣心和兴奋热烈时的幻觉支配，对自己不能作客观的冷静批评，仿佛以为在写的时候既很兴高采烈，那作品就一定是杰作，足以自豪。只有良师益友，才可以医治这两种毛病。所以初学作文的人最好能虚心接受旁人的批评，多请比自己高明的人修改。如果修改的人肯仔细指出毛病，说出应修改的理由，那就可以产生更大的益处。作文如写字，养成纯正的手法不易，丢开恶劣的手法更难。孤陋寡闻的人往往辛苦半生，没有摸上正路，到发现自己所走的路不对时，已悔之太晚，想把"先入为主"的恶习丢开，比走回头路还更难更冤枉。良师益友可以及早指点迷途，引上最平正的路，免得浪费精力。

自己须经过一番揣摩，同时又须有师友指导，一个作者才可以逐渐由"疵境"达到"稳境"。"稳境"是不易达到的境界，却也是平庸的境界。我认识许多前一辈子的人，幼年经过科举的训练，后来借文字"混差事"，对于诗文字画，件件都会，件件都很平稳，可是老是那样四平八稳，没有一点精彩，不是"庸"，就是"俗"，虽是天天在弄那些玩意，却到老没有进步。他们的毛病在成立了一种定型，便老守着那种定型，不求变化。一稳就定，一定就一成不变，由熟以至于滥，至于滑。要想免去这些毛病，必须由稳境重新尝试另一风格。如果太熟，无妨学生硬；如果太平易，无妨学艰深；如果太偏于阴柔，无妨学阳刚。在这样变化已成风格时，我们很可能地回到另一种"疵境"，再由这种"疵境"进到"熟境"，如此辗转下去，境界才能逐渐扩大，技巧才能逐渐成熟，所谓"醇境"大半都须经过这种"精钢百炼"的功夫才能达到。比如写字，入手习帖的人易于达到"稳境"，可是不易达到很高的境界。稳之后改习唐碑可以更稳，再陆续揣摩六朝碑版和汉隶秦篆以至于金文甲骨文，如果天资人才都没有欠缺，就必定有"大成"的一日。

这一切都是"匠"的范围以内的事，西文所谓"手艺"（craftsmanship）。要达到只有大艺术家所能达到的"化境"，那就还要在人品学问各方面另下一套更重要的功夫。我已经说过，这是不能谈而且也无用谈的。本文只为初学说法，所以陈义不高，只劝人从基本功夫下手，脚踏实地循序渐进地做下去。

🍂 阅读提示 🍂

"作文有如写字",其进益的程序可分为"疵境""稳境""醇境""化境"四个阶段,学习者必须循序渐进,不可一蹴而就。"疵境"的特征是驳杂不稳,毛病较多;"稳境"的特征是平正工稳,合于规模法度;"醇境"的特征是凝练典雅,极人工之能事;"化境"的特征是成熟的艺术修养与成熟的胸襟学问融为一体。从"疵境"到"化境"的过程,是人力与天资共同作用的过程,在朱光潜先生看来,人力可为,天资难就。因此,他重点谈的是从"疵境"到"稳境"的精进方法。

从"疵境"到"稳境"的过程,是苦练基本功的过程,也是学习规模法度的过程。怎么样着手呢?朱光潜先生认为须在模范的作品中去寻找其命意、用字、造句、布局的要点,亦即通过学习名家名作,逐步掌握作文的方法。对于艺术创作的初学者而言,模仿是可以通过人力去实现的。杜甫在讨论诗歌创作学习的继承关系时曾说"转益多师是汝师",意即向名家大师学习而不拘泥于某家某派。诺贝尔文学奖获得者莫言的早期著作亦多是模仿之作。可见,模仿是成为文学大师的必经之路。

除了模仿经典之作,练习作文,还需要勤于修改,在修改中不断地提升自己的写作水平。修改文章首先要自己去做,如果自己没有能力修改,再求助于良师益友。许多大作家的作品,其实也是多次修改的结果,鲁迅先生在《答北斗杂志社问》《我怎么做起小说来》等多篇文章中,都曾谈及自己修改文章的心得。

朱光潜先生所谓的"疵""稳""醇""化"四境,不仅仅适用于创作和练字,更普适于其他艺术及各行各业,诸如绘画、音乐、舞蹈、戏曲、摄影、建筑、论文写作、演讲、教学、体育等,四境界说是任何门类技艺精进的普遍规律,也是指导我们学艺乃至于做人的深刻道理。

🍂 读后思考题 🍂

1. 朱光潜先生将作文比喻为练字,主要是从哪个角度而言的?作文与练字有哪些共通之处?

2. 学习作文者克服"疵境"到达"稳境",你认为最重要的方法是什么?

# 常见应用文写作

# 第一讲　公　文　写　作

## 第一节　公文的概念、种类

公文，即公务文书。公文有广义和狭义之分。广义的公文是党政机关、社会团体、企事业单位等合法组织在处理公务过程中形成的具有特定效力和规范体式的文书。狭义的公文专指党政机关使用的公文。根据中共中央办公厅和国务院办公厅2012年4月16日发布、自2012年7月1日起实施的《党政机关公文处理工作条例》，党政机关公文是党政机关实施领导、履行职能、处理公务的具有特定效力和规范体式的文书，是传达贯彻党和国家的方针政策，公布法规和规章，指导、布置和商洽工作，请示和答复问题，报告、通报和交流情况等的重要工具。

公文的特点为：内容的公务性，效力的权威性，格式的规范性，制发的程序性，功用的时效性。

公文种类主要有：决议、决定、命令（令）、公报、公告、通告、意见、通知、通报、报告、请示、批复、议案、函、纪要。

## 第二节　公文拟制及处理

### 一、公文拟制

根据《党政机关公文处理工作条例》第十八条的规定，公文拟制包括公文的起草、审核、签发等程序。

#### （一）公文的起草

公文起草也称"公文拟稿"或"公文撰稿"。是整个文书制发过程的一个重要环节。公文反映党的路线、方针政策及其贯彻执行的情况，所以起草公文必须认真、严肃、负责，做到观点明确，中心突出，层次清楚，用词准确，文字简练。

### （二）公文的审核

根据公文审核程序规定，公文文稿签发前，应当由发文机关办公厅（办公室）进行审核。审核的重点包括：行文理由是否充分，行文依据是否准确；内容是否符合国家法律法规和党的路线方针政策；文种是否正确，格式是否规范；人名、地名、时间、数字、引文等是否准确；等等。

### （三）公文的签发

签发是公文拟制过程中的一个必备程序。公文应当经本机关负责人审批签发。签发人签发公文，应当签署意见、姓名和完整日期；圈阅或者签名的，视为同意。联合发文由所有联署机关的负责人会签。

## 二、公文办理

根据《党政机关公文处理工作条例》的规定，公文办理包括收文办理、发文办理和整理归档几大方面的工作。

### （一）收文办理主要程序

收文办理的主要程序包括公文的签收、登记、初审、承办、传阅、催办、答复。

### （二）发文办理主要程序

发文办理的主要程序包括公文的复核、登记、印制及核发。

### （三）公文整理归档

需要归档的公文及有关材料，应当根据有关档案法律法规以及机关档案管理规定，及时收集齐全、整理归档。两个以上机关联合办理的公文，原件由主办机关归档，相关机关保存复制件。

## 第三节　公文格式

公文格式是指公文的规格样式及其组成要素。一份完整的公文，包括版头、主体、版记三部分。版头部分包括份号、秘密等级和保密期限、紧急程度、发文机关标志、发文字号、签发人等要素。置于公文首页红色分隔线以上的各要素统称为版头。主体部分包括标题、主送机关、正文、附件说明、发文机关署名、成文日期、印章、附注、附件（附件应另面编排，并在版记之前，与公文正文一起装订）等要素。版记部分包括抄送机关、印发机关和印发日期等要素。公文格式见下图：

| | |
|---|---|
| 000001<br>机密★3年<br>特急<br><br>**××市人民政府文件**<br><br>×府〔2024〕5号　　　签发人：×××<br>_____<br><br>　　　××市人民政府关于×××的请示<br>×××××：<br>　　××××××××××××××××××<br>××××××××××××××××××××。<br>　　附件：×××××××<br><br>　　　　　　　　　　　××市人民政府<br>　　　　　　　　　　　2024年2月1日<br><br>（联系人：张三　　电话：138×××××××）<br>_____<br>　　抄送：×××，×××，×××，×××。<br>_____<br>　　××市人民政府办公室　　2024年2月1日印发 | 版头部分：<br>份号<br>秘密等级和保密期限<br>紧急程度<br>发文机关标志<br>发文字号、签发人<br><br>主体部分：<br>标题<br>主送机关<br>正文<br>附件说明<br><br>发文机关署名<br>成文日期<br>印章<br>附注<br><br>版记部分：<br>抄送机关<br>印发机关、印发日期 |

（注：发文字号编排在发文机关标志下空二行位置，一般居中排布。此表中发文字号与签发人一起编排，是上行文格式）

# 第四节　公文行文规则

## 一、行文总规则

1. 行文应当确有必要，讲求实效，注重针对性和可操作性。

2. 行文关系根据隶属关系和职权范围确定。一般不得越级行文，特殊情况需要越级行文的，应当同时抄送被越过的机关。

## 二、向上级机关行文的规则

1. 原则上主送一个上级机关，根据需要同时抄送相关上级机关和同级机关，不抄送下级机关。

2. 党委、政府的部门向上级主管部门请示、报告重大事项，应当经本级党委、政府同意或者授权；属于部门职权范围内的事项应当直接报送上级主管部门。

3. 下级机关的请示事项，如需以本机关名义向上级机关请示，应当提出倾向性意见后上报，不得原文转报上级机关。

4. 请示应当一文一事。不得在报告等非请示性公文中夹带请示事项。

5. 除上级机关负责人直接交办事项外，不得以本机关名义向上级机关负责人报送公文，不得以本机关负责人名义向上级机关报送公文。

6. 受双重领导的机关向一个上级机关行文，必要时抄送另一个上级机关。

### 三、向下级机关行文的规则

1. 主送受理机关，根据需要抄送相关机关。重要行文应当同时抄送发文机关的直接上级机关。

2. 党委、政府的办公厅（室）根据本级党委、政府授权，可以向下级党委、政府行文，其他部门和单位不得向下级党委、政府发布指令性公文或者在公文中向下级党委、政府提出指令性要求。需要政府审批的具体事项，经政府同意后可以由政府职能部门行文，文中须注明已经政府同意。

3. 党委、政府的部门在各自职权范围内可以向下级党委、政府的相关部门行文。

4. 涉及多个部门职权范围内的事务，部门之间未协商一致的，不得向下行文；擅自行文的，上级机关应当责令其纠正或者撤销。

5. 上级机关向受双重领导的下级机关行文，必要时抄送该下级机关的另一个上级机关。

### 四、其他行文规则

1. 同级党政机关、党政机关与其他同级机关必要时可以联合行文。属于党委、政府各自职权范围内的工作，不得联合行文。

2. 党委、政府的部门依据职权可以相互行文。

3. 部门内设机构除办公厅（室）外不得对外正式行文。

## 第五节 公文写作基本要求

### 一、依据确凿，观点明确

公文是为了解决公务活动问题的"受命"之作，不能随心所欲。公文的作者不是个人，而是单位。公文写作必须符合国家法律法规和党的路线方针政策，完整、准确体现发文机关意图，并同现行有关公文相衔接。要内容简洁，主题突出，观点鲜明。

### 二、实事求是，讲究实效

公文是实用文体，用来办实事的。公文写作要一切从实际出发，分析问题要实事求是，所提政策措施和办法要切实可行。因此，公文写作必须做深入的调查研究，充分进行论证，广泛听取意见。公文涉及其他地区或者部门职权范围内的事项，起草单位必须征求相关地区或者部门意见，力求达成一致。为了提高办事效率，公文内容不宜庞杂，要尽量简明扼要，注重实效。一般一篇公文解决一个问题或阐述一件事情为宜。

## 三、格式规范，语言得体

公文写作，在格式方面都应该遵守相应的规范，不可随意操作。公文的文种、结构、层次、书写、卷面、用语等都有固定要求，不可任意创新。公文的语言自成一体，以说明、叙述、议论性语言为主，不用描写、抒情、夸张等手法，少用形容词和修饰语，不要求生动形象，而是要求准确、平实、凝练、庄重。随意性、口语化的词语要避免使用，尽量使用书面语言和公文专用语。

## 思考与练习

【练习1】请改正下列公文格式的错误。

```
000001                                          秘密
                                                特急

                      市政府文件
                                          ×府（2024）第5号
─────────────────────────────────────────

            ××市人民政府关于××××的请示
×××××：
×××××××××××××××××××××××××××××××××××
××××××××××。
（联系人：张三              电话：138×××××××）
                                  二〇二四年二月一日

附件：1.《××××××》；2.《××××××》


主题词：××× ××× ××× ×××
─────────────────────────────────────────

抄送：×××，×××，×××，×××。
─────────────────────────────────────────

印发二〇二四年二月一日                    ××市人民政府
```

【练习2】2023年4月14日，××省××市市政管理局发出公文，称要将××市将军山关公像拆移，原因是关公像"以傲视万夫的姿态俯视端城""有失君行""甚为不妥"。这篇公文被网友扫描公布后，迅速被多家网站转载，引起极大反响，被称为史上最雷人公文，英国、美国、德国的媒体也进行跟踪报道。请从公文写作角度对这篇公文进行评析。

### 关于限期迁移关公塑像的通知

将军山旅游有限公司：

　　据调查，贵司在将军山顶塑造了一尊关公造像，以傲视万夫的姿态俯视端城，我局认为甚为不妥：

　　1. 关公为英雄，应进庙受万众膜拜，不宜暴露于室外。

　　2. 端城为××市首府重地，党政财军民首脑俱在此工作生活，以一武财神傲视所有党政机关，有失君行。

　　有鉴于此，请以自检自律的态度从速迁移关公塑像至屋内，时间为一个月，逾期将遭天谴人责并承担一切责任。

××市市政管理局

二〇二四年四月十四日

【练习3】下面这篇公文不符合行文规则的地方有哪些？

### 关于解决学生宿舍拥挤等问题的请示

××省人民政府、××省教育厅：

　　我校今年由于住校生急剧增加，已有学生宿舍已无法容纳，现住校生基本上是一铺二人住宿，严重影响学生的身心健康。为解决这一困难，我校需再建一栋学生宿舍。另外，我校图书馆也尚未到达省"两基"标准，望上级部门给予适当支持。

　　以上请示妥否，请批复。

××市第二中学

2023 年 10 月 10 日

## 第六节　常用公文写作

### 一、报告

　　报告是向上级机关汇报工作、反映情况、答复询问的公文。报告属于上行文，但两院一府和有关人民团体在向本级党委和人大汇报工作、反映情况、答复询问，必须使用报告。很多文体以"报告"做名称，如调查报告、考察报告、实验报告等，这些"报

告"不属于行政公文。

按照内容可将报告分为综合报告（常规、定时）和专项报告两类。

1. 报告的写作要求

报告的写作要求做到重陈述（求真实、分主次），有主见（提看法、有评估）。

报告要及时，不夹带请示事项，建议性的报告可以用"意见"这一文种。

2. 报告的写作格式

标题、主送机关、正文、结尾、生效标志（成文时间和署名盖印）。报告正文一般分成引言、主体和结语。

引言，是正文的开头。用简洁的语言交代为什么写报告，然后用一句过渡语"现将情况报告如下"或"现将情况答复如下"，用冒号领起下文。

主体，主要写明报告事项。汇报工作的报告，应先写基本情况，再写做法、效果和成绩，最后写存在问题和今后工作设想。反映情况的报告，则应分事情、原因、对策三个部分来写。答复上级询问的报告，先简要叙述上级询问的事项或交办的任务，然后写处理的办法、措施、经过和问题等，最后交代处理结果，征询上级机关的意见。

结语，一般写"特此报告""现报上，请查收""以上报告，请审阅指正"等。

## 二、请示

请示是下级机关向上级机关请求指示、批准的公文。一般是在权限不够、能力不足、认识不清的情况下，才需要写请示。

1. 请示的格式和写法

标题、主送机关、正文、附注、结尾。

正文用陈述方式，写明请求缘由（理由和依据）、请求事项两点。请示结语一般为："以上请示当否，请批示""以上请示如无不当，请批准""特此请示，请审批"等。

附注要写明具体联系人和电话。

2. 请示的注意要点

（1）一文一事。

（2）不要多头请示。

（3）双重领导部门，应以主送、抄送形式分别呈送。

（4）不要越级请示（特殊情况越级，应该抄送被越级机关）。

（5）一般不直接抄送领导人。

（6）请示要合理。

（7）标题不可只写"请示"二字。

3. 请示与报告的异同

（1）请示与报告的相同之处。

①行文方向一致。均属上行文，而且是公文中用得很广泛的两大文种。

②在格式上，都由标题、主送机关、正文、署名及时间五部分组成。都应当注明签发人、会签人姓名。

（2）请示与报告的不同之处。

①行文目的、作用不同。请示旨在请求上级批准、指示，需要上级批复，重在呈请。报告要向上级汇报工作、反映情况、答复上级询问，不需上级答复，重在呈报。

②行文时间不同。请示需要事前行文，报告一般在事后或者工作过程中行文，也可事前报告。

③主送机关数量可以不同。请示只写一个主送机关。报告有时可写多个主送机关，如在情况紧急需要多级领导机关尽快知道灾情、疫情时。正式印发请示报送上级时，还应在"附注"处注明联系人的姓名和电话，以利主送机关在必要时查询，而报告没有此项要求。

④受文机关处理方式不同。请示属办件，收文机关必须及时批复。报告多属阅件，除需批转的建议报告外，收文机关对其他报告都可不行文。

⑤涉及内容不同。请示用于向上级机关请求批准、指示，凡是下级机关、单位无权解决、无力解决以及按规定应经上级机关批准认定的问题，均可以请示行文。而报告用于向上级机关汇报工作、反映情况、答复询问。

⑥写作侧重点不同。虽然都要陈述、汇报情况，但报告的重点只在汇报工作情况，报告中不能夹带请示事项，而请示中所陈述的情况只是作为请示的原因，即使反映情况以及阐述缘由所占的篇幅再大，其重点依然是请示事项。

### 三、通知

通知是向特定受文对象通报、传达有关事项，让对象知道或执行的公文。适用于发布、传达要求下级机关执行和有关单位周知或者执行的事项，批转、转发公文。

通知大部分是下行文，也有少部分是平行文（发给不相隶属单位）。

1. 通知的分类

通知是使用频率最高的文种，其种类繁多，应注意使用得当、得体。

（1）转发性通知：批转下级机关的公文，转发上级机关或不相隶属机关的公文。

（2）发布性通知：发布规章制度。用通知发布的规章制度，不是国家正式的法规，多半是职能部门在执法过程中，根据实际需要做出的一些具体规定。可视为法律的补充和具体化。

（3）部署性通知：用于部署工作，传达要求下级机关办理和有关单位需要周知或者共同执行的事项。

（4）任免性通知：用于任免和聘用干部。

（5）事务性通知：处理日常事务，譬如开会、放假、缴费、停电等。

2. 通知的格式和写法

标题、主送机关、正文、签署和日期。

正文一般由缘起、通知事项、通知执行要求和通知结束语四部分组成。

### 四、通报

通报是一种用于表彰先进、批评错误、传达重要精神或者情况的下行文。

1. 通报的格式和写法

标题、主送机关（专指，普发则无）、正文、署名。

正文为引语、主体、结语。

引语：简要概括人和事，表明态度。

主体：摆明事实，进行评析，总结结论，提出意见。

结语：指明目的，提出希望。

2. 通报的写作要求

（1）情况要准确。

（2）态度要明朗。

（3）事例要典型。

（4）发布要及时。

3. 通报与通知的区别

（1）内容范围不同。通知可以发布行政法规和规章，批转和转发公文，传达需办理和周知的事项等；通报则是表扬先进，批评错误，传达、交流重要的情况、信息。两者虽然都有告知的作用，但通知告知的主要是工作的情况，以及共同遵守执行的事项；通报则是告知正反面典型，或有关重要的精神或情况。

（2）目的要求不同。通知的目的是告知事项、布置工作、部署行动，内容具体，要求受文机关了解要办什么事，该怎样办理，不能怎样办理，有严格的约束力，要求遵照执行；通报的目的主要是交流、了解情况，或通过正反面的典型去教育人们，宣传先进的思想和事迹，提高人们的认识。

（3）表现方法不同。通知的表现方法主要是叙述，告知人们做什么，怎样做，叙述具体，语言平实；通报的表现方法则常兼用叙述、说明、分析和议论，有较强的感情色彩。

## 五、函

函是平行及不相隶属的机关之间商洽工作、询问和答复工作、请求批准和答复审批事项的公务信件。

1. 函的特点

（1）适用范围广泛，使用灵活方便。既可用于相互商洽工作，询问答复问题，又可用于向主管部门请求批准事项及主管部门审批或答复事项。

（2）行文方向具有多向性。以平行为主，但也可上行、下行。

（3）短小精悍。函一般较短小，内容单一，语言简洁明了。有的函只有三言两语。函有公文"轻骑兵"的称誉。

2. 函的类型

函可分为去函和复函两类，其中去函有商洽函、询问函、答复函、请批函、知照函等五种，复函为针对相应商请而发出的函。

3. 函的格式和写法

（1）标题：公函有标题，而且比较规范，一般由发文单位加事由加文种构成。

（2）上款：就是主送机关。与书信一样，单独一行，顶格书写受文单位名称，名称后打上冒号。

（3）正文：一般书信内容没有限制，但是函则一般一函一事。正文由缘由、事项、结语三部分组成。

缘由：说明为什么要写这封信。复函一般写"函悉""经研究答复如下"。

事项：具体讲明要办理什么事情。

结语：特此函达、请函复、特此函复、请批准、此复等。有的知照性的可不加结语。

（4）文尾：除了与其他公文一样具有成文时间，加盖印章以外，如果是请批函，应该在附注处标注联系人姓名和电话，以便与被请求批准机关工作人员联络。

4. 函与请示的区别

使用函还是请示，主要依据发文机关与受文机关的关系。函主要用于平级单位之间、不相隶属单位之间以及有业务上的主管和被主管关系的单位之间的工作往来。向主管单位请求批准有关事项，主管单位用复函批准请求事项。请示则用于有隶属关系的上下级机关之间，下级机关用请示向上级机关行文请求指示批准重要事项。因此，在使用请示和函时，我们首先要弄清发文机关和受文机关的关系，然后才能确定用什么文种。

## 六、纪要

纪要是记载和传达会议主要情况以及议定事项的文件。

"纪"有综合、整理的意思；"要"指要点，即会议主要情况、主要精神。

1. 纪要与会议记录不同

纪要是对会议主要情况和重要精神的整理记载，而会议记录是对会议内容、过程的完整记述。纪要是会后成文，而会议记录则是与会议同步成文。纪要属于行政公文，可以印发及讨论学习执行，而会议记录属于事务文书，不公开印发，一般归档处理。

2. 纪要的格式和写法

其格式为：标题、正文、署名。

标题一般是"会议名称加文种"，也有设置正副标题，以体现会议精神的文字做正标题，以"某某会议纪要"做副标题，如《科普创作要面向儿童——广东省科普创作座谈会纪要》。

正文一般分会议概况、会议内容、结束语三部分。

### 读后思考题

【练习1】改正下列公文标题的错误。

1. ××省公安厅政治部关于×××同志的考察报告

2. 关于对×××进行欺骗伪造证件的通报

3. 关于组织青少年支援甘肃采集树种的通知

4. ××市公安局关于严禁打架斗殴和收缴武器的通告

5. ××市航运管理局航行通告

6. 关于二〇××年收缴税收的决定的通知文种重复

7. 关于开展纪念抗战胜利78周年图片展览问题的请示函

8. ××分行关于公开选聘××支行行长的公告

9. 2024年度全国职称外语等级考试公告

10. ××大学自学考试报名通告

11. ××县公安局关于偷猎国家珍稀野生动物的通知

12. ××等七个单位关于自费出国留学的请示

13. ××省人民政府关于转发国务院办公厅《关于加强中小学收费管理工作的通知》的通知

14. 《关于对2024年"全民文明礼貌月活动"安排的通知》

【练习2】以下是《国务院关于做好促进就业工作的通知》的开头部分，请按照原文排序。

①党的十七大提出坚持实施积极的就业政策，实现社会就业更加充分的奋斗目标。②当前及今后一个时期，我国劳动者充分就业的需求与劳动力总量过大、素质不相适应之间的矛盾依然存在，促进就业任务十分繁重。③近年来，各地区和有关部门认真贯彻落实党中央、国务院关于就业再就业的方针政策，取得显著成绩，体制转轨遗留的下岗失业人员再就业问题基本解决。④《就业促进法》对促进就业工作做出了法律规范。⑤各地区、各部门要根据新的形势和工作要求，切实做好促进就业工作。现就有关问题通知如下：

【练习3】以下是一则公文的语言选段，请在不改变文意的前提下，尽量删减提纯，使之符合公文语言简练、平实、准确、庄重的写作要求。

朔风吹，残叶飞，寒冷的冬天就要到了。我们处里还没有取暖电器，难以御寒取暖，希望你们资产处尽量调拨给我们，好用来满足紧急需要。是不是可以，等待你们迅速答复。

【练习4】指出并改正以下文件在内容和格式上的不妥之处。

××市恒生进出口公司
关于在法国举办洽谈会的请示报告

××市外经贸局、××市外事办：

为了扩充我市鲍鱼产品对法国的输出，我公司想于2023年9月20日至10月6日在法国巴黎开办洽谈会，洽谈会摊位共200平方米。代表团共12人，由我公司派人组成，

我公司总经理刘洪文带头，于 9 月 19 日出外，经费自负。另，我公司拟与××市海鲜业协会联合在番禺举办一次展销会，时间估计在 2023 年 12 月。

以上请示，如有不妥，请速速批准为要。

××市恒生进出口公司
二〇二三年八月二十四日

【练习5】用所学的公文写作知识理论，分析诊断下列案例。

××市××区农业农村局为了加速科技兴农的步伐，拟在近郊区新建一个农业技术推广站，并征用一部分土地建立实验基地，以引进新的农业技术项目。经区局领导研究决定，向市农业农村局写一份请示报告，要求解决人员编制、征用土地以及经费等问题。此份请示报告起草后由局办公室主任亲自签发，并派专人送到市农业农村局陈局长家中（陈局长曾担任该区主管农业的副区长多年，对该区的农业发展情况比较了解），同时，该局领导指示要将文件抄送给××区人民政府和该局下属单位。但事隔不久，这份文件即被市农业农村局退回，文件上有陈局长的批示，大意是认为他们的想法很好，新建农技站是必要的，但此事应按正常的渠道办理。

【练习6】修改下列公文。

**中共××市委组织部关于转发中共××省委组织部
《关于转发中共中央组织部〈关于在纪念抗日战争
胜利 78 周年期间开展走访慰问老干部、老党员及
有关活动的通知〉的通知》的通知**

各区党委、市直部门党组织：

现将中共××省委组织部《关于转发中共中央组织部〈关于在纪念抗日战争胜利 78 周年期间开展走访慰问老干部、老党员及有关活动的通知〉的通知》转发给你们，请遵照执行。

中共××市委组织部
二〇二三年三月二十日

【练习7】分析下面公文中存在的问题，并加以改正。

**关于抓紧归还借款的通知**

××市工具一厂：

你厂于去年从我处借去 5 万元资金，当时议定当年年底归还，现归还期已过三个

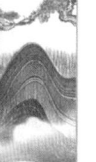

月，为不影响我厂财务工作的顺利进行，特要求你厂务必将所借之款于4月20日前归还我厂，不得一拖再拖。

特此通知。

××市工具二厂<br>2023年9月2日

【练习8】请指出下文的错误并做修改。

**关于联系教师进修的函**

××大学教务处：

　　首先让我们以××市经济干部管理学校的名义，向贵处表示衷心的感谢，过去为我校办学给予了很大的帮助。目前我校又面临一个很难解决的问题。

　　原来事情是这样的：我校开办不久，师资力量很差，决定派××位年轻教师到贵校旁听进修一年。我校与有关部门多次商量。但××位教师进修住宿问题，至今也没有得到解决。提高教学质量的关键是师资。为提高我校教育质量，恳请贵处设法在贵校给解决住宿问题。但不知贵处是否有什么困难。如果需要我校给贵处办什么事情，请尽管提出，我校会竭力去办。再说一句，贵处如能解决我校进修教师住宿问题，我们以我校领导的名义向贵校领导深深地表示谢意。

××市经济干部管理学校（印章）<br>××××年×月×日

【练习9】请指出下文写作上的错误并做修改。

**关于高速公路塌方事故的报告**

××市建设委员会：

　　××××年×月×日，××高速公路××路段发生塌方事故，造成一定的伤亡后果。事故发生前，桥面上分散有三十多名工人，已经浇铸了近200立方的混凝土，而且违章施工，按照施工程序应分两次浇铸的混凝土却一次浇铸。估计事故原因是桥面负荷过重。事故发生后，近200名消防队员、工地工人、公安干警赶赴现场紧急抢救，抢救时间持续近28个小时。据查，该工程承建商是××市市政总公司第一分公司。

　　特此报告。

××市政工程总公司<br>××××年×月×日

# 第二讲　事务文书写作

## 第一节　事务文书的含义和特点

事务文书是党政机关、社会团体、企事业单位处理日常事务时用来沟通信息、总结经验、研究问题、指导工作、规范行为的实用性文书。

事务文书处理的日常事务亦为公务，具有较强的政策性和规定性，所以事务文书属于广义的公文范畴，主要便于沟通情况、规范行为，但对推动实际工作，解决实际问题，仅具有参考和指导作用，而不具有法定作用。

事务文书与狭义行政公文的区别在于：第一，公文体现机关意志，法定的作者为机关、单位或者领导人，而事务文书不一定是机关意志的体现，而多为职能部门对公务处理的意见，作者可以是具体职能部门，也可以是机关工作人员。第二，公文有国家严格统一的固定而规范的格式，事务文书无统一规定的文本格式。第三，事务文书不能单独作为文件发文，而常借助某种公文作为载体发布，行文灵活，必要时可公开面向社会，或提供新闻线索（如简报），或通过传媒宣传（如经验性总结、调查报告等）。第四，公文表现手法以说明为主，兼用叙述和议论，一般不用抒情、描写以及渲染、夸张等手法；而事务文书以叙述、说明和议论的综合运用为主，可适当地灵活运用描写等手法，语言可准确简练亦可生动活泼。

事务文书的特点可以归结为：重要的参考性，较强的时效性，鲜明的灵活性。

## 第二节　事务文书的种类和写作要求

事务文书分为计划类文书、报告类文书、规章类文书、简报类文书和会议类文书。计划类文书主要有规划、设想、计划、方案、安排等。报告类文书主要有总结、述职报告、调查报告等。规章类文书主要有章程、条例、办法、规则、制度、守则、公约等。简报类文书主要有简报、大事记等。会议类文书主要有会议记录、讲话稿、开幕词、闭幕词等。事务文书写作的总体要求为：

（1）以方针政策为指导，以法律规定为依据。
（2）深入调查研究，获取真实材料。
（3）实事求是，切实可行。
（4）格式约定俗成，语言准确精练。
（5）表现手法灵活多样。

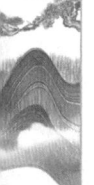

## 第三节 常用事务文书举隅

### 一、调查报告

（一）调查报告的含义及作用

调查报告是对客观事物进行调查研究，根据所获得的成果写成的反映客观实际、揭示事物本质和规律的书面报告。

调查报告与公文中的"报告"有所不同。公文中的"报告"侧重于汇报日常工作，供主管领导部门指导工作时参考；而调查报告不限于日常工作，凡与日常工作有关的重大情况、典型事件、经验或教训等带有普遍意义的问题，都可用调查报告的形式予以反映。调查报告的范围较为广泛，内容也较复杂，可供内部参考，也可公开发表。

调查报告能够为党和国家的路线、方针、政策的制定和修改提供有价值的第一手材料，供上级领导机关进行科学决策时参考；也可扶持新生事物，传播成功经验，指明方向；还可揭露和批评丑恶现象，克服弊端。

（二）调查报告的特点

（1）真实性。调查报告的基础是客观事实，其主旨是调查研究后所揭示的客观事物的本质和规律。因此，撰写调查报告就需要深入调查，对材料的真实性要反复核实。如果了解的仅仅是事物的表象，那么得出的结论，要么是假的，要么是非本质规律的。

（2）典型性。调查对象是否典型，所运用的材料是否典型，是撰写调查报告成败的关键。材料不典型，就不能很好地揭示现实事物的本质和规律。因此，必须选择典型意义的事实或材料撰写调查报告，这样才具有对工作的普遍指导意义。

（3）论理性。调查报告不是材料的堆积，也不是对事物的具体描述。它主要通过对大量的材料进行分析和综合，达到揭示事物的本质和规律的目的。所以，撰写调查报告一般是通过对事实的概括叙述和简要说明，由事论理，最后引出结论，在表达上多采用夹叙夹议、叙议结合的方式。

（4）时效性。调查报告要回答当前工作中迫切需要解决的问题，具有较强的时效性。这一点类似于新闻。因此，写作者要抓紧时间调查和写作，不能让新事变旧事，失去指导意义。

（三）调查报告的类型

调查报告的类型有：经验调查报告、情况调查报告和问题调查报告。

（四）调查研究的方法

常用的调查方法有：普遍调查法、典型调查法、抽样调查法和实地观察法。

（五）调查报告的结构和写法

调查报告一般由标题、署名、正文三部分构成。

1. 标题

调查报告的形式有单标题和双标题两种。单标题可分为公文式标题和新闻式标题。公文式标题如《关于××厂发生重大火灾事故的调查报告》；新闻式标题如《公司是怎样改革经营运行机制的》《街道齐抓共管、综合治理社会治安取得成效》。双标题一般是正标题揭示文章主题，副标题指明调查对象、地点、范围等，如《打开宝岛的"金"钥匙在哪里——关于海南岛开发建设的调查》。

2. 署名

调查报告的署名就是写上作者的名字、单位名称，应放在标题下一行居中位置，个人署名可署于文尾右下方，也可署于标题之下右下方。

3. 正文

正文分为开头、主体、结尾三部分。

（1）开头，又称前言部分。概括调查对象的基本情况，或提示全文的基本内容，或直接提出调查的问题和结论。开头的写法也较灵活，常用的形式有：①概括介绍式，即介绍调查对象的基本情况；②结论式，即在前言先写调查报告的结论，再阐述主要事实；③议论式，针对调查的问题说明意义，做简要的评述，再叙写事情的经过；④提问式，开门见山，抓住中心问题提出问题，引起读者的思考和兴趣。

不管运用何种方式开头，都应该重点突出，简明精要，切入内容要旨。

（2）主体。主体是正文的核心部分，是对前言的展开。主体既要具体地叙述调查中的事实情况，又要在事实的叙述报告中引发认识，阐述观点，做到由事入理、叙议结合。主体为了突出段旨，常给各段加上小标题。主体部分的结构形式安排通常有两种方式：①纵式结构，按照事物发生发展的先后顺序组织材料安排层次；②横式结构，按问题的性质或事物的特点来组织材料，分别进行阐述。

（3）结尾。调查报告的结尾简明扼要，或者总结全篇主要观点，借以加深读者印象；或者指出存在问题，提出建议；或者对所调查的现状做归纳性说明，并指出其发展远景；等等。有的调查报告主体部分结束了，意尽言止，就不需另写结尾了。

（六）调查报告的写作要求

撰写调查报告要做到：①选择典型，有针对性地深入调查；②认真分析研究材料，找出规律，概括出合乎事理的观点；③要用事实说话，做到观点和材料的统一。

## 二、计划

（一）计划的含义

计划是党政机关、社会团体、企事业单位或个人，为了实现某项目标和完成某项任务而事先拟定目标、措施和要求的事务文书。常见的安排、打算、规划、设想、要点、方案等都属于计划一类。只是由于内容和成熟程度不同而选用了不同的名称。规划是具有全局性的、较长时期的长远设想。方案是从目的、要求、工作方式方法到工作步骤——对专项工作做出全面部署与安排的计划。安排是对短期内工作进行具体布置的计

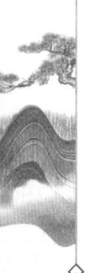

划。设想是初步的草案性的计划。打算是短期内工作的要点式计划。要点是列出工作主要目标的计划。

（二）计划的特点

计划，是使用频率很高的一种事务文书。计划的实质是对理想、目标的具体化。它对整个工作有着重要的指导、推动和保证作用。制订计划是一种科学的领导艺术。

（1）预想性。计划的预想性是其他应用文体所不具有的。制订计划需要进行调查研究，如上一阶段的工作情况怎样，实施计划的内部条件和外部环境如何，并以此为依据确定工作目标、具体做法及实施步骤。但毕竟是对未来工作的设想，对可能遇到的新情况，计划实施步骤、完成时间，都带有难以预想性，因此，计划不能定得过死，必须留有余地，在实施过程中一旦发现与实际有不符的地方，或出现新情况，便需做出切合实际的修改。

（2）指导性。计划一旦成文，就对实践起一种控制和约束作用。制订计划，是为了克服工作中的盲目性。从应用上说，计划有上级下发的计划和单位自行制订的计划。上级下发的计划，勾勒发展蓝图，明确工作目标，提出步骤措施，目的是指导所属单位不至于盲目冒进，或偏离工作方向，能始终朝着既定目标去做，其指导性是明显的。而本单位制订的计划，目的也在于控制方向、规模、速度，使任务能保质、保量，按时完成。

（3）可操作性。再好的计划也要付诸实施，因此，计划必须定得具体明确，切实可行，符合实际。目标定得过高，计划无法实现和完成；定得过低，计划又无法起指导、激励作用。计划的步骤、措施、要求、时限不但要写得具体、细致，还要便于检查督促，对照落实。离开实践，或操作性差的计划，将是毫无价值的一纸空文。

（三）计划的类型

（1）按内容分，有综合计划、专项计划等。

（2）按性质分，有生产计划、学习计划等。

（3）按范围分，有国家计划、部门计划、单位计划、科室计划、班组计划、个人计划等。

（4）按时间分，有年度计划、季度计划、月度计划等。

（5）按形式分，有文件式计划、表格式计划和文件表格结合式计划等。

（四）计划的结构和写法

计划由标题、正文两部分组成。

1. 标题

标题一般包含单位名称、时限、内容和文种，如"万达公司2024年工作计划"，这是一个"完整式"标题。也有省略时限（时限不明显或临时的单项工作）的标题。有的还可写成"公文式"标题。所制订计划如还需要讨论定稿或经上级批准，就应在标题的后面或下面用圆括号加注"草案""初稿"或"讨论稿"等字样。

2. 正文

正文的形式主要有：表格式、文表结合式和条文式。

表格式计划，以表格方式撰写计划，适用于时间短、范围窄、变化小、内容单一的具体安排，如销售计划、月计划等。

文表结合式计划，即表格式和条文式相结合的计划。一般是将各项目的内容填进表格后，再用简短文字做解释说明。

条文式计划，通常包括前言和计划事项两部分内容。

（1）前言。前言又叫导语。通常内容有：对基本情况的分析，或对计划的概括说明，或说明依据什么方针、政策以及上级的什么指示精神，在什么条件下制订这个计划，完成这个计划的必要性、可能性以及要达到什么主要目的等。这是制订计划的基础，要写得简明扼要，灵活多样。

（2）计划事项。计划事项是计划的主体。不论是哪一种计划，计划事项都包括目标、措施、要求三项内容。目标、措施、要求，称为计划的"三要素"。

目标，即回答"做什么"的问题，可以是总体目标，也可以是具体任务或指标。总体目标往往是要实现的最终目的，是多方面综合指标的最终体现。具体任务或指标，则是具体说明要完成的任务；达到什么指标，做好某项工作，开展某项活动等，务必写得具体明确。目标制定对计划的撰写乃至计划的实施至关重要，目标过高或过低都不合适。这就需要深入调查研究，广泛征求意见和充分论证，慎重确定目标。

措施，即回答"如何做"的问题，包括组织分工、进程安排、物质保证、方式方法等。组织分工主要说明领导机构为完成目标对组织成员的具体任务安排。进程安排主要是对目标实现分步走的问题，一般要安排若干阶段。如果是年度计划，每一季度（甚至月份）要完成哪些工作，要达到什么指标都要加以明确列出。如果是专项计划，则要划分阶段，明确每一阶段的大致任务及具体安排，如做好某项工作，可以分为准备阶段（包括传达、动员、学习、成立组织、物质准备等）、实施阶段（具体工作的展开、落实）、总结阶段（扫尾、小结）。进程安排是计划事项的重要内容，也是一个重要措施。物质保证包括实施计划的人力、财力、物力，配备多少、如何配备等。方式方法是完成任务的具体手段，一般要写得比较简要。

要求，即回答"做得怎样""如何做完"之类的问题，主要是质量、数量、时间上的要求。质量上，要达到什么标准、什么水平、什么程度；数量上，要达到什么指标；时间上，什么时候完成该项工作；等等。这是计划效益指标的具体设想，能否多快好省，就要在"要求"这一项里加以具体设计。

计划写作的三要素是互相联系的，没有目标，或者目标不明确，就谈不上措施要求；没有具体的措施，目标就难以实现；而没有具体要求，实现目标的效率、质量就没保证，它们之间是互相依存、缺一不可的。

（五）计划的写作要求

（1）要以党和国家的方针政策为指导，能够体现本单位领导的意图，确保计划指导思想的正确性。

（2）要充分考虑计划的可行性，做到反复论证，从多种计划方案中择优，实事求是

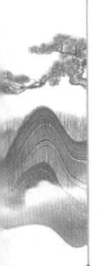

地确定计划的目标和任务,并适当留有余地。

(3) 要服从长远的规划,坚持整体的原则,既要服从大局,处理好多种关系,又要体现本单位工作的特点。

(4) 要走群众路线,集思广益,把计划变成群体的共同意志,以保证计划的认同和可行性。这样在执行计划中就能更好地发挥群众的积极性,减少阻力。

(5) 要适时检查计划执行情况。如情况发生了变化,需要修改,也要经过一定的程序,以保证计划的严肃性,使计划不致成为形式主义的一纸空文。

### 三、总结

(一) 总结的含义和作用

总结是机关、团体、企事业单位对规定时限内的某项工作或任务加以回顾、分析、研究,从中找出经验和教训,引出规律性的认识,明确今后实践的方向,把这些内容系统化、条理化,形成文字的文书。总结是对实践的认识,总结的过程是由感性认识上升到理性认识的过程。总结应对实践进行全面、深刻的概括。

常用的小结、体会实际上也是总结,只是它所反映的内容较简单和经验不够成熟,时间较短,范围较小而已。

总结的作用是多方面的,其主要作用是:①总结经验,发扬成绩。②反思过去,展望未来。③互通信息,共同提高。

(二) 总结的特点

(1) 实践性。总结首先要回顾实践或工作的全过程。自身实践的事实,尤其是典型事例和确凿数据是一篇总结得出正确结论的基础。

(2) 经验性。总结旨在把实践中的成功经验归纳出来,把教训分解出来,从而对工作做出正确估计,得出科学结论,以增强工作的自觉性和主动性。但总结所反映的对象一般又只限于本地区、本部门、本单位特定时限内的工作实践,由本单位撰写,并采用第一人称叙述,因而得出的经验亦会带有较强的个性特色。

(3) 说理性。总结不仅要陈述工作情况,更要揭示理性认识。能否进行理性分析,能否找出带有规律性的东西,是衡量一篇总结写得好坏的重要标准。找出带有规律性的东西,用以指导今后的工作,这就是总结的实质。

(4) 简明性。总结往往做概括叙述,而不必具体描写;做简要说明,而不必旁征博引;做直接议论,而不必多方论证。

(三) 总结的类型

总结的分类方法可以很多,如可按性质、内容、时间、范围等来划分。本书按写法和内容,把总结划分为综合性总结和专题性总结两大类。

(1) 综合性总结是对一单位、一部门工作进行的全面性总结,它要展现该单位、该部门一定时期工作的全貌。其包括的内容比较广泛,既要反映工作的概况和取得的成绩,存在的问题和缺点,也要写经验教训以及今后如何改进的意见等。但写作时不应面

面俱到，而要有所选择，突出主要工作和重要经验。

（2）专题性总结是对一定时期的某项工作或某一方面的问题进行的专门性总结。这类总结往往偏重于总结某一方面的成绩、经验，其他方面则可少写或不写。

（四）总结的结构和写法

总结的结构一般包括标题、正文和落款。

1. 标题

标题一般包含单位名称、时限和文种，如"××单位××××年度工作总结"。这是"完整式"标题。综合性总结一般都采用这种形式的标题。专题性总结的标题有以下三种。

（1）主题式，如"建设企业文化是加强和改进企业思想政治工作的必由之路"。

（2）问题式，如"我们是怎样在市场经济条件下坚持党管干部的"。

（3）正副题结合式，如"加速技术改造，完善宏观调控——正确处理技术改造中的七个关系"。

2. 正文

正文的结构形式主要有以下五种。

（1）"三段式"结构，即由工作概况、经验体会、今后打算构成。这是综合总结的基本形式。

①工作概况。这是总结的开头部分。通常要简明扼要地说明总结所涉及的时间、背景、任务、效果等，目的在于给人以总体印象，领起下文。

②经验体会。这是总结的主体部分，是总结的重点。其中做法与成绩的说明是基础，经验体会的总结是重心。因为抓住了基本经验，总结就有了主题，而从做法和成绩取得的过程中找到规律性的东西则是写好总结的关键。要写好这部分的内容，一定要注意点面结合，详略结合，叙议结合，而且叙议得当。

③今后打算。这是总结的结尾部分。这部分要说明工作中存在的问题，针对这些问题，结合前面所总结的经验教训及对有关规律性的认识，提出对今后工作的新设想及改进意见。如要发扬什么，克服什么，要采取哪些新的措施和方法，要向什么方向努力，达到什么目标，等等。这一部分内容要力求避免空洞、一般化及八股调。

（2）"两段式"结构，即情况加体会。先集中摆情况，包括基本情况、主要做法、成绩与缺点等；后集中谈体会，包括经验的总结、教训的归纳以及对存在问题的认识等。问题比较集中的专题总结大多采用这种写法。

（3）"阶段式"结构，就是根据工作发展过程中的几个阶段，按时间先后分成几个部分来写。每一部分对每个阶段的工作，都要既讲情况、做法，又讲经验教训及存在问题。这样写便于看出整个工作的发展进程和各个阶段的特点、经验。周期比较长而又有明显阶段性的工作，不管是专题总结还是全面总结，都宜采用这种结构。撰写时要注意抓特点，保证各部分之间的连贯性。

（4）"总分式"结构，首先概述总的情况，然后分若干项主要工作一一进行总结。

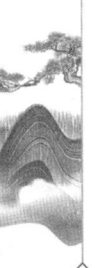

全面总结一般用这种写法。在每一部分对每一项工作进行总结时，同样要求把做法、成绩、经验、教训等有机地结合在一起写。这种写法要注意抓重点，切忌面面俱到。

（5）"体会式"结构，即以体会（而不是以工作本身）为中心来安排结构。根据几点体会，把有关情况或几个具体问题，从几个不同的角度进行总结，而寓情况于体会之中，夹叙夹议，讲清问题。各部分之间则体现出某种逻辑关系，或以主次为序，或以轻重为序，或以因果为序，等等。这种结构适用于各种类型的总结，特别是学习总结。这种写法最灵活，也最难掌握。

3. 落款

以主要负责人的名义所做的总结，署名在标题下；以单位或党政机关名义总结或发表的，署名可在标题下也可在文末；若标题上出现了单位名称或负责人姓名，则可不另署名。总结日期可加括号放在标题下，也可不加括号放在文末。

（五）总结与计划的区别

计划是在工作之前制订的；总结则是在工作到一定阶段或计划完成后进行的。计划的内容是为完成一定任务所设想的具体步骤、方法和措施，重在叙述说明；总结则是对一定阶段的工作或计划执行情况做出的总分析、总评价，重在抽出有规律性的东西，做出理论概括。计划所要回答的问题是做什么，怎样做，做到什么程度；总结要回答的问题则是做了什么，做得怎样，有何工作规律。

（六）总结的写作要求

（1）要有新发现。要实事求是，在调查大量的材料中认真分析、研究，从而归纳出过去没有或与过去不同的东西来，而不能是老生常谈。

（2）要找出带有规律性的东西。不能有了新发现就匆忙落笔，而应当经过反复研究和证实，找出其中能够揭示事物本质的带有规律性的东西，以指导今后的工作。

（3）要突出重点。不仅要全篇重点写经验，而且还要写好重点经验，不能眉毛胡子一把抓，更不能写成"流水账"。

（4）要叙议得当。叙议得当，是总结在表述上的特别要求。应以叙述为主，叙议结合。一般在交代工作的过程、列举典型事例时，以叙述为主；在分析经验教训、指明努力方向时则多发议论。叙述的事实为议论提供依据，说理是对所叙述事实的升华。叙述是总结行文的基础，它通过对时间、地点、事件、人物和原因、结果的交代，使读者对某部门、某单位或某个人的工作状况有明晰的了解。议论则是用分析、综合、论证，把分散的、感性的材料转化为具有指导意义的理论。议论不宜过多，主要是靠事实说话。但要注意，只叙不议，会变成罗列现象，而只议不叙，则会变成空谈。只有以叙带议，叙中有议，叙议结合，叙议得当，才能相得益彰，笔底起波澜，写出好文章。

## 四、简报

（一）简报的含义和作用

简报即情况的简要报道，是党政机关、群众团体、企事业单位编发的反映情况、沟

通信息、交流经验、指导工作的一种摘要性的内部文件，也叫作"情况反映""情况交流""简讯""动态""内部参考"等。简报的特点可以用"快、新、实、短"四个字概括，主要表现为报道快、内容新、材料真、文字简等。

简报在日常工作中起着十分重要的作用。行政机关内部下级向上级反映情况，除了口头汇报和报送综合报告及专题报告外，还通过简报反映日常的工作情况和所辖范围内出现的一些值得注意的动向。简报还可用来向下属单位转达某些领导意图或带指导性、倾向性的意见，沟通所属单位之间的情况，以推动工作。一些大型会议也利用简报来交流情况，并向上级领导机关反映会议的进程和结果。各级信息部门都需要经常使用简报这种简便、灵活的工具。

（二）简报的类型

简报的类型，不同的教科书按不同的角度、标准，有不同的分类。如有的将简报分成综合情况类简报、专项工作类简报、会议类简报、经验类简报、社会动态类简报、思想动态类简报；有的将简报分成工作简报、会议简报、信息简报。

（三）简报的结构和写法

简报式样像小报，由报头、报核、报尾三部分组成。

1. 报头部分

报头部分，又称版头。一般占首页 1/3 的上方版面，用间隔红线与正文部分分隔开。报头由以下四个必备要素构成：①简报名称，一般套红、居中、字体稍大印刷；②期数，印于简报名称正下方；③编印机关，一般为制发简报单位的办公部门或中心工作领导小组及会议的秘书处（组），要求用全称或规范化简称印于分割线左上方；④编印日期，印于分割线右上方，要求年、月、日齐全。除以上四个要素，视简报内容、保密要求，还可以增加简报编号、密级（或使用范围和要求）等要素。

（1）简报名称：如《招商工作简报》，在居中位置，用套红大号字体，要求醒目大方。

（2）期数：排在简报名称的正下方，按期序编上，有的还注明总期数。

（3）编发单位：在横隔线的左上方位置上。

（4）印发日期：在横隔线的右上方位置上。

（5）密级：在报头左侧上方位置，标志密级并加标识"★"，如"机密★"、"秘密★"或"内部刊物"；保密时限在标识后写上，如"1年"或"6个月"之类。

（6）份号：印在报头右侧上方位置。

2. 报核部分

刊登简报文稿的部分称为"报核"，是简报的核心部分。一般由按语、标题、目录、正文四项组成。根据文体性质和文稿来源，简报的体式可分四种：一是报道体，它及时、简明、准确地叙述和报告部门、行业、系统、领域内最新发生的新情况、新动态。其文体十分类似动态消息、动态信息。二是汇篇体，这是在众多稿源基础上剪辑而成的类似综合消息的简报文体，其信息量大面广，能做到点面结合反映全局性情况。三是总结体，其文章即一般意义的总结，但内容有典型性有推广价值，编入简报能发挥其指导一般的作用。四是转引体，即将其他单位有参考借鉴意义的材料完整地或片段地摘编转引。

（1）按语。按语是代简报编制机关立言，是对文稿及使用做出说明、评价，如说明材料来源、转引目的、转发范围，表明对简报内容的倾向性意见及表示对所提问题引起讨论研究的希望，等等。按语的位置在报头下、标题前。它视需要而使用，并非每篇必有。一般在转引体、总结体及重要的报道体、汇篇体简报文章前才配用按语。

按语可分三种类型：一是题解性按语，它类似前言，主要对文稿产生过程、作者情况、主体内容做简要介绍；二是提示性按语，它侧重于对简报内容的理解揭示或是针对当前实践应注意事项的提醒；三是批示性按语，它往往援引领导人原话或上级机关指示结合简报内容对实际工作提出批示性意见。

（2）标题。根据简报的体式，标题也有不同写法。动态性较强的内容多采用单行式新闻标题，简短明快地交代事实、揭示中心，在总结体简报和其他体式简报中，一般使用文章化标题。

（3）目录。简报文稿通常是一期一篇，根据需要也可以是一期为一组性质接近的文章。如是一组文章，则须在报头下设计"目录"一栏，将各篇文章标题先印于此，然后依次刊出每篇文章。

（4）正文。因体式各异，简报正文格式相去甚远。报道体、汇篇体类消息结构往往前有导语，后有主体、背景等；总结体可完整地将"总结"刊于简报；转引体则因所引文章不同，正文可能是片断章节，也可能是整篇文稿。

3. 报尾部分

在简报末页下1/3处用分割线与文稿部分分开，分割线下与之平行的另一横线间内标本期简报的"报、送、发"单位名称，右侧注明本期印数。

（四）简报的写作要求

简报的编写方式多样，主要可分为专题式、综合式、信息报送式、经验总结式和转发式五种，每种编写方式各自有不同的写作要点。

1. 专题式

这种简报要求抓住工作、生活中的某个典型，做突出的介绍。这种方式主要适用于反映"点"的情况，即一人一事或某个问题。编写时应注意以下两点。

（1）对象应具有典型性。

（2）表达应简明扼要。

2. 综合式

这种简报具有明显的综合性，类似新闻报道中的综合消息。它是在一个明确的主题下，综合反映若干情况或问题的一种简报。这种方式适用于反映"面"上的情况，使人对某一类事物或问题有比较全面的了解和认识。编写时应注意以下三点。

（1）注意提炼出一个能够准确、鲜明、生动地表达基本精神的醒目的标题和贯穿简

报始终的主题。

（2）简报开头应有概括的说明文字，类似新闻写作中的导语。概括要简明扼要。

（3）注意点面结合，使综合反映的内容既有广度又有深度。不但要注意运用概括性的材料，而且要注意运用典型事例，给人生动的感性认识。

3. 信息报送式

这类简报要求用最简洁、精练的语言表达出准确、完整的信息内容，一般不加评论。编写时应注意以下三点。

（1）编写者应像新闻记者那样，善于从一般中见特殊，从细微处发现值得注意的动向。

（2）要求据实直书，注重用事实和数据说话。

（3）强调简明扼要，同时注重信息内容的完整。

4. 经验总结式

这种简报主要介绍某项工作的成功经验。简报的内容常常就是某一典型的经验总结。它的写法常采用"先果后因"的逻辑顺序，即开端先概括工作的成绩，然后再分述取得成绩的做法、经验。编写应注意以下三点。

（1）侧重于从做法上总结经验，突出对经验的介绍，一般的工作过程从略。

（2）注意观点和材料的结合，努力从理论同实践的结合上说清问题，引出事物的规律性。

（3）力求系统化，把经验归纳成相互联系的几条，逐条加以介绍。

5. 转发式

这种简报是领导机关为推动某项工作的开展，或是为了让某个问题引起有关单位注意，把有参考价值的材料用简报的形式转发下去。简报的内容常常是基层单位的典型材料。编写时应注意以下三点。

（1）转发材料前面要加编者按语。按语应根据简报的内容和实际需要发表见解。按语的写作一定要提纲挈领，言简意赅。要巧妙地把领导机关或领导人的批示原文安插进去，尽可能保持领导人指示的风格。重要的按语最好请领导人亲自撰写，或编写后请领导人过目。

（2）反映的问题应有代表性。一期简报一般只转发一份材料，也可转发一组围绕同一中心的短小材料。它们反映某地区、某系统带有共同性的问题。

（3）编者可以根据需要对转发材料做必要的技术处理。重要的一般全文转发；内容较多、篇幅较长的可以摘要转发，或做适当的删节，但要注意保持原材料主题的完整性。

应当指出，实际工作中的简报还有各种各样的写法。总的说来，简报的编写不像其他公务文书那样程式化，文字、语言、标题制作都要求清新活泼，具有较强的可读性。简报的编写者完全可以根据内容和行文的需要，在编写上不断创新。

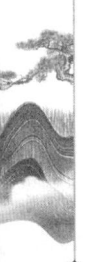

## 🞜 读后思考题 🞜

【练习1】请结合自己的学习,写一份一年的学习计划或总结。

【练习2】阅读下面的调查报告,从观点提炼、材料使用等方面分析其存在的问题。

### ××市××县妇女状况调查(部分)

××市××县是偏远山区,这里妇女由于环境闭塞、生活圈子狭隘,受教育又少,视野短浅,思想愚昧、保守,既自卑又自足。她们对学习科学文化知识没有热情,认为学不学一样种田。水稻两种杂优,其他地方已经推广,但她们仍不热心种植。直到××乡一个女副乡长带头在自己承包田种植了,亩产由500斤增至900多斤,她们才肯种。她们在政治上的是非观念也差。好些妇女把捡到的台湾的空飘物品藏起来,甚至作为礼物送人。××乡妇女杨某1999年招一男子吴某入赘(未登记),生下一男孩子后,由于合不来,吴某以外出搞副业为名,一走了之,并言"超过两个月不寄钱回家,即算解除夫妻关系"。1年后杨某与一男子恋爱,并到乡里办理结婚登记手续。但吴某闻讯从外回家,到法院控告杨某重婚。而乡妇联主任,竟然以"维护妇女儿童权益"为由,进行干预,支持杨某抗诉。

【练习3】病文分析。

### ××房改简报
#### 第一期
××市房改办公室
××××年×月×日

按:××矿务局房改办为确保住房制度改革中"提租补贴"政策的正常运转,10月份对全局所属单位进行了全面调查。这次调查,得到了各级领导的支持,组织严密,投入自查的人员多,自查效果大,在全市是绝无仅有的。他们这种对工作认真负责的精神,为全市各房改单位做出了好榜样,也充分反映了领导和房改办的工作人员高度重视住房制度改革,坚持执行房改政策,敢于和善于自查自纠的工作作风。现将××矿务局《房改工作检查情况的汇报》转发给你们,供参考借鉴。

为确保住房制度改革,实现"提租补贴"的正常运转,真正做到"一手发出去,一手收回来"。在二步到位运转一周年之际,局房改办于今年10月份召开了各单位房改办主任会议,部署了房改大检查工作,要求各单位以自查的形式,进行"两查四核实"。"两查"是:查补贴范围,查漏扣资金;"四核"是:核实住房面积、租金额、补贴基数、补贴金额。经过两个月的自查核实，截至 11 月底，大多数单位都已基本完成。

已查实的 16 个单位中，除有 5 个小单位参改人员较少，没有发现问题外，其余的大多数单位都不同程度地查出了问题。据九矿、三厂、局直、基建公司等 14 个单位的统计，在被调查的 62 863 房承租户中，漏扣资金的有 484 户，占 0.7%，少扣资金 168 552.58 元。在已发补贴的 91 578 人中，不该发补贴的有 218 人……通过追扣漏扣租金和多发的补贴，可追回资金 205 783.24 元。

这次检查核实工作，之所以能取得较大的收获，主要原因有以下三点。

1. 领导重视，业务部门配合。在局里召开房改办主任会议以后，按照要求，各单位立即行动，有的矿长亲自挂帅，召开了工资、财务、房管和工会有关人员参加的房改工作会议，进行了动员并布置了工作。如××矿副矿长××同志，就亲自召集了财务、审计、工资等各科科长会议，要求这几个部门把检查工作当成自己业务的一部分，给房管科以大力支持，并抽出一名工薪员专做检查核实工作。因此，这个矿虽然职工居住分散，人员调动频繁，检查工作难度大，但经过两个月的工作，仅漏扣资金一项就查出 57 户，少扣租金 23 万元。补贴方面的问题，还在继续检查中。

2. 配备力量，分层包干。（略）

3. 执行政策，方法得当。（略）

# 第三讲　日常应用文写作

## 第一节　日常应用文的含义、种类和写作特点

　　日常应用文，是人们在日常工作、学习和生活中处理公私事务时常用的实用文体，主要用来交流思想、传递信息、介绍经验、联系工作、求职办事等。日常应用文具有常见性和常用性，一般不具有专业性和官方性，不具备法律效力和强制性，也缺少约束力。

　　日常应用文分为书信类、礼仪类、告启类、条据类等不同种类，书信分为一般书信和求职信、慰问信、介绍信、证明信、倡议书、申请书、邀请函、感谢信等专用书信，礼仪类主要有请柬、祝词、赠言、题词、贺电、欢迎词、欢送词等，告启类主要有启事、海报、声明等，条据类主要有领条、欠条、借据、收据、请假条、便条（留言条、意见条）等。

　　日常应用文的写作特点有以下几个方面。

　　1. 有特定的对象和行文目的

　　日常应用文的对象是十分明确的，写给谁看的，行文者一清二楚。就写作目的而言，日常应用文写些什么、达到怎样的效果，事先是明确的。

　　2. 写作格式约定俗成、与时俱进

　　日常应用文的写作格式是历史留传、人们习以为常、约定俗成的，不可随意违反，否则就是不伦不类的。但随着时代发展和社会进步，日常应用文的写作格式不是一成不变，而是不断变化和创新的。

　　3. 很强的实用性与时效性

　　日常应用文在内容上十分重视实用性。它是用来办事、解决实际问题的，具有很强的实用性。日常应用文是针对工作学习或生活中所出现的具体事情而写的，往往是问题已摆在眼前或即将发生，必须想办法处理或解决时才使用的。如面临毕业找工作要准备自己的个人简历，入党入团要先写申请书等。时效性是日常应用文的基本特征。

　　4. 语言朴实、简明

## 第二节　求　职　信

### 一、求职信的含义

　　求职信又称求职申请、求聘信、应聘信、自荐信等，是求职者向有关企事业单位介

绍自己的基本情况，提出供职请求，并要求对方考虑、答复的文书。

一般来说，求职信是属于书信一类的，故其基本格式也应当符合书信的一般要求。一个人的书信如果写得精彩，那么可以肯定他的求职信也不会差到哪里去。

## 二、求职信的主要内容结构

求职信的基本结构，包括标题、称呼语、问候语、正文、署名、日期、附录等。

1. 称呼

求职信的称呼与一般书信不同，书写时须正规些，如果写给国家机关或事业单位的人事部门负责人，可用"尊敬的××处（司）长"称呼；如果是"三资"企业首脑，则用"尊敬的××董事长（总经理）先生"；如果是各企业厂长经理，则可称之为"尊敬的××厂长（经理）"；如果写给院校人事处负责人或校长的求职信，可称"尊敬的××教授（校长、老师）"。

求职信不管写给什么身份的人，都不要使用"××老前辈""××师兄（傅）"等不正规的称呼。如果对方是高学历者，可以用"××博士""××硕士"称呼之，则对方会更容易接受，无形中对你产生一种亲切感。

2. 正文

一般由三部分组成：第一部分表达自己对所申请职位感兴趣，也可说明获知招聘信息的渠道。第二部分陈述自己胜任所申请职位的理由，即与所申请职位有关的经验、技能等内容，目的是引起招聘者的兴趣，这是求职信正文的主体部分。一般要说清楚，你求职不只是考虑经济上多一点收入，你注重的是这个职位更适合你发挥个人的才能，为企业的发展作出贡献。介绍个人基本情况，如学历、年龄、个人经历、健康状况等，要视对方要求做简要介绍，或附上有关业绩材料。第三部分表达期待招聘者给予面试的机会，并附上自己的联系方式。

3. 敬语

按信函的格式写上"此致""敬礼"一类敬语。一般应表达两个意思：一是希望对方给予答复，并盼望能够得到参加面试的机会；二是表示敬意、祝福之类的词句。如"顺祝愉快安康""深表谢意""祝贵公司财源广进"等，也可以用"此致"之类的通用词。

4. 署名

打印件和复印件在署名处要留下空白，由求职人亲自签名，以示郑重和敬意。按照中国人的习惯，签名时直接签上自己的名字即可。国外一般都在名字前加"你诚挚的、你忠实的、你信赖的"之类的形容词，这种方法不能轻易效仿。

5. 日期

写在署名右下方，应用阿拉伯数字书写，年、月、日都写上。

6. 附录

求职信一般要求和有效证件一同寄出，如学历证、职称证、获奖证书、身份证复印件，并在正文左下方一一注明。

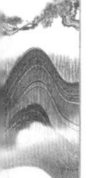

### 三、求职信的写作要求

（1）格式规范。求职信格式要符合要求，不可随意行文。

（2）内容简洁。语言要言简意赅，在句式上尽量使用短句，少用长句，多用单句，少用复句；在词语运用上，少用一些形容词、副词等修饰性词语，避免使用模糊性语言；内容上力求简短，任何无关的表述或者烦冗的文字都不要出现，一般限定在500字内。在正文中要简明扼要地介绍自己与应聘职位有关的学历水平、经历、成绩等，令对方从阅读完毕之始就对你产生兴趣。但这些内容不能代替简历，较详细的个人简历应作为求职信的附录。

（3）有的放矢。一是要考虑用人单位的需要和阅读者的知识背景和身份特征，正确处理口语与专业性术语之间的关系，进行换位思考。二是要针对自身专长来写，使自己"鹤立鸡群"。在介绍自己的特长和个性时，一定要突出与所申请职位有联系的内容，千万不能写上那些与职位毫不沾边的东西，比如你应聘业务代表一职，不要在求职信中大谈"本人好静，爱读小说"等与业务无关或相悖的性格特征。

（4）情真意切。可以坦诚表达自己浓厚的兴趣和迫切的心情，但不能言过其实。求职信一般不要在信中出现"冒昧""打搅"之类的客气话，他们的任务就是招聘人才，何来"打搅"之有？但如果你的目标公司并没有公开招聘人才，即你并不知道他们是否需要招聘新人时，你可以写一封自荐信去投石问路，如"久闻贵公司实力不凡，声誉卓著，产品畅销全国。据悉贵公司欲开拓海外市场，故冒昧写信自荐，希望加盟贵公司。我的基本情况如下……"这种情况下用"冒昧"二字就显得很有礼貌。

（5）讲究礼仪。不要过分夸大自己的能力或表现得过分自信，尤其不要说出与事实不符的能力或特性来。要尽量避免使用"一定、绝对、肯定、保证"等词，不要使用"我能够适应各种工作""我听说贵公司近期效益不好，我相信我有能力改变这种状况"等句子。不要使用批评性、挑衅性的词语或句子，不要使用限定性的语言或句子，不要使用以上压下的语言或句子。要使用书面语言表达，做到谦恭有礼但不过滥，不可曲意迎合、恭维或表现得过分热情，更不可表现得太过软弱，这会让阅读者对你的能力产生怀疑。

（6）信中要留下自己的联系电话、地址等通信信息。

## 第三节 申 请 书

### 一、申请书的含义

申请书是个人或集体向组织表达意愿，向机关、团体、单位领导提出请求时经常使用的一种专用书信。

### 二、申请书的结构和写法

（1）标题。在第一行居中写上申请书的名称。常见的类型有："文种"型，即只写"申请书"；"事由+文种"型，如"入党申请书"。

（2）称呼。标题下空一行顶格写受申请书的组织、机关、团体、单位的名称或有关负责人的姓名。

（3）正文。一般要写清四点：①申请人的基本情况；②申请的理由；③申请事项；④保证或承诺。

（4）敬语。

（5）署名和日期。

### 三、申请书的注意事项

（1）要一事一书。

（2）语言准确、朴实，简洁明了。

## 第四节　启　事

### 一、启事的概念及分类

"启"字含有"陈述"的意思，"事"即"事情"。启事是国家行政机关、企事业单位或个人因事需公开说明或者期望帮助的一种文体。

启事的使用范围较广泛，按照内容的不同可分为：征招类启事，包括招生、招聘、招标、招工、招领、征稿、征婚、换房等启事；声明类启事，包括遗失、作废、解聘、辨伪、迁移、更名、更期、开业、停业、竞赛、讲座等启事；寻找类启事，包括寻人、寻物等启事。

### 二、启事的结构和写法

启事一般包括标题、正文、落款三部分。

1. 标题

常见类型有：①"文种名称"型，即只写明"启事"二字；②"告启事由＋文种名称"型，如"征文启事"；③"告启者名称＋告启事由＋文种名称"型，如"××省会计师事务所迁址启事"；④"告启事由"型，如"房屋出租"等。

2. 正文

正文是启事的主要部分，一般应包括告启事由的陈述和具体事项的陈述，即把发布启事的原因、目的、内容、要求等事项一一准确无误地写清道明，以便人们明了。如果内容较多，可分条列项，逐一交代明白。正文部分是体现各种启事不同性质和特点的关键部分，应依据不同启事的内容和要求，变通处置，注意突出启事的有关事项，不可强求一律。如寻物启事应着重交代丢失物品的名称、特征、时间、地点、失主姓名、住址或单位名称、地址，发现后交还的办法和酬谢方式等；开业启事则应写明开业单位的名称、概况、性质、地点、经营项目和开业时间等内容；招聘启事一般包括招聘基本情况、招聘对象、应聘条件、招聘待遇、招聘方法等内容。文末可写上"此启"或"特此启事"，亦可略而不写。

3. 落款

落款包括署名和日期。在正文右下方写上启事单位的名称或启事人的姓名，并写明日期。有的启事还需要写明单位地址、时间、电话、电子邮箱、联系人等。凡以机关、团体、单位的名义张贴的启事，应加盖公章，以示负责。单位名称若在标题中出现，可省略不写。

### 三、启事的写作要求

（1）标题要简短、醒目。启事标题应力求简短、醒目，主旨鲜明突出，高度概括，能抓住公众的阅读心理。尤其是广告性、宣传性的启事，标题更要注意艺术性。

（2）内容要严密、完整。启事的事项一定要严密、完整，不遗漏应启之事，且表述清楚。要求内容单一，最好一事一启，便于公众迅速理解和记忆。联系方式等都要一一交代清楚。

（3）用语要热情、恳切、文明。启事的文字要通俗、浅显、简洁、集中，态度庄重、平易，而又热情、恳切、文明礼貌，以使公众产生信任感，达到预期的效果。

## 第五节 慰 问 信

### 一、慰问信的含义和类型

1. 慰问信的含义

慰问信是机关、团体、单位向有关方面或个人表示安慰、问候、鼓励和致意的一种事务书信。它能体现组织的关怀、温暖，社会的爱心与支持，朋友、亲人间的深厚情谊，能给人以奋进的勇气、信心和力量。慰问信以电信的方式传送时，叫慰问电。

2. 慰问信的类型

慰问信从内容上看，一般可分为三种类型：一是对先进的慰问，二是对受难者的慰问，三是节日慰问。

### 二、慰问信的结构和写法

慰问信的格式与感谢信基本相同，一般为标题、称呼、正文、敬语和落款。标题一般写"致……的慰问信"，也可只写"慰问信"三字。而称呼、敬语、落款的写法与感谢信一样。不同类型的慰问信正文略有一些区别。

1. 慰问先进

正文内容主要是简述先进事迹及其意义，表示赞扬，并鼓励他们再接再厉，乘胜前进，争取更大的成绩。开头可用"欣闻……非常高兴，特表示祝贺并致以亲切的慰问"等语；中心段可写成绩是怎样取得的及有怎样的意义，并表示赞扬；最后勉励他们再接再厉，继续前进。

2. 慰问受难者

正文内容主要对受难者表示同情和安慰，鼓励他们克服困难，勇往直前，夺取胜利。开头可用"惊悉……深表同情，并致以深切的慰问"等语；中心段着重写克服困难、战胜灾难的有利因素，鼓励他们努力奋斗，战胜眼前的困难；最后写自己（发信单位或个人）将为他们作贡献的决心及行动（如捐款捐物等），并表示美好祝愿。

3. 节日慰问

节日慰问信多是上级单位写给有关人员的。开头概述节日意义及提出问候语；中心段赞扬有关人员所取得的成绩或所作的贡献，同时，联系当前的形势阐述责任和今后的任务；最后提出希望。

### 三、写慰问信应注意的问题

写慰问信感情要真挚，语气要诚恳，语言要富有感染力，使被慰问者从中得到慰藉与鼓励。

### 四、慰问信与感谢信的异同

慰问信与感谢信都是书信体文书，即发送方式一样，为了使语体显得庄重与快速，都可用电报，书写格式也一样。虽然慰问信和感谢信都有表扬的成分，但两者的区别非常明显：一是内容侧重点不同，感谢信重在表示谢意，多讲对方对自己的帮助和支持，而慰问信则重在表示慰问，多讲对对方的勉励和激励；二是写作对象略有不同，感谢信可以是感谢单位的，也可以是感谢个人的，而慰问信则多是对某些单位、集体或群众表示慰问。

因此，感谢信和慰问信并不是随便使用的。只有在想感谢对方对自己的支持和帮助，在对方取得了某方面的成绩或遭受了某些灾难想鼓励和安慰他们时，并且仅用口头方式又不足以表达心意，为郑重起见或为了加强宣传效果时，才使用这种文体。

感谢信和慰问信可以直接发给对方，也可以发给对方的上级单位，还可以利用新闻媒介进行传播。

## 第六节 演 讲 稿

### 一、演讲稿的含义

演讲稿是演讲者在重要会议或其他公开场合发表个人的意见和主张，具有较强宣传性和鼓动性的应用文体。演讲大多事先准备好演讲稿，也有一些是即兴之作，经别人现场记录流传开来的。本教材主要讨论事先准备的演讲稿的写作。

### 二、演讲稿的类型

1. 从表达方式上划分，演讲稿可以分为以下两种

（1）命题演讲稿。命题演讲稿即由他人给出既定的题目或拟定演讲范围并事先准备

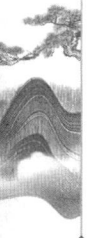

好的演讲稿。如一些大学里举办的"学风建设演讲""爱国主义演讲"等。

（2）论辩演讲稿。论辩演讲稿即由双方或多方，现场就同一辩题站在不同立场或持不同的观点，展开面对面的语言交锋和论辩。如法庭论辩、外交论辩等。

2. 从演讲内容上划分，演讲稿可以分为以下三种

（1）政治演讲稿。政治演讲稿即代表一定政治思想、政治立场、政治策略和某团体利益的一种演讲文稿，其目的是要让听众理解支持演讲者的政治主张和观点。政治演讲稿包括施政演说稿、竞选演讲稿和就职演讲稿等。著名的政治演讲有林肯的《在葛底斯堡国家烈士公墓落成典礼上的演说》、丘吉尔的《在美国圣诞节的即兴演讲》以及马丁·路德·金的《我有一个梦》等。

（2）学术演讲稿。学术演讲稿即传播、交流科学知识、学术见解及学术成果的演讲文稿。包括学术讲座、学术专题发言、学术评论等。学术演讲要求内容科学，见解独到，论证严密，语言准确、平易。

（3）社交演讲稿。社交演讲稿即在各种社交仪式、社交集会上当众发表的演讲文稿，重在寓理于情，以情动人。包括：①凭吊演讲稿。即泛指追悼会上的悼词或祭文（包括在杰出人物的祭日上所发表的演讲）。其目的是纪念死者、激励生者。②喜庆迎送演讲稿。即在为来宾而举行的欢迎（欢送）会、盛大宴会、典礼等所发表的迎送词和祝酒词、祝贺词等演讲。其特点是以礼节性词语，表达美好祝愿的词语为主，且言辞精练，幽默风趣，充满激情，给人以愉悦的感受。③答谢、告别演讲稿。即作为宾客在受到友好热烈的欢迎（欢送）和宴请仪式上发表的演讲。其特点是感情真挚，讲究礼节。

### 三、演讲稿的特点

1. 鲜明、强烈的针对性

演讲是一种社会活动，是用于公众场合的宣传形式，是以其思想、情感、事例和理论来打动听众的。因此，演讲稿的内容必须要有现实针对性。针对性有两方面的含义：一是指针对听众。要了解听众的心理、愿望和要求是什么；了解听众的阶层、文化程度、思想状况等。二是针对不同的情况，设计不同的演讲内容。演讲者讨论的问题是听众关心和感兴趣的，演讲才能取得成功。有时演讲者不是撰稿人，特别是领导人往往由他人拟稿，这就需要写稿人除了解听众的情况外，还应尽力了解领导的性格，其所擅长的和不擅长的以及此次演讲要表现的主题等。只有这样，才能心中有数、有的放矢地写好演讲稿。本教材所选的乔布斯2005年在斯坦福大学的演讲，针对性就很强，而且生动、感人。

2. 幽默、生动的艺术性

演讲不同于领导讲话，它是一门说服和劝说的艺术。如果干巴巴、枯燥无味就失去了演讲的作用。所以演讲稿要求材料幽默，语言诙谐、通俗，通过演讲者的语言艺术、内容安排和演讲者的风度仪表来达到宣传鼓动的效果，减轻听众的听觉疲劳，使听众在轻松愉快中接受你的宣传。但是，幽默要使用得当，不要流于油腔滑调，同时也要注意场合和内容。在一些肃穆、隆重的场合和特殊的高层次会议上的演讲，应注意气氛的严

肃庄重，言行得体。

3. 深刻、激昂的鼓动性

演讲本身，就是为了激发听众的情绪，宣传自己的思想。所以演讲稿一定要有内容、有思想，从而使听众在思想感情上产生共鸣，不然的话，再幽默生动所起的作用也不大。如孙中山在一次呼唤国人觉醒的演讲中举了这样一个真实的事例：一个财产超过千万的南洋爪哇的华侨富翁，有天外出做客晚了而未带夜间通行证和夜灯。当时社会规定，华人夜出，如无通行证和夜灯，为荷兰巡捕查获，轻则罚款，重则坐牢。没办法，华侨富翁只好花一元钱雇一个日本妓女陪伴自己回家。因巡捕不会过问日本妓女的客人。孙中山讲述了这个故事之后说："日本妓女虽然很穷，但是她的祖国却很强盛，所以她的地位高，行动也就自由。这个中国人虽然很富，但他的祖国却不强盛，所以他连走路也没有自由，地位不如日本的一个娼妓。如果国家灭亡了，我们到处都要受气，不但自己受气，子子孙孙都要受气啊！"这样的演讲其深刻性振聋发聩，震撼人心，具有极大的鼓动性。

当然，若想让别人感动，首先自己要感动，投入真情，"感人心者莫先乎情"。在第二次世界大战期间，丘吉尔的一次演讲极大地鼓舞了英国人民的斗志，因为，丘吉尔在写这篇演讲稿时倾注了真情：像孩子一样，哭得涕泪横流。但如果内容平淡，也无法让人感动，即使演讲者做出种种手势、表情等也不会产生效果。因此，内容的丰富和深刻是使演讲富于鼓动性的前提条件。

### 四、演讲稿的结构和写法

1. 开场白

开头要精心设计引人入胜的开场白，做到先声夺人，吸引受众。好的开场白可以立即缩短演讲者与听众之间感情的距离，博得听众的信任和好感，有助于打开局面。如第二次世界大战期间，英国首相丘吉尔来到美国寻求支持，其时美国尚未参战，那么怎样沟通和美国人民的感情呢？丘吉尔的演讲词的第一句话即为："我从我的祖国来到我母亲的祖国，我感到非常高兴。"一句话马上引起了美国公众的欢迎和感情上的沟通。

一般来看，开场白最受欢迎的有以下几种形式：第一，幽默风趣，笑中开场。这种形式可以使听众在轻松愉快的气氛中或美的感受中进入角色，接受演讲的内容。因为幽默很容易接通情感的热线，迅速拉近你和听众之间的距离，让听众信任你、接近你。像这种幽默式开头在演讲词中很多，有时它还可以迅速扭转场上因意外事故造成的不利局面，变被动为主动，使自己的演讲正常进行。第二，设问祈使，引人思考。它可以促使听众进入角色，由被动听讲者变为主动的思考者和参与者。如被誉为"中国第一演讲家"的马相伯，在抗战中的第一次国难广播演讲中，开头便是："请看，今日的中国，是谁家的天下？"第三，扣人心弦，引人注意。这种开头方式即是先找惊人的事例或材料或短句、警句等作为开头，造成一种震撼感来吸引听众。如闻一多先生的《最后一次的讲演》的开头很扣人心弦。但是，这种开头方式，其事例一定要真实，不要故弄玄虚，否则就会愚弄听众，使其反感，达不到应有的效果。第四，开门见山，点明主题。

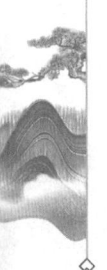

这种方式是直奔主题，开宗明义提出观点，使听众迅速集中注意力。如法国总统戴高乐1939年9月18日《反法西斯广播演讲》中的开头："事情已经定局了吗？希望已经没有了吗？失败已经确定了吗？没有！"简洁而又斩钉截铁的语言不仅表达出演讲者的信心，而且充满了鼓动性。除此之外，为了吸引听众，还可以用"默语吸引听众法"，即上台后沉默不语，仅用两眼扫视会场，听众反被勾起好奇心，这样可有效地实现静场，达到吸引听众注意力的目的。

2. 主体部分

主体部分是演讲稿的写作重点和高潮、精彩段落，是作者的观点、演讲的主题得以充分论证、展示的部分。主体内容要精心安排，各个组成部分的搭配和排列要既有变化，又有秩序；既有平铺直叙，又不乏奇峰突起；既变化多端，又错落有致；既丰富多彩，又层次清晰。主体部分展开的方式有以下几种。

（1）议论式。这种方式多用于政治演讲稿和学术演讲稿。结构方式一般有三种：并列式、递进式、对比式。

并列式是围绕演讲的中心论点，从不同角度、侧面进行阐述。递进式是从表入里，层层推进，最终揭示深刻的主题。对比式是将两种本质属性相反的事理或同一事理在不同时期所表现的相异属性进行对照比较，正反结合，是非分明。

（2）记叙式。记叙式即通过对人物或事件的记叙和描写，表现出演讲者的思想和感情。一般有两种顺序：第一种是按时间顺序来安排主体结构的方式。这种方法可以使演讲稿条分缕析，井然有序，但要避免平铺直叙。第二种是空间顺序，是根据客观事物所处的空间位置，依照一定的顺序来安排结构的方式。要站在一定的观察点，根据视角先后所及依次叙述。如写风光、写建筑、写环境等都可采用这种方法。记叙式演讲和议论式演讲不同的是：议论式演讲是通过逻辑推理作用于听众的理智；记叙式演讲稿则主要是通过客观事件、人物的真实叙述，激发听众的情感，使听众在感动中受到教育。

3. 结尾

结尾是演讲稿主体内容发展的必然结果，是演讲走向成功的最后一步。结尾给听众的印象，往往代表整个演讲活动的效果。

结尾或引导、或归纳、或升华、或希望、或感慨、或抒情，方式很多，各呈其美。美国独立战争时期的国务卿帕特里克·亨利《在弗吉尼亚州议会上的演说》的结尾："不自由，毋宁死！"不仅对全文归纳总结，更是画龙点睛般地揭示主题，与开头观点再次呼应，加深印象，起到良好的鼓舞和激励作用。好的结尾应收拢全篇，卒章显志，干脆利落，言简意赅，余音绕梁，能够使听众精神振奋，并促使听众不断思考和回味。切忌陈词滥调，草草收兵，或画蛇添足，节外生枝。

演讲的本质在于"讲"，而不在于"演"，它以"讲"为主、以"演"为辅。由于演讲要诉诸口头，拟稿时必须以易说能讲为前提。演讲稿写成之后，作者最好能通过试讲或默念加以检查，凡是讲不顺口或听不清楚之处（如句子过长、语词难懂），均应修改与调整。而当今社会，演讲口才已经成为人们生活中不可缺少的技能。戴尔·卡耐基曾说："一个人的成功，15%取决于专业知识，85%取决于口才艺术。"西方世界早就把

"舌头、金钱、原子弹"列为生存和发展最重要的三大武器。在信息化时代，有效的表达是获得机会的开始，演讲演示能力已成为衡量国际化人才的必备条件之一。期望同学们在学习演讲稿写作的过程中，努力锻炼、提高演讲口才。会说话，让你能耐通天；善说服，助你资源如山；巧讲话，保你成功无憾。

### 读后思考题

【练习1】改正下面书信的措辞和表达方面的不足。

×××和×××：

你们好！惊悉你们两人考上重点名校中山大学，非常高兴，谨向你们致以衷心的祝贺和敬意！

说来惭愧，我们三人曾同学三年，独我落选。不过，鄙人虽然这次高考不幸名落孙山，但决不灰心，决意明年再考，即使再考不上也不悲观，学府之外自学成才的不是大有人在吗？时至今日，学习计划已初具雏形，诸君学习成效显著，有何经验之谈或者锦囊妙计，望抛砖引玉，切莫保守，来信告我。

余不赘陈，愿我们在学习的道路上比翼双飞。

×××敬呈

【练习2】下面是一则慰问（唁慰）信，请分析其语言特点。

#### 毛泽东致周恩来（一九四二年七月十七日）

恩来同志：

十七日电悉。尊翁逝世，政治局同仁均深致哀，尚望节哀。重病新愈，望多休息，并注意以后在工作中节劳为盼。

毛泽东<br/>十七日二十四时

【练习3】邹韬奋在1936年10月19日上海各界召开公祭鲁迅先生大会上，发表一句话的演讲，请分析这篇一句话演讲稿的语言特点。

今天天色不早，我愿用一句话来纪念先生：许多人是不战而屈，鲁迅先生是战而不屈。

**【练习4】** 分析下面一则自荐信的内容和表达的优点与不足。

尊敬的领导:

  您好!

  感谢您在百忙中抽空翻阅我的自荐材料,我是××大学经济学院企业管理专业2023届毕业生。本人久慕贵公司盛名,深知贵公司实力雄厚、工作氛围活跃、工作态度严谨、极具活力。若能用我所学的知识,为贵公司效力将是我无上的光荣。希望我的毛遂自荐,能为贵公司奉献我的绵薄之力。

  在大学四年里,我认真系统地学习了经济学专业的基础知识和专业技能,重点学习了企业管理及员工的管理,参加过××酒店等单位的员工培训,撰写了《员工的激励》《激励在人力资源管理中的运用》等多篇论文。几年来我努力学习专业知识,从各门课程的基础知识出发,努力掌握其基本技能技巧,深钻细研,寻求其内在规律,并取得了良好的成绩,多次获得奖学金。

  实践是检验真理的唯一标准。所以我利用节假时间到广州××汽车零部件制造有限公司、广州太平洋电脑城等多处实习工作。在担任广州××汽车零部件制造有限公司生产部部长助理期间,熟悉了生产型企业的运作模式和管理方式,积累了一定的经验。在丰富的社会实践中铸就了我极强的自学能力和奋发向上的精神品质,使自己具有良好的身体素质和心理素质,同时也积累了大量宝贵的经验。在担任××大学图书馆管理员期间,除了积极地为同学们服务以外,还在里面学到了很多的知识,增加了自己的知识面。我认为一个人只有把聪明才智应用到实际的工作中去,服务于社会,有利于社会,让效益和效率来证明自己,才能真正体现自己的自身价值!我坚信,路是一步一步走出来的。只有脚踏实地,努力工作,才能发挥出人的全部潜力,做出更出色的成绩,实现人生的最大价值!

  "器必试而先知其利钝,马必骑而后知其良驽。"我深信:只要我找到一个支点,就能撬起整个地球;只要给我一片土壤,我会用年轻的生命去耕耘。您不仅能看到我的成功,而且能够收获整个秋天。这就是我的自信和能力的承诺。

  剑鸣匣中,期之以声。热切期望我这拳拳寸草心、浓浓赤诚情能与您同呼吸、共命运、同发展、求进步。请各位领导给我一个机会,我会用行动来证明自己。

  最后,衷心祝愿贵公司事业发达、蒸蒸日上。

  此致

 敬礼!

×××敬呈<br>2023年11月

**【练习 5】** 分析下面一则启事在内容和表达方面的毛病。

## 启　事

　　堂堂男子，三十而立，身高 175 厘米。体魄健壮魁伟，大学本科毕业。干部家庭，经济生活优裕。商海鏖战 5 年，现任副经理之职。尚未结婚，思得佳偶。物色芳龄 25 岁上下、大专以上学历、品貌端庄、性情温顺之女子为妻。必须本市户口，职业可不限。如蒙惠寄锦笺玉照，本人收到必然作复。赐函请邮寄××路××号××室××收转。谢绝登门造访，谢绝电话咨询。邮政编码为××××××，特此敬告。

# 第四讲　新闻写作

## 第一节　新闻的定义、特点及作用

新闻有广义和狭义两种含义。广义新闻，指媒体文章，包括消息、通讯、新闻特写、新闻调查等。本章讨论的"新闻"是狭义的，专指消息，即用概括性的叙述方式，以简明扼要的文字，迅速及时地对新近发生或发现的、有报道价值的、群众最关心的事实的报道。"概括性的叙述方式"和"简明扼要"是其文体特点。"新近发生或发现"和"迅速及时"，说明消息有着极强的时效性。"为公众所关心的事实"强调了消息的真实性特点和它的新闻价值。新闻的特点是：真实、新鲜、快速、重要。

一条完整的消息，一般要具备六个新闻要素，即"何时"（When）、"何地"（Where）、"何人"（Who）、"何事"（What）、"何故"（Why）和"如何"（How），西方称为五个"W"和一个"H"。其中，"何时""何地""何事"这三个要素最重要，任何消息都不可缺少。其他要素，在某些简明短小的消息中，根据内容的不同，也允许部分省略。

消息，在各种新闻体裁中是唱主角的。没有消息，就没有报纸，没有广播新闻和电视新闻。所谓传播媒介，就是以传播消息为主要目的的。消息是最基本的新闻体裁，其他新闻体裁从某种角度来说，是消息的扩大、延伸和发展。比如通讯，就是由"记事消息"发展而来。

## 第二节　消息的写作格式和要求

消息一般由标题、导语、主体、背景和结尾五个部分组成。

### 一、标题

标题是消息的眉目，是消息内容的精粹所在、风采所在。标题要求别致醒目，吸引读者。与一般文章相比，新闻标题具有多行性和层次性的特点。

例1：全国电视电话会议部署今年吸引外资工作

**改善软环境　要下硬功夫**
××市领导做经验交流时提出
今年吸收合同外资800亿美元的目标

这一则标题的引题说明消息来源和背景，正题揭示会议的主要内容，副题是有关会议情况的细节补充，虚实相生。

例2：张学良、孙立人生活行动已无限制

**本报讯** 据台湾多家报纸报道，台湾"行政院"1月11日表示，涉及"西安事变"的张学良将军，及1955年因案引咎辞职的孙立人将军，目前他们的生活及行动均无限制。

台湾"行政院"就最近曾有两位"立法委员"关于张、孙两将军的目前状况提出咨询的书面答复说，张学良"西安事变"一案早在民国二十六年（1937年）1月4日已经特赦。目前其生活及行动并无限制。至于孙立人，经依照规定除役，并给予应享受权益及适当照顾。

这则消息标题欠妥，与内容扣合不紧密。张、孙两人地位影响不一，情形也有别。可以拟为：

张学良、孙立人近况如何？（引题）
张将军生活及行动并无限制（正题）
孙将军除役后给予应享受权益

## 二、导语

导语是新闻的第一句话或第一段话，简明扼要地揭示消息的最重要内容，吸引受众看完全文。

例1：早期的新闻是没有导语的。《中国丛报》1833年2卷4期有则这样的报道

**本报讯** 一位家离广州约20公里的本地人来信告称：他村里的邻居中，有位年轻的新娘，婚后回娘家省亲。她有一个妹妹和几个未婚的女友。新娘的遭遇给她们以很大的震动。她们看到：女人嫁给一个坏男人，会陷入怎样不幸的境地。她们确信，与其嫁给一个坏男人，还不如死去为好。在经过商量和思索之后，四个无知的女人决定自杀。她们把手紧绑在一起，然后投入附近的河中。抢救的呼声很快传出，她们被从水中捞起来，但为时已晚，都没有活过来。

这则报道跟一般文章写法一样，基本按照时间先后的顺序，按部就班地从事物的发生、发展、变化写到结局。依据现代新闻的特点和写作要求，应该这样改写：

**本报讯** 据一位家离广州约20公里的本地人来信告称：他村里有四个女子，于×月×日集体投河自杀。

这四个女子，是在得知一个回娘家省亲的年轻新娘的悲惨遭遇后决定自杀的。其中一个是新娘的妹妹。

这个新娘的遭遇，给她们以很大的震动。她们看到：女人嫁给一个坏男人，会陷入怎样不幸的境地。她们确信，与其嫁给一个坏男人，还不如死去为好。在经过商量和思索之后，四个无知的女人决定自杀。她们把手紧绑在一起，然后投入附近的河中。

抢救的呼声很快传出，她们被从水中捞起来，但为时已晚，都没有活过来。

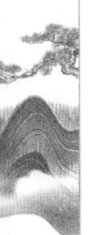

例2：下面这则导语过长，不够精练

**本报讯** 昨天一场罕见的大雾，使广州的主要公共交通系统陷入困顿达四五个小时。探亲访友的，赶去加班的，急病送医的——无数人被困在途中；然而在迷雾期间，全市没有发生一起交通伤亡事故！至今日凌晨0时30分，本市过江隧道和大桥的近10万人得到疏通，上万辆次汽车、自行车安全通过，公交恢复正常。凌晨1时，在珠江隧道口忙了好一会的市长望着公交车有秩序地将乘客一批批送过江，对记者说："要感谢广州的公安干警、武警、解放军指战员和公交职工！"

原文连标点两百多字，四句话，有"面"上的材料，有"点"上的材料，也有空话（第二句的上半句）。修改如下：

**本报讯** 昨天一场罕见的大雾，使广州的主要公共交通系统陷入困顿达四五个小时。然而在迷雾期间，全市没有发生一起交通伤亡事故！至今日凌晨0时30分，本市过江隧道和大桥的近10万人得到疏通，上万辆次汽车、自行车安全通过，公交恢复正常。

例3：下面这则导语主次不分，内容庞杂

**本报讯** 欢声笑语之中，一位少先队员向司徒敏同志献上一束鲜花。而他，随即把花献给了广州轴承厂的工程师朱德发。这位利用业余时间为乡镇企业发展立下汗马功劳的老工程师，昨天（12日）和19位教授、高级工程师及科技人员一起，受聘担任了白云区同和镇工业总公司董事。在郊区成立工业总公司，白云区同和镇是第一家。

全文四句，第一、第二句是会场发生的细节（花絮），虽然是事实，但是新闻价值不大；第三句具有比较大的价值，第四句意义重大，新闻价值超过第三句。调整、修改如下：

**本报讯** 本市郊区第一家工业总公司董事会——白云区同和镇工业总公司董事会昨天成立，19位教授、高级工程师及科技人员一起，受聘担任董事。

## 三、主体

主体是紧接在导语后面构成消息主要内容的部分。它承接导语详细地叙述事实，说明问题，用充足、具体、典型的材料充分地展开导语的叙述。新闻要"新"，主体部分的写作要体现这个最大的特点。时间新是前提，事物新（新人、新进展、新气象、新成绩、新问题）是核心，角度新是补充。

例1：

美联社东京9月9日15点7分（北京时间下午4时7分）快讯：

毛泽东逝世。

1976年9月9日下午4时，中央人民广播电台播出毛泽东逝世的消息。7分钟之后，美联社向全世界播发了。

例2：

在第七届世界杯体操大赛中
谁是"最紧张的观众"？

**本报讯** 9月1日晚，在第七届世界杯体操赛闭幕的时候，有的新闻记者开玩笑地说："如果要评选本届大奖赛中'最紧张的观众'，我投刘小明一票。"

40多岁的刘小明是天津春合体育用品厂厂长。本届体操大赛所用的全套机械都是这个厂在三个月内赶制出来的。

世界性体操大赛全部使用中国器械，这还是第一次，而且要求采用国际体联公布的最新标准。这对在体育界已经享有一定声誉的春合体育用品厂，无疑是一次严峻的考验。

在三天的赛程里，"身经百战"的刘厂长始终处于紧张状态中，运动员赛到哪里，他就跟到哪里，不停地观察、拍照。他的信念是：在世界电视观众面前，中国生产的器械不能出一点岔！

刘厂长和全厂职工所作的努力得到了满意的结果。在世界杯体操赛决出女子全能名次以后举行的记者招待会上，获得女子全能冠军的苏联选手舒舒诺娃和获得女子全能亚军的罗马尼亚选手西利瓦斯，都赞扬中国生产的体操器械很顺手。从苏联代表团传出消息：这套体操器械达到了世界先进水平，苏联运动员在这套器械上发挥得很好，他们正在考虑向中国订货。

这是发表在《经济日报》一版的头条新闻，而且是体育新闻。原本是经济新闻的题材，报道的是产品质量问题，但是作者改换了角度，把经济新闻的题材，改由体育比赛角度切入，立意高明、写法新颖，把产品质量写活了。获得全国好新闻评比二等奖。

## 四、背景

背景指新闻事实的历史状况，周围环境以及同其他事物之间的联系。新闻中的背景材料按照性质可以分为以下类型。

（1）对比性材料，对事物进行今昔、正反、左右的比较，在对比中突出新闻事实的重要意义，增加消息的可读性。

（2）说明性材料，介绍新闻事实的政治背景、历史状况、地理环境、物质条件等材料，以说明事物出现的原因、条件、环境，帮助读者更好地理解消息的内容。

（3）注释性材料，对新闻事件中一些不易为某些读者理解的内容或名词概念加以适当的注释。

## 五、结尾

消息的结尾一般起着总收全文的作用，有概括性结尾、预示性结尾、启发性结尾等。目的在于使读者得到一个完整的总体印象。一般表现为与导语呼应，最后升华主题。

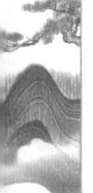

### 📖 读后思考题

**【练习1】** 试比较阅读下列病文及修改稿，从材料的处理和语言的使用方面分析其优劣。

【原稿】

## ××市17名党外人士担任区县政府领导职务

新华社北京3月16日电 新当选的××市××区副区长王××今天对记者说：我作为民主党派成员当选为副区长，感到责任十分重大。民主党派成员进入政府领导班子，是社会主义民主政治的新发展，也是对我们民主党派的一次考验。在今后任职的3年中，我要依靠党的领导，认真深入实际，听取群众呼声，扎扎实实把工作做好。

王××，现年53岁，民盟××市委委员、民盟区工委主任，原××教育学院××分院高级教师。今年3月，当选为××市××区副区长，主管文化、卫生、体育、老龄委、计划生育等项工作。

××区现有1位正区长，6位副区长。其中6名中共党员，1名民主党派成员。

据了解，××市自去年10月开始的18个区县人大换届选举工作截至今年3月6日已全部结束。在18个区县中有17个区县政府选出了17名非中共人士担任副区县长职务，占18个区县正副区县长总数的13.6%。在新当选的17名非中共人士副区县长中，民主党派成员5人，占29.4%；无党派人士12人，占70.6%；女同志5人，占29.4%；平均年龄50岁。

据悉，××市十分重视举荐党外干部担任政府领导职务，市委组织部和统战部曾下发文件，提出了举荐非中共人士干部的条件。市委领导要求，对担任各级政府部门领导职务的党外干部要政治上信任、工作上支持、生活上关怀，保证他们有职有责有权，并为他们创造学习、锻炼提高的条件。

×××年××市各区、县政府换届时，党外副区长只有5人。目前，全市共有党外局级以上干部23名，处级以上干部865人。其中，政府系统现有党外处级干部355人，比×××年的88人增长了近3倍。

【修改稿】

## 17名非中共人士在××市区县任要职

新华社北京3月16日电 ××市18个区县人大换届选举工作已于近日全部结束。有17个区县选出了17名非中共人士担任副区、县长职务，占18个区、县正、副区、县长总数的八分之一强。

17名非中共人士中，有民主党派成员5人，无党派人士12人。据悉，在这次的换届选举中，××市十分重视举荐非中共人士担任政府领导职务。

上届××市区、县政府中，担任正、副区、县长职务的非中共人士只有5人。

××市还要求对这些新当选的非中共人士要政治上信任、工作上支持、生活上关怀。

日前，新当选的××区副区长王××告诉记者，他将主管××区的文化、卫生、体育、计划生育和老龄委等项工作，他表示，责任重大，要认真深入实际，把工作做好。

王××也是民盟××区工委的主任。

# 汉语运用基础知识

# 第一讲　韵　律

## 第一节　韵律和韵律的基本单位

　　说话时要讲究抑扬顿挫，这就是所谓的韵律。抑扬，也就是轻重，比如"在学校"，先抑后扬，"在"读得轻一些，"学校"读得重一些；"学校里"则先扬后抑，"学校"读得重一些，"里"读得轻一些。顿挫，也就是不同程度的停顿，比如"纸墨笔砚"，读时"纸墨"和"笔砚"之间有一点小停顿；"在学校学习"，读时"在学校"和"学习"之间有一点小停顿。

　　汉语中，要实现抑扬顿挫，最基本的单位是双音节，一个音节一般不能实现抑扬顿挫。这一点，可以在音译外来词的读法中充分体现出来。音译外来词，每个音节都是一个纯记音的符号，没有意义，它们的读法不受语法、语义等因素的影响，最能体现韵律自身是什么样的。如"坦克""莫斯科""塞拉利昂""印度尼西亚""哈巴罗夫斯克""布宜诺斯艾利斯"，分别读成"坦克""莫斯科""塞拉/利昂""印度/尼西亚""哈巴/罗夫/斯克""布宜/诺斯/艾利斯"。由上面的读法可以看出，两个音节读成一个单位，一个音节不能读成一个单位，它必须依附在双音节的单位上，构成一个三音节整体。多个音节是每两个音节成一个单位，直到最后，如果剩一个音节，就与前面的单位合在一起，构成一个三音节的单位。

　　说话时的抑扬顿挫，是要受语法制约的，比如"在学校学习"是由"在学校"和"学习"组成的，不能读成"在学/校学习"。但是韵律，反过来也会影响语法。

## 第二节　古代诗歌的节律

　　古代五言诗句如"床前明月光""疑是地上霜"一般读成"床前/明月光""疑是/地上霜"，七言诗句如"不尽长江滚滚来""飞流直下三千尺"一般读成"不尽/长江/滚滚来""飞流/直下/三千尺"。这与"印度/尼西亚""布宜/诺斯/艾利斯"的读法完全是一样的，诗句的节律与音译外来词一致，反映了语言自身的纯韵律特征。

　　节奏是诗歌的生命，同时诗歌可能比其他任何文学形式更依赖语言的特征，正是汉语自身的纯韵律特征决定了古代诗歌的节律。

## 第三节 韵律影响词法

　　词与词组合成短语或句子时,它的节律易受语法、语义、语用等因素的影响,不一定符合纯韵律要求,比如"在水库游泳"会读成"在水库/游泳",而不是"在水/库游泳"。而当短语凝固成词时,由于词总是一个整体,不可拆开,是最基本的语言单位,所以易受韵律自身特征的影响。比如"大衣柜"作为短语,意思应是"大的衣柜",根据语法、语义应读为"大/衣柜",这个短语凝固成词,则读成"大衣/柜",使人误解为"大衣的柜"。原因就是"大衣/柜"这种读法符合汉语的韵律自身的特征。按汉语的纯韵律特征,是两个音节一个单位,单个音节不能自成单位。"大衣/柜"的读法是符合这个要求的,所以能够成词。由短语凝固成的词,一般要符合汉语的纯韵律特征。这类词,音节节律上一般是"2+1",如"申请书""灵敏度""美术字"等。

　　汉语中四个字的成语一般由短语凝固而来,音节节律上一般读成"2+2",如"摩拳/擦掌""胸有/成竹",这也是汉语的纯韵律特征影响的结果。这样读的结果,使得有些成语,让我们难以理解它们的意思。比如"一衣带水",构成上是"一衣带"修饰"水",字面意思是一根衣带那么宽的水,但韵律上读成"一衣/带水",弄得很多人不理解它的意思。

　　五个字的专名,如"文化大革命",不能说成"大文化革命";"汉语大词典"不能说成"大汉语词典"。虽然它们的意思差不多,但是原因在于,前者的读法是"2+3",符合汉语自身纯韵律特征的要求。

　　汉语的纯韵律特征,即两个音节成一个单位,对词汇更重要的影响在于,汉语词汇的双音化倾向。古代汉语主要是单音词,但现代汉语中双音节词占据优势。一些单音节的词变成了双音节的,如"目—眼睛""井—水井",也有许多多音节压缩成了双音节的,如"机关枪—机枪""落花生—花生"。

## 第四节 韵律影响句法

　　"在学校"由"在"和"学校"构成,"在"读得轻一些,"学校"读得重一些;"学校里"由"学校"和"里"构成,"学校"读得重一些,"里"读得轻一些。一般来说,韵律上两个音节比一个音节重,多个音节更重一些。

　　汉语中"动+宾""动+补"结构,韵律上一般是要求后一个成分即"宾""补"重。这是因为句子的组织中,一般是旧的信息在前,新的信息靠后,旧的信息一般读得轻一些,新的信息读得重一些。句子当中读得最重的部分,一般是新信息最重要的部分,这往往落在句子最后的成分上。"宾""补"往往是句子最后的成分,结果导致韵律上,"动+宾""动+补"结构一般要求是先抑后扬,即先轻后重。

## 一、受韵律影响的"动+宾"

"动+宾"结构的韵律一般先抑后扬,先轻后重。"看书""写字""开车""读小说""做中饭"等这些"动+宾"结构很自然,原因之一,就是韵律上可以实现前轻后重。"看书""写字""开车"是"动""宾"各一个单节,音节本身上无所谓谁轻谁重,与前轻后重的要求不矛盾;"读小说""做中饭",是"动"一个音节,"宾"两个音节,音节上前轻后重,与"动+宾"结构要求前轻后重的韵律一致。

但是,"描写人""购买书""安装灯""保持价"一般不能说,主要就是韵律因素的影响。它们的"动"是两个音节,"宾"是一个音节,音节上是前重后轻,这与"动+宾"结构韵律上要求前轻后重相矛盾,于是难以接受。

## 二、受韵律影响的"把"字句

"把"字句,如"我把书看完了",就是"把"字把宾语提到动词前的一种句子。"把书看完了"的两个构成成分,"把书"和"看完了",在韵律上也和"动+宾"一样,要求前轻后重。下面的句子不能说:

我把衣穿

他把脸洗

小朋友把书看

上例中的"把"字句不能接受,是因为韵律上不合要求。它们由"把衣"和"穿"、"把脸"和"洗"、"把书"和"看"构成,前面是两个音节,后面是一个音节,音节本身是前重后轻,与前轻后重的韵律要求相矛盾,这类"把"字句难以接受。解决的方法,就是加多"把衣""把脸""把书"后面的成分的音节,如"我把书看了""我把书看完了""我把书看了好几遍了""你把脸洗洗""他把脸洗得非常干净了"。动词成分的音节多了,韵律上就重了,就不再与前轻后重的韵律要求矛盾了,于是句子就变得可以接受了。

## 三、受韵律影响的"动+宾+补"

一般来说,动词后就只有一个重读的位置,且在最后一个成分上,如果动词既有宾语又有补语,就可能存在双方互抢重读位置的情况,可能会导致韵律矛盾。试对比:

(1) 小明拍了他几下

　　老师骂了他半个小时

　　他读了那篇小说三遍

(2) 小明拍了两个人几下

　　老师骂了三个学生半个小时

　　他读了两篇小说三遍

(1) 的说法可以接受,(2) 的说法就不能接受。对比发现:(1) 中宾语表示的是听说双方都明确知道的事物,是旧信息,因此它们读得比较轻,不会与补语抢重读的位

置,整个结构较为合理。(2)中的宾语,其所指不是听者明确知道的,是新信息,要重读。而这里补语在最后一个位置上,也要读得重一些。这就出现了宾、补都要求重的情况,于是句子变得不能接受。

"他读了那个描写草根人物如何生存、如何奋斗的长篇小说三遍"这个句子虽然类似(1)的例子,但是仍然比较难以接受,原因是虽然宾语表示听说双方明确知道的人物,但太长,音节太多,韵律上仍然比较重,可能会与补语争重读的位置,发生韵律冲突,可接受度上受到影响。

### 四、受韵律影响的"动+补+宾"

由于"补"和"宾"争重读的位置,下面的说法也不能接受:
(1) 他累弯曲了腰
　　他关严实了窗户
　　她哭嘶哑了嗓子
　　学生摆整齐了桌子

原因也在于动词后的补语与宾语抢重音。对于这类句子而言,宾语在最后,应读得重一些。可是动词后的补语也要求读得重一些,它与宾语抢重读的位置,于是发生韵律冲突,合理的说法可改为:
(2) 他把腰累弯曲了
　　他把窗户关严实了
　　她把嗓子哭嘶哑了
　　学生把桌子摆整齐了

动词后只有句子最后的补语读得重一些,符合韵律的要求。不过,有趣的是,与(1)同样意思的下面例子却可以说:
(3) 他累弯了腰
　　他关严了窗户
　　她哭哑了嗓子
　　学生摆齐了桌子

原来这里"累弯""关严""哭哑""摆齐"是双音节的,符合复合词的韵律要求,"动+补"整体像个动词,"补"不再独立出来抢重读的位置,其后只有宾语,可重读,符合韵律要求。而"累弯曲""关严实""哭嘶哑""摆整齐"音节上都是"1+2",不符合复合词的韵律要求,它们是短语,不像复合词,所以例(3)可以说,而例(1)不能说。

### 五、受韵律影响的"动+(宾)+介词短语"

一个句子,动词后就只有一个重读的位置,且在最后一个成分上。所以汉语中的句子动宾之后不能再带介词短语,我们不能说:

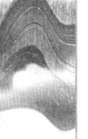

我写了一篇日记在教室

他偷了不少东西为你

他画了一张素描用铅笔

　　这些句子，动词后有宾语，宾语应读得重一些，但宾语却不处在句子的末尾，其后还有介词短语，韵律上不符合要求，一般不能说。要想句子能接受，就必须进行调整，把介词短语提到动词前，如"我在教室写了一篇日记""他为你偷了不少东西""他用铅笔画了一张素描"，或者在口语中，在动词的宾语后停顿，把介词短语处理成句子结构之外的追加成分，然后把介宾读成一个很轻的成分。

### 读后思考题

　　【练习1】"失乐园"在做电视剧名的时候和在"得金钱，失乐园"这一句子中，它们的意思是不是一样的？

　　【练习2】下面指称同一人的不同的称呼方式，音节多少不一样，使用的场合有什么不一样的地方？

1. 徐慧琳同学

2. 徐慧琳

3. 慧琳

4. 琳

　　【练习3】试分析下面两个句子，哪一个更好。

1. 我们应该一清二楚地调查这个问题。

2. 我们应该把这个问题调查得一清二楚。

　　【练习4】下列说法在韵律上不符合要求，请改正并说明理由。

1. 大汉语词典

2. 你把这个问题说

3. 他摆整齐了鞋子

4. 我购买了票

5. 他看了一部电影一遍

# 第二讲　结　构

## 第一节　句子的构造

一个人的身体由手、脚、头、躯干等按照一定的结构构成，一个句子也是由不同的部分按照一定的结构构成。下面我们举一个例子来说明：

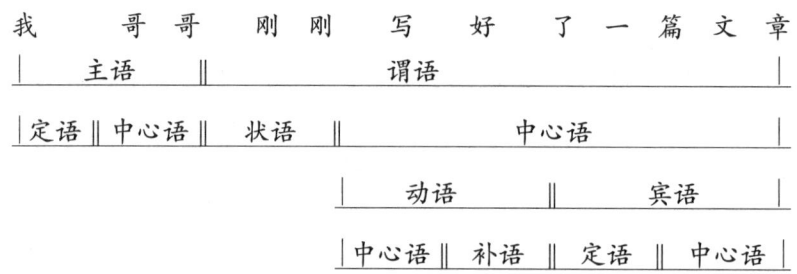

这个句子首先由主语和谓语两部分构成。主语和谓语是两两对应的，主语在前，谓语在后。语义上，主语是谓语说明的对象，谓语是说明主语"是什么"或"怎么样"的。上例中"我哥哥"是主语，谓语部分是说明"我哥哥"怎么样的——"刚刚写好了一篇文章"。一般的句子都是由主语和谓语两个部分构成的。

这个句子的谓语部分由状语和中心语两部分构成。状语和带状中心语是两两对应的，状语在前，中心语在后。语义上，状语是修饰、限制后面的中心语的。上面例子中，状语"刚刚"从时间角度修饰、限制后面的中心语"写好了一篇文章"。谓语中的修饰语，一般就是状语。

这个句子状语后边的中心语由动语和宾语两部分构成。动语和宾语是两两对应的，动语在前，宾语在后。语义上动语表示动作行为，宾语表示动作行为所涉及或关联的对象。上例中，动语"写好"是动词性的，"一篇文章"是"写好"所涉及的对象。"动语+宾语"整体上总是动词性的。

这个句子的动语又是由中心语和补语两部分构成的。带补中心语和补语是两两对应的。中心语在前，补语在后。语义上，中心语一般表示动作行为，补语则表示中心语动作所产生的或所引发的结果。上面例子中，中心语"写"表示一个动作，补语"好"表示的是"写"这一动作产生的结果。

这个句子的主语和宾语是由定语和中心语两部分构成的。定语和带定中心语是两两对应的，定语在前，中心语在后。语义上，定语是修饰、限制后面的中心语的。上面例子，"我哥哥"中"我"从领有角度来修饰、限定中心语"哥哥"，"一篇文章"中"一篇"从数量角度来修饰、限定中心语"文章"。主语或宾语中的修饰语一般就是定语。

这里句子的构成，是两两往下分的。这种分析句子的方法，与中学学的有些不同，中学里分析句子的方法，只把中心语叫作主语、谓语、宾语，其余的分别是定语、状语、补语。

## 第二节 主语和谓语

一般的句子，由主语和谓语两个部分构成，谓语在表达当中更为重要。虽然在一定的语境中，主语和谓语都可以省略，如：

"你在干啥呢？""发呆。"

"谁在那儿发呆呀？""我。"

但是，有的时候，主语或谓语不出现时，会导致残缺问题，如：

① 对于河水污染的问题，是大问题，会引发大众的关注。

② 他在战争现场的报道，震撼了我们的心灵，在思考人们以这种残酷的方式相争，究竟为了什么？

第一例，"是大问题，会引发大众的关注"的主语是"河水污染的问题"，可"对于河水污染的问题"是一个介词短语，不能作主语，所以句子缺主语，可把介词"对于"去掉。第二例，第一个分句的主语是"他在战争现场的报道"，第二个分句"在思考人们以这种残酷的方式相争，究竟为了什么"的主语是"我们"，已更换了主语，不指明容易误会，这种情况下应把主语指明，应在第二分句前添加主语"我们"。

① 结婚后她辞了职，整天在家洗衣、做饭、带孩子等琐碎的家务活。

② 我们以对学生负责的态度，凡是能为学生提供方便的，都尽量为他们提供方便。

第一例，"洗衣、做饭、带孩子等琐碎的家务活"是名词性成分，不能受"在家"的修饰整个充当谓语，应改为"整天在家干做饭、洗衣、带孩子等琐碎的家务活"。第二例，"以对学生负责的态度"是一个介词短语，不能独立充当谓语，应改为"我们以对学生负责的态度做事"。这两例都是谓语部分缺少相应的成分。

谓语是说明主语怎么样的，语义上也要与之搭配，否则句子也会出问题。

①今天的所见所闻，正是我们不愿意见到的。

②这家核电站的发电量，不仅供应内地，还向香港输送。

第一例，"所闻"不能是"正是我们不愿意见到的"，搭配不当，谓语部分少了一些东西，应改为"正是我们不愿意见到、听到的"。第二例，"发电量"不能"不仅供应内地，还向香港输送"，搭配不当，应改为"发的电"。

句子换了主语，应明确说明，有时句子没换主语或主语在语境中是非常明确的，则不宜明确说明，否则便显得重复，如：

电力公司为保障亚运用电，他们准备了几套应急预案。

这一例，两个小句的主语一致，可以省略一个；两个小句都出现主语，反而显得重复累赘。

## 第三节　动语和宾语

动语和宾语是相对而言的，汉语中宾语在语境中如果是明确的，往往可以省略。但如果不明确，则必须明确指出，否则便导致残缺，如：

阅读一篇文章，不仅要完整准确地理解，而且要切实把握住。

这一例，"理解"什么，"把握住"什么，没有明确指明，至少"把握住文章"不行，所以必须补充宾语，可改为"不仅要完整准确地理解意思，而且要切实把握住它的表达意旨"。但有时情况似乎相反，宾语里的成分有多余，如：

他花了五年时间才完成了博士论文的撰写。

这一例，到"完成了博士论文"意思已清楚完整，不需要再说"的撰写"。

动语和宾语中，动语是必需的，一般不会漏掉，但是有时不小心，也会发生错漏，造成有的宾语前没有动语，上一节所举的例子"整天在家洗衣、做饭、带孩子等琐碎的家务活"实际上就是漏掉了"干"之类的动语。

有些情况，似乎又相反，动语部分有多余，比如：

①隔壁的审问室里，一位警官正在对一个嫌犯进行审问他作案的动机。

②他们那个局，由副局长李坤生负责掌管基建和后勤工作。

第一例，"进行审问他作案的动机"，不要"进行"意思已明确，有它，反而导致动宾搭配不当，因为"进行"后面的动词不能再带宾语，应删除掉"进行"。第二例，"负责掌管基建和后勤工作"中"负责"与"掌管"意思差不多，只需一个就行，去掉"负责"或"掌管"。

宾语在语义上是动语支配、涉及的对象。因此两部分必须在语义上能相互搭配，否则便会导致句子有语病，如：

①采取各种办法培养和提高健身教练的水平，实在是迫在眉睫。

②官兵们克服各种困难，来建设这座荒无人烟、寸草不生的小岛。

第一例"培养"与"健身教练的水平"不搭配，应删除"培养和"。第二例，"建设"与"这座荒无人烟、寸草不生的小岛"不能搭配，应把"建设"改为"改造"。

## 第四节　定语、状语和中心语

定语和状语是分别修饰中心语的，它们的区别是，"定语+中心语"总像个名词，它的中心语也多是名词性的；而"状语+中心语"总像个动词或形容词，其中心语一般都是动词或形容词。语义上，定语、状语与各自中心语的修饰关系是有差异的，不能弄混，否则句子会出问题，如：

进行分配制度改革的问题，在全公司广泛地引发了职员们的关注。

这一例，"广泛"应该是修饰"关注"的，应把它放在定语的位置上，而不是动词前的状语位置上，所以应改为"在全公司引发了职员们的广泛关注"。下面的例子则相反。

广州申亚团主席向大会陈述了广州申办亚运会的清楚的优势。

这一例，"清楚"不能修饰"优势"，而是修饰"陈述了广州申办亚运会的优势"，所以全句应改为"广州申亚团主席向大会清楚地陈述了广州申办亚运会的优势"。

定语、状语修饰中心语，当然语义也要搭配，否则句子也会出问题，如：

①他那两道浓厚的眉毛下面，有一双大而黑的眼睛。

②只要稍微就价格和价值的关系深思一下，就会发现"传销致富"的说法是极其可笑的。

第一例，定语"浓厚"与"眉毛"不搭配，应改为"浓密"。第二例，状语"稍微"与"深思"不搭配，"深思"应改为"想"。

中心语前可以有多个定语或状语来起修饰作用，多个定语和状语会存在一个语序安排的问题，基本原则是语义上与中心语关系越密切，形式上便靠中心语越近。违背这个原则，句子就会出问题，如：

①这个盛产荔枝的地处广州北部边缘的村落，现在吸引不少广州人来自驾游。

②教学用的那一台去年刚从国外进口的中文系的数码录音设备在运行过程中突然出现了故障。

这两例，都存在多层定语语序不当的问题。第一例，表示处所的定语"地处广州北部边缘"应放在表示行为的定语"盛产荔枝"的前边，应改为"这个地处广州北部边缘盛产荔枝的村落"。第二例，表示领有的定语"中文系"应在最前面，表示指别和数量的定语"那""一台"紧跟其后，合理的语序应是"中文系那一台去年刚从国外进口的教学用的数码录音设备"。

①这个小游戏把我确实吸引住了，玩了半天还想玩。

②为弄清当地究竟有没有这个说法，我专门在小说出版前去了那个地方一趟。

这两例，都存在多层状语语序不当的问题。第一例表示语气的状语"确实"应放在引出受事的状语"把我"前，合适的说法应是"这个小游戏确实把我吸引住了"。第二例表示时间的状语"在小说出版前"应放在表示情态的状语"专门"前，合适的说法应是"我在小说出版前专门去了那个地方一趟"。

定语和状语是对中心语起修饰作用的，因此往往要提供新的信息，否则这样的定语、状语便是多余的，没有存在的必要，如：

工作之余，他不仅是个小提琴爱好者、大家公认的演奏能手，也是个文学爱好者，能写出很好的美妙诗篇。

这一例，"美妙诗篇"当然是"很好的"，所以"很好的"这一定语多余，应删除。

每周四发的薪水，往往在周五、周六两天里就被挥霍一空，有些上班族甚至连下周二、周三的伙食费都提前预支了。

这一例，"预支"已包含"提前"的意思，所以状语"提前"多余，可删。但下面

的情况，则相反，缺少必要的修饰。

①要想两三年内就完成上百公里的高速路的建设，一定要投入人力和资金。

②支教的大学生们搬到了村民的院子里，实行同吃同住同劳动。

第一例，"人力和资金"前缺少必要的定语限定，应加上"大量的"之类定语。第二例没有指明与谁"实行同吃同住同劳动"，应加上状语"与他们"。

## 第五节　中心语和补语

根据中心语和补语之间的语义关系，兼考虑带不带"得"的情形，补语可以分为不同的类型。

结果补语，表示中心语动作行为本身的结果或其引发的结果，如"跑完""长高""写完"等。

趋向补语，表示动作行为的趋向，这其实也是结果补语的一种，只不过补语由趋向动词充当而已，如"跑进来""拿出去""动起来""暗下去"等。

这两类补语不带"得"，带"得"的补语，主要是可能补语和情态补语。

可能补语，补语是表示中心语动作行为本身的结果或其引发的结果，或是表示动作行为的趋向，但整个结构含可能义在里面，如"写得完""搬得动"，它们的意思是"能写完""能搬动"。含可能义的补语，否定形式是把"得"改成"不"，如"写不完""搬不动"。

情态补语，表示动作行为或有关事物的事态，如"写得很好""累得我眼睛都睁不开了""打得他鼻青脸肿"。它们与结果、趋向补语的不同是带"得"，与可能补语的不同是，动词、形容词补语可以扩展。

此外，我们还有一种构成受到严格限制的补语，即程度补语，它表示性状的程度，如"好极""讨厌死"。"极""死"本身是结果补语，但它们语义虚化，变得像表示程度的副词，这样结果补语就变成了程度补语。"闷得慌""热得要死"中的"慌""要死"，最初本身是情态补语，它们语义虚化，变得像表示程度的副词，这样情态补语也就变成了程度补语。

动词后的表示延续时间或发生次数的数量成分，有人也把它们视为是补语，叫作数量补语，如"去了三回""拍了他几下"等。

补语补充说明中心语，它们之间语义必须要搭配，否则句子会有问题，如：

①春节将到，各家各户都把里里外外打扫得整整齐齐、干干净净。

②真对不起，上次我们对你照顾得太不周全了。

第一例，"打扫"的结果只能是"干干净净"，不可能是"整整齐齐"，可以把"打扫"改为"收拾"。第二例，"照顾"与"周全"不搭配，应把"周全"改为"周到"。下面的例子存在其他的问题：

他平时对书报不感兴趣，但只要一修车就非常投入得很，半天也不觉得累。

这一例，状语"非常"与补语"很"意思相同，可删除补语。

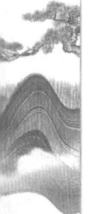

## 第六节 相关问题

首先，主语和宾语虽不是相对而言的，但也可能存在意义上的照应问题，如：

①沼气的好处是一种原料易得、循环利用的能源。

②和平路羽毛球馆是经体育局和民政局批准的专门推广羽毛球运动的团体。

第一例，"好处"与"能源"不存在等同关系，应把"的好处"去掉。第二例，"球馆"不是"团体"，应改"团体"为"场地"。

其次，定语和中心语、状语和中心语、中心语和补语之间可使用"的""地""得"，这三个成分读音一样，但书写不同。它们有具体的分工：①定语后边必须用"的"，不能用"地"或"得"。如"美丽的校园"不能写成"美丽地校园"或"美丽得校园"。②状语后边应用"地"，曾经有用"的"的，但绝对不能用"得"。如"广泛地传播"绝不能写成"广泛得传播"。③补语前边应用"得"，曾经有用"的"的，但绝不能用"地"。如"来得很意外"，绝不能写成"来地很意外"。有上述要求，下面这些例子都存在"的""地""得"的误用。

①认真得对待同事和学生提出的意见。

②他写地很认真。

③大家就这事展开了深入地讨论。

第一例，"得"应改为"地"，第二例"地"应改为"得"，第三例"地"应改为"的"。

### 读后思考题

【练习1】试分析下面句子的基本构造。

我从高洋手里要走了那把刀。

【练习2】下列句子存在结构上的问题，请改正并说明理由。

1. 风儿掠过稻田时，恰似波涛滚滚的黄河，上下起伏。
2. 阅读一篇文章，不仅要完整准确地理解，而且要切实把握住。
3. 要想完成这项艰巨的任务，非付出劳动不可。
4. 往事的回忆，在我脑海里像放电影似的一幕幕地映现。
5. 面对波涛汹涌的江水，年轻的小伙子毫不犹豫地跳了下去。
6. 丰富的实践，使他广阔地接触了社会生活。
7. 小米含蛋白质、铁及维生素 $B_1$、$B_2$ 丰富。

# 第三讲　表　达

## 第一节　混杂和牵扯

运用语言，最基本的要求是达意，也就是把话说明白。一个事情，可能有不同的说法，有时我们都想到了，可是说的时候，却把一个事情的两种说法糅在了一起，造成了说法混杂，反而不明确。如：

①我们公司能取得今天的成绩，靠的是全体员工积极进取、勇于创新、辛勤工作而取得的。

②如何能让大家都富起来呢？关键的问题是知识在起决定性作用。

③每一间宿舍均配有厨房、厕所、网络、电视、电话等该有的都有。

第一例，"靠的是全体员工积极进取、勇于创新、辛勤工作而取得的"，实际上是把同一事情的两种说法"靠的是全体员工积极进取、勇于创新、辛勤工作"和"是全体员工积极进取、勇于创新、辛勤工作而取得的"糅在一起，选用其中的一句即可。第二例，"关键的问题是知识在起决定性作用"是把"关键的问题是知识"和"是知识在起决定性作用"两种说法糅在了一起，选用其中一句即可。第三例，"每一间宿舍均配有厨房、厕所、网络、电视、电话等该有的都有"是把"每一间宿舍均配有厨房、厕所、网络、电视、电话等"和"每一间宿舍，厨房、厕所、网络、电视、电话等该有的都有"两种说法糅在了一起，选用其中一句即可。

说话时，本来是不同的事情，连续的表达，一不小心把前一句的后半句用作后一句的开头，把两句话连成了一句话，这就会造成前后牵连。如：

①当听到成功救出被埋矿工的消息时，我们大家有一种长长松了一口气的感觉颇难用语言形容的。

②他昨天详细地提出了关于产品研发、投产、销售的设想与大家的想法不太一样。

第一例，实际上是两句话"当听到成功救出被埋矿工的消息时，我们大家有长长松了一口气的感觉""这种长长松了一口气的感觉颇难用语言形容的"。第二例，也是两句话"他昨天详细地提出了关于产品研发、投产、销售的设想""关于产品研发、投产、销售的设想与大家的想法不太一样"。两者都把前一句的后一部分，当作后一句的开头，可改为"当听到成功救出被埋矿工的消息时，我们大家有一种长长松了一口气的感觉，这感觉颇难用语言形容"和"他昨天详细地提出了关于产品研发、投产、销售的设想，他的设想与大家的想法不太一样"。

## 第二节 歧义和别解

所谓歧义,指的是一句话,有两个或多个意思。歧义别解,可以使言语妙趣横生,别有滋味。在一次以怎样使婚姻幸福为主题的节目中,主持人问嘉宾:"你和你丈夫之间有什么共同之处?"有人答道:"我们俩都是同一天结婚的。""共同之处"是有歧义的,可指性格爱好的诸多方面,也可指共同生活的诸多方面。但答者以众人皆知、理所当然的"同一天结婚"作答,令人莞尔。

歧义也可能造成表达不明确,使听者不明白说话人究竟想表达哪一个意思。这有可能导致其他不良后果。一公司与另一公司签订了1000箱奶粉的销售合同,付款一项,合同书上的表述为"货到全付款"。结果,在发了第一批300箱货后,双方发生了争执,发货方要求对方公司支付这批奶粉的货款,收货方则坚持要1000箱奶粉到齐后再付款,最后,因争执不下而诉诸法庭。

弄清造成歧义的原因,表达当中,尽量注意避免歧义导致表达不清,这非常重要。

造成歧义的原因很多,同音可能造成歧义。"一切向 qián 看",可能是"一切向前看",也可能是"一切向钱看"。"yóu 船起火",可能是"游船起火",也可能是"油船起火"。

一词多义,如果在句子中不能区分开,就可能造成多义歧义。"那个小商店已关门了",可能是"那个小商店已倒闭了",也可能是"那个小商店已停止营业了"。"他已走了一个小时了",可以是"他已行走了一个小时了",也可以是"他已离开了一个小时了",甚至还可以是"他已死了一个小时了"。

日常生活中还有些似是而非的省略、简称,也容易造成歧义。"这封邮件只有八字",可能是"这封邮件只有八个字",也可能是"这封邮件只有一个八字",省略造成歧义。有一段相声,说的是把"上海吊车厂的"简称为"上吊的",吓人一跳。

运用代词来指代时,同一个代词在句中只能指代一个对象,否则便会含混不清。如"张三是李四拖来的,一听说出了事,他比谁都害怕","他"是谁,是张三,还是李四,似乎两可。这里可采用换词法,将"他"换成"张三"或"李四",才能清除掉这种指代歧义。

语法因素也可导致歧义,主要有三种情况。第一种是可切分成不同的组成成分,如"劝说小明的老师",这个语言片段有两个意思,一个意思是"劝说""小明的老师",一个意思是"劝说小明的""老师"。第二种是切分出的组成成分,它们之间可能发生不同的关系,比如"进口机器",由"进口"和"机器"构成,它们之间可以是动语支配宾语的关系,这是一个意思;也可以是定语修饰中心语的关系,这是另一个意思。第三种是组成成分相同,它们之间发生的表层关系也相同,但它们之间的深层语义关系不同。如"鸡不吃了",由"鸡"和"不吃"构成,它们之间发生谓语说明主语的主谓关系,可这个语言片段仍有两个意思,即"鸡不吃东西了"或"不吃鸡了"。当它是第一个意思的时候,"鸡"是"吃"的施事,也就是说它是"不吃"这个动作行为的发出者;当它是第二个意思的时候,"鸡"是受事,也就是说它是"吃"这个动作行为的对象。

## 第三节　活用和误用

有些词是表示事物的，有些词是表示动作行为的，有些词是表示性质属性的，它们可分成名词、动词、形容词这样一些类别。不同类别的词，进入句子，充当的句法成分往往有差异，比如名词经常充当主语（或主语中的中心语）或宾语（或宾语中的中心语），动词、形容词经常充当谓语（或谓语中的中心语）。属于某个类别的词如果不按该类词的正常功能在句子中起作用，就会产生"出格"现象。出格现象有以下两类。

一类是不合语法的"词性误用"。比如：

一个人活在世上，无非是两个生活吧，社会生活和家庭生活，社会生活主要是有所事业……

"有所"后边应出现动词，"事业"是名词，被误用成了动词。

另一类是取得修辞效果的"词类活用"。比如：

这个连长太"军阀"，年纪不大，脾气可不小。

名词一般不能受副词修饰，这里打破了这一限制，名词"军阀"受程度副词"太"修饰，是名词活用为形容词，属于"词类活用"现象。"军阀"受"太"修饰，用的不是本然意义，而是一种临时赋予的某种军阀属性，这个意义与形容词意义相通。

活用多发生在较大的语境中，以名词活用为动词、形容词为主。活用，是对旧规则的突破，所以必须有明显的使表达更生动的效果，否则便是词性错用。再看下面一些例子：

①夏天的丽娃河上倒影着红白两色的夹竹桃的倩影。

②妻子去探亲留学的丈夫，可以办探亲签证。

③这个方案一提出，一些同志就纷纷异议。

第一例，"倒影"应改为动词"倒映"。"倩影"和"倒影"都是一种影像，所以"倩影"不可以"倒影"出来。这里"倒影"要活用为动词才能带宾语，但这里没有什么好的表达效果，所以是词性误用。第二例中"探亲"是不能带宾语的动词，这里带上了宾语，但没有特殊的表达效果，属误用。第三例"异议"是名词，不能受状语"纷纷"修饰，从而充当谓语中心语，这里它充当谓语中心语，但没有什么特殊的表达效果，也属于词性误用。

## 第四节　关系和层次

一个较长的句子内部，分句与分句之间发生一定的关系，存在一定层次。关系和层次一定要清楚，表达才明确，否则就有可能出问题。如：

①在这次抢险防洪的战斗中，经过四个多小时惊心动魄地同洪水搏斗，战士们奋不顾身地跳进汹涌澎湃的激流，保住了大坝，战胜了洪水。

②由于疾病长期折磨，尽管健康受到了损害，他却感受到了老伴的真情。

第一例，叙述抗洪抢险的事情，但是次序混乱，应按事情发展的时间顺序来表述：在抢险防洪的战斗中，同志们奋不顾身地跳进汹涌澎湃的激流，经过四个多小时惊心动魄地同洪水搏斗，战胜了洪水，保住了大坝。第二例，"疾病长期折磨"，是"健康受到了损害"的原因，"他却感受到了老伴的真情"与前面的其他分句之间有转折关系。全句应把"尽管"放到"由于"前，整个层次就顺了。

下面的一些句子，存在另外的问题，分句之间的关系与关联词语凸显的关系不一致。

①培养出好的学生，不只是培养专业知识，而是要培养如何做人。

②尽管条件是怎样的恶劣，但是他总是积极、乐观地面对。

第一例，"不只……"与后面分句的关系的应是递进关系，"而是……"与前面分句应是对比并列关系，所以这里相互关系不匹配，可改为"培养出好的学生，不只是培养专业知识，而且要培养如何做人"。第二例，"条件是怎样的恶劣"与"他总是积极、乐观地面对"应是条件关系，但"尽管……但是……"表示转折关系，全句应改为"不管条件是怎样的恶劣，他总是积极、乐观地面对"。

另外，有一点要说明的是，分句之间是否同主语影响关联词语的位置，如：

①支教任务不但出色地完成了，而且我们的精神境界也有了很大提升。

②不但她相貌出众，而且颇具才华。

第一例，两个分句的主语不同，关联词语"不但"应放到第一个分句的句首，整个句子才顺。第二例，两个分句的主语相同，关联词语"不但"应放到"她"的后面，整个句子才顺。

### 读后思考题

【练习1】下列句子存在词类误用的问题，请加以改正。

1. 他诺言一定会完成这个任务。
2. 黄老师夫妇探亲留学国外的女儿去了。
3. 大家对完成这次探险非常决心。
4. 每一个抢险者都获得了格外的荣誉。
5. 这辆车在行车中突然故障，导致了交通事故。

【练习2】下列句子存在混杂或牵扯的问题，请加以改正。

1. 磁悬浮列车的悬浮、导向、驱动和制动都靠的是利用电磁力来实现的。
2. 他创造性地丰富了书法的表现力是难能可贵的。
3. 客房内均设有闭路电视、国际国内直拨电话、音响、房间酒吧等应有尽有。

【练习3】下列句子存在结构混乱、层次不清的问题，请加以改正。
1. 这些"飞车党"一方面作案迅速，一方面终究逃脱不了恢恢法网。
2. 这件事，他只要答应了，不管有很多困难，他一定能办到。
3. 一夜间，洪水就漫过了农舍，冲进了村庄，摧毁了堤岸。

【练习4】下列句子有两种不同的意思，试详细说明这两种不同的意思。
1. 有啥区别？
2. 小李搬去了？
3. 鸡不吃了！
4. 烈士公园，松树最多。

（延伸阅读提示：第一讲"韵律"请参考冯胜利编写的《汉语韵律句法学》，第二讲"结构"、第三讲"表达"，要想对相关问题有更全面的了解，请阅读吕叔湘、朱德熙《语法修辞讲话》或者现代汉语教材相关部分。）

# 附　录

# 中华人民共和国国家通用语言文字法

（2000年10月31日第九届全国人民代表大会
常务委员会第十八次会议通过）

## 第一章 总 则

**第一条** 为推动国家通用语言文字的规范化、标准化及其健康发展，使国家通用语言文字在社会生活中更好地发挥作用，促进各民族、各地区经济文化交流，根据宪法，制定本法。

**第二条** 本法所称的国家通用语言文字是普通话和规范汉字。

**第三条** 国家推广普通话，推行规范汉字。

**第四条** 公民有学习和使用国家通用语言文字的权利。

国家为公民学习和使用国家通用语言文字提供条件。

地方各级人民政府及其有关部门应当采取措施，推广普通话和推行规范汉字。

**第五条** 国家通用语言文字的使用应当有利于维护国家主权和民族尊严，有利于国家统一和民族团结，有利于社会主义物质文明建设和精神文明建设。

**第六条** 国家颁布国家通用语言文字的规范和标准，管理国家通用语言文字的社会应用，支持国家通用语言文字的教学和科学研究，促进国家通用语言文字的规范、丰富和发展。

**第七条** 国家奖励为国家通用语言文字事业做出突出贡献的组织和个人。

**第八条** 各民族都有使用和发展自己的语言文字的自由。

少数民族语言文字的使用依据宪法、民族区域自治法及其他法律的有关规定。

## 第二章 国家通用语言文字的使用

**第九条** 国家机关以普通话和规范汉字为公务用语用字。法律另有规定的除外。

**第十条** 学校及其他教育机构以普通话和规范汉字为基本的教育教学用语用字。法律另有规定的除外。

学校及其他教育机构通过汉语文课程教授普通话和规范汉字。使用的汉语文教材，应当符合国家通用语言文字的规范和标准。

**第十一条** 汉语文出版物应当符合国家通用语言文字的规范和标准。

汉语文出版物中需要使用外国语言文字的，应当用国家通用语言文字做必要的注释。

**第十二条** 广播电台、电视台以普通话为基本的播音用语。

需要使用外国语言为播音用语的，须经国务院广播电视部门批准。

**第十三条** 公共服务行业以规范汉字为基本的服务用字。因公共服务需要，招牌、广告、告示、标志牌等使用外国文字并同时使用中文的，应当使用规范汉字。

提倡公共服务行业以普通话为服务用语。

**第十四条** 下列情形，应当以国家通用语言文字为基本的用语用字：

（一）广播、电影、电视用语用字；

（二）公共场所的设施用字；

（三）招牌、广告用字；

（四）企业事业组织名称；

（五）在境内销售的商品的包装、说明。

**第十五条** 信息处理和信息技术产品中使用的国家通用语言文字应当符合国家的规范和标准。

**第十六条** 本章有关规定中，有下列情形的，可以使用方言：

（一）国家机关的工作人员执行公务时确需使用的；

（二）经国务院广播电视部门或省级广播电视部门批准的播音用语；

（三）戏曲、影视等艺术形式中需要使用的；

（四）出版、教学、研究中确需使用的。

**第十七条** 本章有关规定中，有下列情形的，可以保留或使用繁体字、异体字：

（一）文物古迹；

（二）姓氏中的异体字；

（三）书法、篆刻等艺术作品；

（四）题词和招牌的手书字；

（五）出版、教学、研究中需要使用的；

（六）经国务院有关部门批准的特殊情况。

**第十八条** 国家通用语言文字以《汉语拼音方案》作为拼写和注音工具。

《汉语拼音方案》是中国人名、地名和中文文献罗马字母拼写法的统一规范，并用于汉字不便或不能使用的领域。

初等教育应当进行汉语拼音教学。

**第十九条** 凡以普通话作为工作语言的岗位，其工作人员应当具备说普通话的能力。

以普通话作为工作语言的播音员、节目主持人和影视话剧演员、教师、国家机关工作人员的普通话水平，应当分别达到国家规定的等级标准；对尚未达到国家规定的普通话等级标准的，分别情况进行培训。

**第二十条** 对外汉语教学应当教授普通话和规范汉字。

## 第三章　管理和监督

**第二十一条** 国家通用语言文字工作由国务院语言文字工作部门负责规划指导、管

理监督。

国务院有关部门管理本系统的国家通用语言文字的使用。

**第二十二条** 地方语言文字工作部门和其他有关部门，管理和监督本行政区域内的国家通用语言文字的使用。

**第二十三条** 县级以上各级人民政府工商行政管理部门依法对企业名称、商品名称以及广告的用语用字进行管理和监督。

**第二十四条** 国务院语言文字工作部门颁布普通话水平测试等级标准。

**第二十五条** 外国人名、地名等专有名词和科学技术术语译成国家通用语言文字，由国务院语言文字工作部门或者其他有关部门组织审定。

**第二十六条** 违反本法第二章有关规定，不按照国家通用语言文字的规范和标准使用语言文字的，公民可以提出批评和建议。

本法第十九条第二款规定的人员用语违反本法第二章有关规定的，有关单位应当对直接责任人员进行批评教育；拒不改正的，由有关单位做出处理。

城市公共场所的设施和招牌、广告用字违反本法第二章有关规定的，由有关行政管理部门责令改正；拒不改正的，予以警告，并督促其限期改正。

**第二十七条** 违反本法规定，干涉他人学习和使用国家通用语言文字的，由有关行政管理部门责令限期改正，并予以警告。

## 第四章　附　则

**第二十八条** 本法自 2001 年 1 月 1 日起施行。

# 标点符号用法

## （中华人民共和国国家标准 GB/T 15834—2011）

### 1 范围

本标准规定了现代汉语标点符号的用法。

本标准适用于汉语的书面语（包括汉语和外语混合排版时的汉语部分）。

### 2 术语和定义

下列术语和定义适用于本文件。

#### 2.1 标点符号（punctuation）

辅助文字记录语言的符号，是书面语的有机组成部分，用来表示语句的停顿、语气以及标示某些成分（主要是词语）的特定性质和作用。

注：数学符号、货币符号、校勘符号、辞书符号、注音符号等特殊领域的专门符号不属于标点符号。

#### 2.2 句子（sentence）

前后都有较大停顿、带有一定的语气和语调、表达相对完整意义的语言单位。

#### 2.3 复句（complex sentence）

由两个或多个在意义上有密切关系的分句组成的语言单位，包括简单复句（内部只有一层语义关系）和多重复句（内部包含多层语义关系）。

#### 2.4 分句（clause）

复句内两个或多个前后有停顿、表达相对完整意义、不带有句末语气和语调、有的前面可添加关联词语的语言单位。

#### 2.5 语段（expression）

指语言片段，是对各种语言单位（如词、短语、句子、复句等）不做特别区分时的统称。

### 3 标点符号的种类

#### 3.1 点号

点号的作用是点断，主要表示停顿和语气。分为句末点号和句内点号。

##### 3.1.1 句末点号

用于句末的点号，表示句末停顿和句子的语气。包括句号、问号、叹号。

##### 3.1.2 句内点号

用于句内的点号，表示句内各种不同性质的停顿。包括逗号、顿号、分号、冒号。

#### 3.2 标号

标号的作用是标明，主要标示某些成分（主要是词语）的特定性质和作用。包括引号、括号、破折号、省略号、着重号、连接号、间隔号、书名号、专名号、分隔号。

**4 标点符号的定义、形式和用法**

4.1 句号

4.1.1 定义

句末点号的一种，主要表示句子的陈述语气。

4.1.2 形式

句号的形式是"。"。

4.1.3 基本用法

4.1.3.1 用于句子末尾，表示陈述语气。使用句号主要根据语段前后有较大停顿、带有陈述语气和语调，并不取决于句子的长短。

示例1：北京是中华人民共和国的首都。

示例2：（甲：咱们走着去吧？）乙：好。

4.1.3.2 有时也可表示较缓和的祈使语气和感叹语气。

示例1：请您稍等一下。

示例2：我不由地感到，这些普通劳动者也同样是很值得尊敬的。

4.2 问号

4.2.1 定义

句末点号的一种，主要表示句子的疑问语气。

4.2.2 形式

问号的形式是"？"。

4.2.3 基本用法

4.2.3.1 用于句子末尾，表示疑问语气（包括反问、设问等疑问类型）。使用问号主要根据语段前后有较大停顿、带有疑问语气和语调，并不取决于句子的长短。

示例1：你怎么还不回家去呢？

示例2：难道这些普通的战士不值得歌颂吗？

示例3：（一个外国人，不远万里来到中国，帮助中国的抗日战争。）这是什么精神？这是国际主义的精神。

4.2.3.2 选择问句中，通常只在最后一个选项的末尾用问号，各个选项之间一般用逗号隔开。当选项较短且选项之间几乎没有停顿时，选项之间可不用逗号。当选项较多或较长，或有意突出每个选项的独立性时，也可每个选项之后都用问号。

示例1：诗中记述的这场战争究竟是真实的历史描述，还是诗人的虚构？

示例2：这是巧合还是有意安排？

示例3：要一个什么样的结尾：现实主义的？传统的？大团圆的？荒诞的？民族形式的？有象征意义的？

示例4：（他看我的作品称赞了我。）但到底是称赞我什么：是有几处画得好？还是什么都敢画？抑或只是一种对于失败者的无可奈何的安慰？我不得而知。

示例5：这一切都是由客观的条件造成的？还是由行为的惯性造成的？

4.2.3.3 在多个问句连用或表达疑问语气加重时，可叠用问号。通常应先单用，再叠用，最多叠用三个问号。在没有异常强烈的情感表达需要时不宜叠用问号。

示例：这就是你的做法吗？你这个总经理是怎么当的??你怎么竟敢这样欺骗消费者???

4.2.3.4 问号也有标号的用法，即用于句内，表示存疑或不详。

示例1：马致远（1250？—1321），大都人，元代戏曲家、散曲家。

示例2：钟嵘（？—518），颍川长社人，南朝梁代文学批评家。

示例3：出现这样的文字错误，说明作者（编者？校者？）很不认真。

## 4.3 叹号

### 4.3.1 定义

句末点号的一种，主要表示句子的感叹语气。

### 4.3.2 形式

叹号的形式是"！"。

### 4.3.3 基本用法

4.3.3.1 用于句子末尾，主要表示感叹语气，有时也可表示强烈的祈使语气、反问语气等。使用叹号主要根据语段前后有较大停顿、带有感叹语气和语调或带有强烈的祈使、反问语气和语调，并不取决于句子的长短。

示例1：才一年不见，这孩子都长这么高啦！

示例2：你给我住嘴！

示例3：谁知道他今天是怎么搞的！

4.3.3.2 用于拟声词后，表示声音短促或突然。

示例1：咔嚓！一道闪电划破了夜空。

示例2：咚！咚咚！突然传来一阵急促的敲门声。

4.3.3.3 表示声音巨大或声音不断加大时，可叠用叹号；表达强烈语气时，也可叠用叹号，最多叠用三个叹号。在没有异常强烈的情感表达需要时不宜叠用叹号。

示例1：轰!! 在这天崩地塌的声音中，女娲猛然醒来。

示例2：我要揭露！我要控诉!! 我要以死抗争!!!

4.3.3.4 当句子包含疑问、感叹两种语气且都比较强烈时（如带有强烈感情的反问句和带有惊愕语气的疑问句），可在问号后再加叹号（问号、叹号各一）。

示例1：这么点困难就能把我们吓倒吗?!

示例2：他连这些最起码的常识都不懂，还敢说自己是高科技人才?!

## 4.4 逗号

### 4.4.1 定义

句内点号的一种，表示句子或语段内部的一般性停顿。

### 4.4.2 形式

逗号的形式是"，"。

4.4.3 基本用法

4.4.3.1 复句内各分句之间的停顿,除了有时用分号(见 4.6.3.1),一般都用逗号。

示例1:不是人们的意识决定人们的存在,而是人们的社会存在决定人们的意识。

示例2:学历史使人更明智,学文学使人更聪慧,学数学使人更精细,学考古使人更深沉。

示例3:要是不相信我们的理论能反映现实,要是不相信我们的世界有内在和谐,那就不可能有科学。

4.4.3.2 用于下列各种语法位置:

a)较长的主语之后。

示例1:苏州园林建筑各种门窗的精美设计和雕镂功夫,都令人叹为观止。

b)句首的状语之后。

示例2:在苍茫的大海上,狂风卷集着乌云。

c)较长的宾语之前。

示例3:有的考古工作者认为,南方古猿生存于上新世至更新世的初期和中期。

d)带句内语气词的主语(或其他成分)之后,或带句内语气词的并列成分之间。

示例4:他呢,倒是很乐意地、全神贯注地干起来了。

示例5:(那是个没有月亮的夜晚。)可是整个村子——白房顶啦,白树木啦,雪堆啦,全看得见。

e)较长的主语中间、谓语中间或宾语中间。

示例6:母亲沉痛的诉说,以及亲眼见到的事实,都启发了我幼年时期追求真理的思想。

示例7:那姑娘头戴一顶草帽,身穿一条绿色的裙子,腰间还系着一根橙色的腰带。

示例8:必须懂得,对于文化传统,既不能不分青红皂白统统抛弃,也不能不管精华糟粕全盘继承。

f)前置的谓语之后或后置的状语、定语之前。

示例9:真美啊,这条蜿蜒的林间小路。

示例10:她吃力地站了起来,慢慢地。

示例11:我只是一个人,孤孤单单的。

4.4.3.3 用于下列各种停顿处:

a)复指成分或插说成分前后。

示例1:老张,就是原来的办公室主任,上星期已经调走了。

示例2:车,不用说,当然是头等。

b)语气缓和的感叹语、称谓语或呼唤语之后。

示例3:哎哟,这儿,快给我揉揉。

示例4:大娘,您到哪儿去啊?

示例5:喂,你是哪个单位的?

c）某些序次语（"第"字头、"其"字头及"首先"类序次语）之后。

示例6：为什么许多人都有长不大的感觉呢？原因有三：第一，父母总认为自己比孩子成熟；第二，父母总要以自己的标准来衡量孩子；第三，父母出于爱心而总不想让孩子在成长的过程中走弯路。

示例7：《玄秘塔碑》所以成为书法的范本，不外乎以下几方面的因素：其一，具有楷书点画、构体的典范性；其二，承上启下，成为唐楷的极致；其三，字如其人，爱人及字，柳公权高尚的书品、人品为后人所崇仰。

示例8：下面从三个方面讲讲语言的污染问题：首先，是特殊语言环境中的语言污染问题；其次，是滥用缩略语引起的语言污染问题；再次，是空话和废话引起的语言污染问题。

### 4.5 顿号

#### 4.5.1 定义

句内点号的一种，表示语段中并列词语之间或某些序次语之后的停顿。

#### 4.5.2 形式

顿号的形式是"、"。

#### 4.5.3 基本用法

4.5.3.1 用于并列词语之间。

示例1：这里有自由、民主、平等、开放的风气和氛围。

示例2：造型科学、技艺精湛、气韵生动，是盛唐石雕的特色。

4.5.3.2 用于需要停顿的重复词语之间。

示例：他几次三番、几次三番地辩解着。

4.5.3.3 用于某些序次语（不带括号的汉字数字或"天干地支"类序次语）之后。

示例1：我准备讲两个问题：一、逻辑学是什么？二、怎样学好逻辑学？

示例2：风格的具体内容主要有以下四点：甲、题材；乙、用字；丙、表达；丁、色彩。

4.5.3.4 相邻或相近两数字连用表示概数通常不用顿号。若相邻两数字连用为缩略形式，宜用顿号。

示例1：飞机在6000米高空水平飞行时，只能看到两侧八九公里和前方一二十公里范围内的地面。

示例2：这种凶猛的动物常常三五成群地外出觅食和活动。

示例3：农业是国民经济的基础，也是第二、第三产业的基础。

4.5.3.5 标有引号的并列成分之间、标有书名号的并列成分之间通常不用顿号。若有其他成分插在并列的引号之间或并列的书名号之间（如引语或书名号之后还有括注），宜用顿号。

示例1："日""月"构成"明"字。

示例2：店里挂着"顾客就是上帝""质量就是生命"等横幅。

示例3：《红楼梦》《三国演义》《西游记》《水浒传》，是我国长篇小说的四大

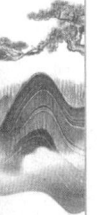

名著。

示例4：李白的"白发三千丈"（《秋浦歌》）、"朝如青丝暮成雪"（《将进酒》）都是脍炙人口的诗句。

示例5：办公室里订有《人民日报》（海外版）、《光明日报》和《时代周刊》等报刊。

4.6 分号

4.6.1 定义

句内点号的一种，表示复句内部并列关系分句之间的停顿，以及非并列关系的多重复句中第一层分句之间的停顿。

4.6.2 形式

分号的形式是";"。

4.6.3 基本用法

4.6.3.1 表示复句内部并列关系的分句（尤其当分句内部还有逗号时）之间的停顿。

示例1：语言文字的学习，就理解方面说，是得到一种知识；就运用方面说，是养成一种习惯。

示例2：内容有分量，尽管文章短小，也是有分量的；内容没有分量，即使写得再长也没有用。

4.6.3.2 表示非并列关系的多重复句中第一层分句（主要是选择、转折等关系）之间的停顿。

示例1：人还没看见，已经先听见歌声了；或者人已经转过山头望不见了，歌声还余音袅袅。

示例2：尽管人民革命的力量在开始时总是弱小的，所以总是受压的；但是由于革命的力量代表历史发展的方向，因此本质上又是不可战胜的。

示例3：不管一个人如何伟大，也总是生活在一定的环境和条件下；因此，个人的见解总难免带有某种局限性。

示例4：昨天夜里下了一场雨，以为可以凉快些；谁知没有凉快下来，反而更热了。

4.6.3.3 用于分项列举的各项之间。

示例：特聘教授的岗位职责为：一、讲授本学科的主干基础课程；二、主持本学科的重大科研项目；三、领导本学科的学术队伍建设；四、带领本学科赶超或保持世界先进水平。

4.7 冒号

4.7.1 定义

句内点号的一种，表示语段中提示下文或总结上文的停顿。

4.7.2 形式

冒号的形式是":"。

### 4.7.3 基本用法

4.7.3.1 用于总说性或提示性词语（如"说""例如""证明"等）之后，表示提示下文。

示例1：北京紫禁城有四座城门：午门、神武门、东华门和西华门。

示例2：她高兴地说："咱们去好好庆祝一下吧！"

示例3：小王笑着点了点头："我就是这么想的。"

示例4：这一事实证明：人能创造环境，环境同样也能创造人。

4.7.3.2 表示总结上文。

示例：张华上了大学，李萍进了技校，我当了工人：我们都有美好的前途。

4.7.3.3 用在需要说明的词语之后，表示注释和说明。

示例1：（本市将举办首届大型书市。）主办单位：市文化局；承办单位：市图书进出口公司；时间：8月15日—20日；地点：市体育馆观众休息厅。

示例2：（做阅读理解题有两个办法。）办法之一：先读题干，再读原文，带着问题有针对性地读课文。办法之二：直接读原文，读完再做题，减少先入为主的干扰。

4.7.3.4 用于书信、讲话稿中称谓语或称呼语之后。

示例1：广平先生：……

示例2：同志们、朋友们：……

4.7.3.5 一个句子内部一般不应套用冒号。在列举式或条文式表述中，如不得不套用冒号时，宜另起段落来显示各个层次。

示例：第十条　遗产按照下列顺序继承：

第一顺序：配偶、子女、父母。

第二顺序：兄弟姐妹、祖父母、外祖父母。

## 4.8 引号

### 4.8.1 定义

标号的一种，标示语段中直接引用的内容或需要特别指出的成分。

### 4.8.2 形式

引号的形式有双引号""""和单引号''''两种。左侧的为前引号，右侧的为后引号。

### 4.8.3 基本用法

4.8.3.1 标示语段中直接引用的内容。

示例：李白诗中就有"白发三千丈"这样极尽夸张的语句。

4.8.3.2 标示需要着重论述或强调的内容。

示例：这里所谓的"文"，并不是指文字，而是指文采。

4.8.3.3 标示语段中具有特殊含义而需要特别指出的成分，如别称、简称、反语等。

示例1：电视被称作"第九艺术"。

示例2：人类学上常把古人化石统称为尼安德特人，简称"尼人"。

示例3：有几个"慈祥"的老板把捡来的菜叶用盐浸浸就算作工友的菜肴。

4.8.3.4　当引号中还需要使用引号时，外面一层用双引号，里面一层用单引号。

示例：他问："老师，'七月流火'是什么意思？"

4.8.3.5　独立成段的引文如果只有一段，段首和段尾都用引号；不止一段时，每段开头仅用前引号，只在最后一段末尾用后引号。

示例：我曾在报纸上看到有人这样谈幸福：

"幸福是知道自己喜欢什么和不喜欢什么。……

"幸福是知道自己擅长什么和不擅长什么。……

"幸福是在正确的时间做了正确的选择。……"

4.8.3.6　在书写带月、日的事件、节日或其他特定意义的短语（含简称）时，通常只标引其中的月和日；需要突出和强调该事件或节日本身时，也可连同事件或节日一起标引。

示例1："5·12"汶川大地震

示例2："五四"以来的话剧，是我国戏剧中的新形式。

示例3：纪念"五四运动"90周年

4.9　括号

4.9.1　定义

标号的一种，标示语段中的注释内容、补充说明或其他特定意义的语句。

4.9.2　形式

括号的主要形式是圆括号"（　）"，其他形式还有方括号"［　］"、六角括号"〔　〕"和方头括号"【　】"等。

4.9.3　基本用法

4.9.3.1　标示下列各种情况，均用圆括号：

a）标示注释内容或补充说明。

示例1：我校拥有特级教师（含已退休的）17人。

示例2：我们不但善于破坏一个旧世界，我们还将善于建设一个新世界！（热烈鼓掌）

b）标示订正或补加的文字。

示例3：信纸上用稚嫩的字体写着："阿夷（姨），你好！"。

示例4：该建筑公司负责的建设工程全部达到优良工程（的标准）。

c）标示序次语。

示例5：语言有三个要素：（1）声音；（2）结构；（3）意义。

示例6：思想有三个条件：（一）事理；（二）心理；（三）伦理。

d）标示引语的出处。

示例7：他说得好："未画之前，不立一格；既画之后，不留一格。"（《板桥集·题画》）

e）标示汉语拼音注音。

示例 8："的（de）"这个字在现代汉语中最常用。

4.9.3.2　标示作者国籍或所属朝代时，可用方括号或六角括号。

示例 1：［英］赫胥黎《进化论与伦理学》

示例 2：〔唐〕杜甫著

4.9.3.3　报刊标示电讯、报道的开头，可用方头括号。

示例：【新华社南京消息】

4.9.3.4　标示公文发文字号中的发文年份时，可用六角括号。

示例：国发〔2011〕3 号文件

4.9.3.5　标示被注释的词语时，可用六角括号或方头括号。

示例 1：〔奇观〕奇伟的景象。

示例 2：【爱因斯坦】物理学家。生于德国，1933 年因受纳粹政权迫害，移居美国。

4.9.3.6　除科技书刊中的数学、逻辑公式外，所有括号（特别是同一形式的括号）应尽量避免套用。必须套用括号时，宜采用不同的括号形式配合使用。

示例：〔茸（róng）毛〕很细很细的毛。

4.10　破折号

4.10.1　定义

标号的一种，标示语段中某些成分的注释、补充说明或语音、意义的变化。

4.10.2　形式

破折号的形式是"——"。

4.10.3　基本用法

4.10.3.1　标示注释内容或补充说明（也可用括号，见 4.9.3.1；二者的区别另见 B.1.7）。

示例 1：一个矮小而结实的日本中年人——内山老板走了过来。

示例 2：我一直坚持读书，想借此唤起弟妹对生活的希望——无论环境多么困难。

4.10.3.2　标示插入语（也可用逗号，见 4.4.3.3）。

示例：这简直就是——说得不客气点——无耻的勾当！

4.10.3.3　标示总结上文或提示下文（也可用冒号，见 4.7.3.1、4.7.3.2）。

示例 1：坚强，纯洁，严于律己，客观公正——这一切都难得地集中在一个人身上。

示例 2：画家开始娓娓道来——

　　　　数年前的一个寒冬，……

4.10.3.4　标示话题的转换。

示例："好香的干菜，——听到风声了吗？"赵七爷低声说道。

4.10.3.5　标示声音的延长。

示例："嘎——"传过来一声水禽被惊动的鸣叫。

4.10.3.6　标示话语的中断或间隔。

示例 1："班长他牺——"小马话没说完就大哭起来。

示例 2："亲爱的妈妈，你不知道我多爱您。——还有你，我的孩子！"

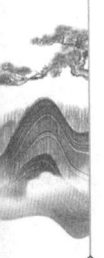

4.10.3.7　标示引出对话。

示例：——你长大后想成为科学家吗？
　　　　——当然想了！

4.10.3.8　标示事项列举分承。

示例：根据研究对象的不同，环境物理学分为以下五个分支学科：
　　　　——环境声学；
　　　　——环境光学；
　　　　——环境热学；
　　　　——环境电磁学；
　　　　——环境空气动力学。

4.10.3.9　用于副标题之前。

示例：飞向太平洋
　　　　——我国新型号运载火箭发射目击记

4.10.3.10　用于引文、注文后，标示作者、出处或注释者。

示例1：先天下之忧而忧，后天下之乐而乐。

——范仲淹

示例2：乐浪海中有倭人，分为百余国。

——《汉书》

示例3：很多人写好信后把信笺折成方胜形，我看大可不必。（方胜，指古代妇女戴的方形首饰，用彩绸等制作，由两个斜方部分叠合而成。——编者注）

4.11　省略号

4.11.1　定义

标号的一种，标示语段中某些内容的省略及意义的断续等。

4.11.2　形式

省略号的形式是"……"。

4.11.3　基本用法

4.11.3.1　标示引文的省略。

示例：我们齐声朗诵起来："……俱往矣，数风流人物，还看今朝。"

4.11.3.2　标示列举或重复词语的省略。

示例1：对政治的敏感，对生活的敏感，对性格的敏感，……这都是作家必须要有的素质。

示例2：他气得连声说："好，好……算我没说。"

4.11.3.3　标示语意未尽。

示例1：在人迹罕至的深山密林里，假如突然看见一缕炊烟，……

示例2：你这样干，未免太……！

4.11.3.4　标示说话时断断续续。

示例：她磕磕巴巴地说："可是……太太……我不知道……你一定是认错了。"

4.11.3.5 标示对话中的沉默不语。

示例:"还没结婚吧?"

"……"他飞红了脸,更加忸怩起来。

4.11.3.6 标示特定的成分虚缺。

示例:只要……就……

4.11.3.7 在标示诗行、段落的省略时,可连用两个省略号(即相当于十二连点)。

示例1:从隔壁房间传来缓缓而抑扬顿挫的吟咏声——

床前明月光,疑是地上霜。

……

示例2:该刊根据工作质量、上稿数量、参与程度等方面的表现,评选出了高校十佳记者站。还根据发稿数量、提供新闻线索情况以及对刊物的关注度等,评选出了十佳通讯员。

……

4.12 着重号

4.12.1 定义

标号的一种,标示语段中某些重要的或需要指明的文字。

4.12.2 形式

着重号的形式是".",标注在相应文字的下方。

4.12.3 基本用法

4.12.3.1 标示语段中重要的文字。

示例1:诗人需要表现,而不是证明。

示例2:下面对本文的理解,不正确的一项是:……

4.12.3.2 标示语段中需要指明的文字。

示例:下边加点的字,除了在词中的读法外,还有哪些读法?

着急 子弹 强调

4.13 连接号

4.13.1 定义

标号的一种,标示某些相关联成分之间的连接。

4.13.2 形式

连接号的形式有短横线"-"、一字线"—"和浪纹线"～"三种。

4.13.3 基本用法

4.13.3.1 标示下列各种情况,均用短横线。

a)化合物的名称或表格、插图的编号。

示例1:3-戊酮为无色液体,对眼及皮肤有强烈刺激性。

示例2:参见下页表2-8、表2-9。

b)连接号码,包括门牌号码、电话号码,以及用阿拉伯数字表示年、月、日等。

示例3:安宁里东路26号院3-2-11室

示例4：联系电话：010-88842603

示例5：2011-02-15

c）在复合名词中起连接作用。

示例6：吐鲁番-哈密盆地

d）某些产品的名称和型号。

示例7：WZ-10直升机具有复杂天气和夜间作战的能力。

e）汉语拼音、外来语内部的分合。

示例8：shuōshuō-xiàoxiào（说说笑笑）

示例9：盎格鲁-撒克逊人

示例10：让-雅克·卢梭（"让-雅克"为双名）

示例11：皮埃尔·孟戴斯-弗朗斯（"孟戴斯-弗朗斯"为复姓）

4.13.3.2　标示下列各种情况，一般用一字线，有时也可用浪纹线。

a）标示相关项目（如时间、地域等）的起止。

示例1：沈括（1031—1095），宋朝人。

示例2：2011年2月3日—10日

示例3：北京—上海特别旅客快车

b）标示数值范围（由阿拉伯数字或汉字数字构成）的起止。

示例4：25～30 g

示例5：第五～八课

4.14　间隔号

4.14.1　定义

标号的一种，标示某些相关联成分之间的分界。

4.14.2　形式

间隔号的形式是"·"。

4.14.3　基本用法

4.14.3.1　标示外国人名或少数民族人名内部的分界。

示例1：克里斯蒂娜·罗塞蒂

示例2：阿依古丽·买买提

4.14.3.2　标示书名与篇（章、卷）名之间的分界。

示例：《淮南子·本经训》

4.14.3.3　标示词牌、曲牌、诗体名等和题名之间的分界。

示例1：《沁园春·雪》

示例2：《天净沙·秋思》

示例3：《七律·冬云》

4.14.3.4　用在构成标题或栏目名称的并列词语之间。

示例：《天·地·人》

4.14.3.5　以月、日为标志的事件或节日，用汉字数字表示时，只在一、十一和十二月后用间隔号；当直接用阿拉伯数字表示时，月、日之间均用间隔号（半角字符）。

示例1："九一八"事变　"五四"运动

示例2："一·二八"事变　"一二·九"运动

示例3："3·15"消费者权益日　"9·11"恐怖袭击事件

4.15　书名号

4.15.1　定义

标号的一种，标示语段中出现的各种作品的名称。

4.15.2　形式

书名号的形式有双书名号"《　》"和单书名号"〈　〉"两种。

4.15.3　基本用法

4.15.3.1　标示书名、卷名、篇名、刊物名、报纸名、文件名等。

示例1：《红楼梦》（书名）

示例2：《史记·项羽本纪》（卷名）

示例3：《论雷峰塔的倒掉》（篇名）

示例4：《每周关注》（刊物名）

示例5：《人民日报》（报纸名）

示例6：《全国农村工作会议纪要》（文件名）

4.15.3.2　标示电影、电视、音乐、诗歌、雕塑等各类用文字、声音、图像等表现的作品的名称。

示例1：《渔光曲》（电影名）

示例2：《追梦录》（电视剧名）

示例3：《勿忘我》（歌曲名）

示例4：《沁园春·雪》（诗词名）

示例5：《东方欲晓》（雕塑名）

示例6：《光与影》（电视节目名）

示例7：《社会广角镜》（栏目名）

示例8：《庄子研究文献数据库》（光盘名）

示例9：《植物生理学系列挂图》（图片名）

4.15.3.3　标示全中文或中文在名称中占主导地位的软件名。

示例：科研人员正在研制《电脑卫士》杀毒软件。

4.15.3.4　标示作品名的简称。

示例：我读了《念青唐古拉山脉纪行》一文（以下简称《念》），收获很大。

4.15.3.5　当书名号中还需要书名号时，里面一层用单书名号，外面一层用双书名号。

示例：《教育部关于提请审议〈高等教育自学考试试行办法〉的报告》

4.16　专名号

4.16.1　定义

标号的一种，标示古籍和某些文史类著作中出现的特定类专有名词。

4.16.2　形式

专名号的形式是一条直线，标注在相应文字的下方。

4.16.3　基本用法

4.16.3.1　标示古籍、古籍引文或某些文史类著作中出现的专有名词，主要包括人名、地名、国名、民族名、朝代名、年号、宗教名、官署名、组织名等。

示例1：孙坚人马被刘表率军围得水泄不通。（人名）

示例2：于是聚集冀、青、幽、并四州兵马七十多万准备决一死战。（地名）

示例3：当时乌孙及西域各国都向汉派遣了使节。（国名、朝代名）

示例4：从咸宁二年到太康十年，匈奴、鲜卑、乌桓等族人徙居塞内。（年号、民族名）

4.16.3.2　现代汉语文本中的上述专有名词，以及古籍和现代文本中的单位名、官职名、事件名、会议名、书名等不应使用专名号。必须使用标号标示时，宜使用其他相应标号（如引号、书名号等）。

4.17　分隔号

4.17.1　定义

标号的一种，标示诗行、节拍及某些相关文字的分隔。

4.17.2　形式

分隔号的形式是"/"。

4.17.3　基本用法

4.17.3.1　诗歌接排时分隔诗行（也可使用逗号和分号，见4.4.3.1/4.6.3.1）。

示例：春眠不觉晓/处处闻啼鸟/夜来风雨声/花落知多少。

4.17.3.2　标示诗文中的音节节拍。

示例：横眉/冷对/千夫指，俯首/甘为/孺子牛。

4.17.3.3　分隔供选择或可转换的两项，表示"或"。

示例：动词短语中除了作为主体成分的述语动词之外，还包括述语动词所带的宾语和/或补语。

4.17.3.4　分隔组成一对的两项，表示"和"。

示例1：13/14次特别快车

示例2：羽毛球女双决赛中国组合杜婧/于洋两局完胜韩国名将李孝贞/李敬元。

4.17.3.5　分隔层级或类别。

示例：我国的行政区划分为：省（直辖市、自治区）/省辖市（地级市）/县（县级市、区、自治州）/乡（镇）/村（居委会）。

5　标点符号的位置和书写形式

5.1　横排文稿标点符号的位置和书写形式

5.1.1　句号、逗号、顿号、分号、冒号均置于相应文字之后，占一个字位置，居左下，不出现在一行之首。

5.1.2 问号、叹号均置于相应文字之后,占一个字位置,居左,不出现在一行之首。两个问号(或叹号)叠用时,占一个字位置;三个问号(或叹号)叠用时,占两个字位置;问号和叹号连用时,占一个字位置。

5.1.3 引号、括号、书名号中的两部分标在相应项目的两端,各占一个字位置。其中前一半不出现在一行之末,后一半不出现在一行之首。

5.1.4 破折号标在相应项目之间,占两个字位置,上下居中,不能中间断开分处上行之末和下行之首。

5.1.5 省略号占两个字位置,两个省略号连用时占四个字位置并须单独占一行。省略号不能中间断开分处上行之末和下行之首。

5.1.6 连接号中的短横线比汉字"一"略短,占半个字位置;一字线比汉字"一"略长,占一个字位置;浪纹线占一个字位置。连接号上下居中,不出现在一行之首。

5.1.7 间隔号标在需要隔开的项目之间,占半个字位置,上下居中,不出现在一行之首。

5.1.8 着重号和专名号标在相应文字的下边。

5.1.9 分隔号占半个字位置,不出现在一行之首或一行之末。

5.1.10 标点符号排在一行末尾时,若为全角字符则应占半角字符的宽度(即半个字位置),以使视觉效果更美观。

5.1.11 在实际编辑出版工作中,为排版美观、方便阅读等需要,或为避免某一小节最后一个汉字转行或出现在另外一页开头等情况(浪费版面及视觉效果差),可适当压缩标点符号所占用的空间。

5.2 竖排文稿标点符号的位置和书写形式

5.2.1 句号、问号、叹号、逗号、顿号、分号和冒号均置于相应文字之下偏右。

5.2.2 破折号、省略号、连接号、间隔号和分隔号置于相应文字之下居中,上下方向排列。

5.2.3 引号改用双引号"﹁""﹂"和单引号"﹃""﹄",括号改用"︵""︶",标在相应文字的上下。

5.2.4 竖排文稿中使用浪线式书名号"﹏",标在相应文字的左侧。

5.2.5 着重号标在相应文字的右侧,专名号标在相应文字的左侧。

5.2.6 横排文稿中关于某些标点不能居行首或行末的要求,同样适用于竖排文稿。

## 附录 A（规范性附录）

### 标点符号用法的补充规则

#### A.1 句号用法补充规则

图或表的短语式说明文字，中间可用逗号，但末尾不用句号。即使有时说明文字较长，前面的语段已出现句号，最后结尾处仍不用句号。

示例1：行进中的学生方队

示例2：经过治理，本市市容市貌焕然一新。这是某区街道一景

#### A.2 问号用法补充规则

使用问号应以句子表示疑问语气为依据，而并不根据句子中包含有疑问词。当含有疑问词的语段充当某种句子成分，而句子并不表示疑问语气时，句末不用问号。

示例1：他们的行为举止、审美趣味，甚至读什么书，坐什么车，都在媒体掌握之中。

示例2：谁也不见，什么也不吃，哪儿也不去。

示例3：我也不知道他究竟躲到什么地方去了。

#### A.3 逗号用法补充规则

用顿号表示较长、较多或较复杂的并列成分之间的停顿时，最后一个成分前可用"以及（及）"进行连接，"以及（及）"之前应用逗号。

示例：压力过大、工作时间过长、作息不规律，以及忽视营养均衡等，均会导致健康状况的下降。

#### A.4 顿号用法补充规则

A.4.1 表示含有顺序关系的并列各项间的停顿，用顿号，不用逗号。下例解释"对于"一词用法，"人""事物""行为"之间有顺序关系（即人和人、人和事物、人和行为、事物和事物、事物和行为、行为和行为等六种对待关系），各项之间应用顿号。

示例：〔对于〕表示人，事物，行为之间的相互对待关系。（误）

〔对于〕表示人、事物、行为之间的相互对待关系。（正）

A.4.2 用阿拉伯数字表示年月日的简写形式时，用短横线连接号，不用顿号。

示例：2010、03、02（误）

2010－03－02（正）

#### A.5 分号用法补充规则

分项列举的各项有一项或多项已包含句号时，各项的末尾不能再用分号。

示例：本市先后建立起三大农业生产体系：一是建立甘蔗生产服务体系。成立糖业服务公司，主要给农民提供机耕等服务；二是建立蚕桑生产服务体系。……；三是建立热作服务体系。……。（误）

本市先后建立起三大农业生产体系：一是建立甘蔗生产服务体系。成立糖业服务公司，主要给农民提供机耕等服务。二是建立蚕桑生产服务体系。……三是建立热作服务体系。……。（正）

#### A.6 冒号用法补充规则

A.6.1 冒号用在提示性话语之后引起下文。表面上类似但实际不是提示性话语的，其后用逗号。

示例1：郦道元《水经注》记载："沼西际山枕水，有唐叔虞祠。"（提示性话语）

示例2：据《苏州府志》载，苏州城内大小园林约有150多座，可算名副其实的园林之城。（非提示性话语）

A.6.2 冒号提示范围无论大小（一句话、几句话甚至几段话），都应与提示性话语保持一致（即在该范围的末尾要用句号点断）。应避免冒号涵盖范围过窄或过宽。

示例：艾滋病有三个传播途径：血液传播，性传播和母婴传播，日常接触是不会传播艾滋病的。（误）

艾滋病有三个传播途径：血液传播，性传播和母婴传播。日常接触是不会传播艾滋病的。（正）

A.6.3　冒号应用在有停顿处，无停顿处不应用冒号。

示例1：他头也不抬，冷冷地问："你叫什么名字？"（有停顿）

示例2：这事你得拿主意，光说"不知道"怎么行？（无停顿）

### A.7　引号用法补充规则

"丛刊""文库""系列""书系"等作为系列著作的选题名，宜用引号标引。当"丛刊"等为选题名的一部分时，放在引号之内，反之则放在引号之外。

示例1："汉译世界学术名著丛书"

示例2："中国哲学典籍文库"

示例3："20世纪心理学通览"丛书

### A.8　括号用法补充规则

括号可分为句内括号和句外括号。句内括号用于注释句子里的某些词语，即本身就是句子的一部分，应紧跟在被注释的词语之后。句外括号则用于注释句子、句群或段落，即本身结构独立，不属于前面的句子、句群或段落，应位于所注释语段的句末点号之后。

示例：标点符号是辅助文字记录语言的符号，是书面语的有机组成部分，用来表示语句的停顿、语气以及标示某些成分（主要是词语）的特定性质和作用。（数学符号、货币符号、校勘符号等特殊领域的专门符号不属于标点符号。）

### A.9　省略号用法补充规则

A.9.1　不能用多于两个省略号（多于12点）连在一起表示省略。省略号须与多点连续的连珠号相区别（后者主要是用于表示目录中标题和页码对应和连接的专门符号）。

A.9.2　省略号和"等""等等""什么的"等词语不能同时使用。在需要读出来的地方用"等""等等""什么的"等词语，不用省略号。

示例：含有铁质的食物有猪肝、大豆、油菜、菠菜……等。（误）

　　　含有铁质的食物有猪肝、大豆、油菜、菠菜等。（正）

### A.10　着重号用法补充规则

不应使用文字下加直线或波浪线等形式表示着重。文字下加直线为专名号形式（4.16）；文字下加浪纹线是特殊书名号（A.13.6）。着重号的形式统一为相应项目下加小圆点。

示例：下面对本文的理解，不正确的一项是（误）

　　　下面对本文的理解，不正确的一项是（正）
　　　　　　　　　　　·　··

### A.11　连接号用法补充规则

浪纹线连接号用于标示数值范围时，在不引起歧义的情况下，前一数值附加符号或计量单位可省略。

示例：5公斤～100公斤（正）

　　　5～100公斤（正）

### A.12　间隔号用法补充规则

当并列短语构成的标题中已用间隔号隔开时，不应再用"和"类连词。

示例：《水星·火星和金星》（误）

　　　《水星·火星·金星》（正）

A.13　书名号用法补充规则

A.13.1　不能视为作品的课程、课题、奖品奖状、商标、证照、组织机构、会议、活动等名称，不应用书名号。下面均为书名号误用的示例：

示例1：下学期本中心将开设《现代企业财务管理》《市场营销》两门课。

示例2：明天将召开《关于"两保两挂"的多视觉理论思考》课题立项会。

示例3：本市将向70岁以上（含70岁）老年人颁发《敬老证》。

示例4：本校共获得《最佳印象》《自我审美》《卡拉OK》等六个奖杯。

示例5：《闪光》牌电池经久耐用。

示例6：《文史杂志社》编辑力量比较雄厚。

示例7：本市将召开《全国食用天然色素应用研讨会》。

示例8：本报将于今年暑假举行《墨宝杯》书法大赛。

A.13.2　有的名称应根据指称意义的不同确定是否用书名号。如文艺晚会指一项活动时，不用书名号；而特指一种节目名称时，可用书名号。再如展览作为一种文化传播的组织形式时，不用书名号；特定情况下将某项展览作为一种创作的作品时，可用书名号。

示例1：2008年重阳联欢晚会受到观众的称赞和好评。

示例2：本台将重播《2008年重阳联欢晚会》。

示例3："雪域明珠——中国西藏文化展"今天隆重开幕。

示例4：《大地飞歌艺术展》是一部大型现代艺术作品。

A.13.3　书名后面表示该作品所属类别的普通名词不标在书名号内。

示例：《我们》杂志

A.13.4　书名有时带有括注。如果括注是书名、篇名等的一部分，应放在书名号之内，反之则应放在书名号之外。

示例1：《琵琶行（并序）》

示例2：《中华人民共和国民事诉讼法（试行）》

示例3：《新政治协商会议筹备会组织条例（草案）》

示例4：《百科知识》（彩图本）

示例5：《人民日报》（海外版）

A.13.5　书名、篇名末尾如有叹号或问号，应放在书名号之内。

示例1：《日记何罪！》

示例2：《如何做到同工又同酬？》

A.13.6　在古籍或某些文史类著作中，为与专名号配合，书名号也可改用浪线式"﹏"，标注在书名下方。这可以看作是特殊的专名号或特殊的书名号。

A.14　分隔号用法补充规则

分隔号又称正斜线号，须与反斜线号"\"相区别（后者主要是用于编写计算机程序的专门符号）。使用分隔号时，紧贴着分隔号的前后通常不用点号。

## 附录 B（资料性附录）

## 标点符号若干用法的说明

### B.1 易混标点符号用法比较

#### B.1.1 逗号、顿号表示并列词语之间停顿的区别

逗号和顿号都表示停顿，但逗号表示的停顿长，顿号表示的停顿短。并列词语之间的停顿一般用顿号，但当并列词语较长或其后有语气词时，为了表示稍长一点的停顿，也可以用逗号。

示例1：我喜欢吃的水果有苹果、桃子、香蕉和菠萝。

示例2：我们需要了解全局和局部的统一，必然和偶然的统一，本质和现象的统一。

示例3：看游记最难弄清位置和方向，前啊，后啊，左啊，右啊，看了半天，还是不明白。

#### B.1.2 逗号、顿号在表列举省略的"等""等等"之类词语前的使用

并列成分之间用顿号，末尾的并列成分之后用"等""等等"之类词语时，"等"类词前不用顿号或其他点号；并列成分之间用逗号，末尾的并列成分之后用"等"类词时，"等"类词前应用逗号。

示例1：现代生物学、物理学、化学、数学等基础科学的发展，带动了医学科学的进步。

示例2：写文章前要想好：文章的主题是什么，用哪些材料，哪些详写，哪些略写，等等。

#### B.1.3 逗号、分号表示分句之间停顿的区别

当复句的表达不复杂、层次不多，相连的分句语气比较紧凑、分句内部也没有使用逗号表示停顿时，分句间的停顿多用逗号。当用逗号不易分清多重复句内部的层次（如分句内部已有逗号），而用句号又可能割裂前后关系的地方，应用分号表示停顿。

示例1：她拿起钥匙，开了箱子上的锁，又开了首饰盒上的锁，往老地方放钱。

示例2：纵比，即以一事物的各个发展阶段作比；横比，则以此事物与彼事物相比。

#### B.1.4 顿号、逗号、分号在标示层次关系时的区别

句内点号中，顿号表示的停顿最短、层次最低，通常只能表示并列词语之间的停顿；分号表示的停顿最长、层次最高，可以用来表示复句的第一层分句之间的停顿；逗号介于两者之间，既可表示并列词语之间的停顿，也可表示复句中分句之间的停顿。若分句内部已用逗号，分句之间就应用分号（见B.1.3示例2）。用分号隔开的几个并列分句不能由逗号统领或总结。

示例1：有的学会烤烟，自己做挺讲究的纸烟和雪茄；有的学会蔬菜加工，做的番茄酱能吃到冬天；有的学会蔬菜腌渍、窖藏，使秋菜接上春菜。

示例2：动物吃植物的方式多种多样，有的是把整个植物吃掉，如原生动物；有的是把植物的大部分吃掉，如鼠类；有的是吃掉植物的要害部位，如鸟类吃掉植物的嫩芽。（误）。

动物吃植物的方式多种多样：有的是把整个植物吃掉，如原生动物；有的是把植物的大部分吃掉，如鼠类；有的是吃掉植物的要害部位，如鸟类吃掉植物的嫩芽。（正）。

#### B.1.5 冒号、逗号用于"说""道"之类词语后的区别

位于引文之前的"说""道"后用冒号。位于引文之后的"说""道"分两种情况：处于句末时，其后用句号；"说""道"后还有其他成分时，其后用逗号。插在话语中间的"说""道"类词语后只能用逗号表示停顿。

示例1：他说："晚上就来家里吃饭吧。"

示例2："我真的很期待。"他说。

示例3："我有件事忘了说……"他说，表情有点为难。

示例4："现在请皇上脱下衣服，"两个骗子说，"好让我们为您换上新衣。"

B.1.6　不同点号表示停顿长短的排序

各种点号都表示说话时的停顿。句号、问号、叹号都表示句子完结，停顿最长。分号用于复句的分句之间，停顿长度介于句末点号和逗号之间，而短于冒号。逗号表示一句话中间的停顿，又短于分号。顿号用于并列词语之间，停顿最短。通常情况下，各种点号表示的停顿由长到短为：句号＝问号＝叹号＞冒号（指涵盖范围为一句话的冒号）＞分号＞逗号＞顿号。

B.1.7　破折号与括号表示注释或补充说明时的区别

破折号用于表示比较重要的解释说明，这种补充是正文的一部分，可与前后文连读；而括号表示比较一般的解释说明，只是注释而非正文，不可与前后文连读。

示例1：在今年——农历虎年，必须取得比去年更大的成绩。

示例2：哈雷在牛顿思想的启发下，终于认出了他所关注的彗星（该星后人称为哈雷彗星）。

B.1.8　书名号、引号在"题为……""以……为题"格式中的使用

"题为……""以……为题"中的"题"，如果是诗文、图书、报告或其他作品可作为篇名、书名看待时，可用书名号；如果是写作、科研、辩论、谈话的主题，非特定作品的标题，应用引号。即"题为……""以……为题"中的"题"应根据其类别分别按书名号和引号的用法处理。

示例1：有篇题为《柳宗元的诗》的文章，全文才2 000字，引文不实却达11处之多。

示例2：今天一个以"地球·人口·资源·环境"为题的大型宣传活动在此间举行。

示例3：《我的老师》写于1956年9月，是作者应《教师报》之约而写的。

示例4："我的老师"这类题目，同学们也许都写过。

B.2　两个标点符号连用的说明

B.2.1　行文中表示引用的引号内外的标点用法

当引文完整且独立使用，或虽不独立使用但带有问号或叹号时，引号内句末点号应保留。除此之外，引号内不用句末点号。当引文处于句子停顿处（包括句子末尾）且引号内未使用点号时，引号外应使用点号；当引文位于非停顿处或者引号内已使用句末点号时，引号外不用点号。

示例1："沉舟侧畔千帆过，病树前头万木春。"他最喜欢这两句诗。

示例2：书价上涨令许多读者难以接受，有些人甚至发出"还买得起书吗？"的疑问。

示例3：他以"条件还不成熟，准备还不充分"为由，否决了我们的提议。

示例4：你这样"明日复明日"地要拖到什么时候？

示例5：司马迁为了完成《史记》的写作，使之"藏之名山"，忍受了人间最大的侮辱。

示例6：在施工中要始终坚持"把质量当生命"。

示例7："言之无文，行而不远"这句话，说明了文采的重要。

示例8：俗话说："墙头一根草，风吹两边倒。"用这句话来形容此辈再恰当不过。

B.2.2　行文中括号内外的标点用法

括号内行文末尾需要时可用问号、叹号和省略号。除此之外，句内括号行文末尾通常不用标点符号。句外括号行文末尾是否用句号由括号内的语段结构决定：若语段较长、内容复杂，应用句号。句内括号外是否用点号取决于括号所处位置：若句内括号处于句子停顿处，应用点号。句外括号外通常不用点号。

示例1：如果不采取（但应如何采取呢？）十分具体的控制措施，事态将进一步扩大。

示例2：3分钟过去了（仅仅才3分钟！），从眼前穿梭而过的出租车竟达32辆！

示例3：她介绍时用了一连串比喻（有的状如树枝，有的貌似星海……），非常形象。

示例4：科技协作合同（包括科研、试制、成果推广等）根据上级主管部门或有关部门的计划签订。

示例5：应把夏朝看作原始公社向奴隶制国家过渡时期。（龙山文化遗址里，也有俯身葬。俯身者很可能就是奴隶。）

示例6：问：你对你不喜欢的上司是什么态度？
　　　　答：感情上疏远，组织上服从。（掌声，笑声）

示例7：古汉语（特别是上古汉语），对于我来说，有着常人无法想象的吸引力。

示例8：由于这种推断尚未经过实践的考验，我们只能把它作为假设（或假说）提出来。

示例9：人际交往过程就是使用语词传达意义的过程。（严格说，这里的"语词"应为语词指号。）

### B.2.3　破折号前后的标点用法

破折号之前通常不用点号；但根据句子结构和行文需要，有时也可分别使用句内点号或句末点号。破折号之后通常不会紧跟着使用其他点号；但当破折号表示语音的停顿或延长时，根据语气表达的需要，其后可紧接问号或叹号。

示例1：小妹说："我现在工作得挺好，老板对我不错，工资也挺高。——我能抽支烟吗？"（表示话题的转折）

示例2：我不是自然主义者，我主张文学高于现实，能够稍稍居高临下地去看现实，因为文学的任务不仅在于反映现实。光描写现存的事物还不够，还必须记住我们所希望的和可能产生的事物。必须使现象典型化。应该把微小而有代表性的事物写成重大的和典型的事物。——这就是文学的任务。（表示对前几句话的总结）

示例3："是他——？"石一川简直不敢相信自己的耳朵。

示例4："我终于考上大学啦！我终于考上啦——！"金石开兴奋得快要晕过去了。

### B.2.4　省略号前后的标点用法

省略号之前通常不用点号。以下两种情况例外：省略号前的句子表示强烈语气、句末使用问号或叹号时；省略号前不用点号就无法标示停顿或表明结构关系时。省略号之后通常也不用点号，但当句末表达强烈的语气或感情时，可在省略号后用问号或叹号；当省略号后还有别的话、省略的文字和后面的话不连续且有停顿时，应在省略号后用点号；当表示特定格式的成分虚缺时，省略号后可用点号。

示例1：想起这些，我就觉得一辈子都对不起你。你对梁家的好，我感激不尽！……

示例2：他进来了，……一身军装，一张朴实的脸，站在我们面前显得很高大，很年轻。

示例3：这，这是……？

示例4：动物界的规矩比人类还多，野骆驼、野猪、黄羊……，直至塔里木兔、跳鼠，都是各行其路，决不混淆。

示例5：大火被渐渐扑灭，但一片片油污又旋即出现在遇难船旁……。清污船迅速赶来，并施放围栏以控制油污。

示例6：如果……，那么……。

### B.3　序次语之后的标点用法

B.3.1　"第""其"字头序次语，或"首先""其次""最后"等做序次语时，后用逗号（见4.4.3.3）。

B.3.2　不带括号的汉字数字或"天干地支"做序次语时，后用顿号（见4.5.3.2）。

B.3.3　不带括号的阿拉伯数字、拉丁字母或罗马数字做序次语时，后面用下脚点（该符号属于外文的标点符号）。

示例1：总之，语言的社会功能有三点：1. 传递信息，交流思想；2. 确定关系，调节关系；3. 组织生活，组织生产。

示例2：本课一共讲解三个要点：A. 生理停顿；B. 逻辑停顿；C. 语法停顿。

B.3.4 加括号的序次语后面不用任何点号。

示例1：受教育者应履行以下义务：（一）遵守法律、法规；（二）努力学习，完成规定的学习任务；（三）遵守所在学校或其他教育机构的制度。

示例2：科学家很重视下面几种才能：（1）想象力；（2）直觉的理解力；（3）数学能力。

B.3.5 阿拉伯数字与下脚点结合表示章节关系的序次语末尾不用任何点号。

示例：3 停顿

  3.1 生理停顿

  3.2 逻辑停顿

B.3.6 用于章节、条款的序次语后宜用空格表示停顿。

示例：第一课　春天来了

B.3.7 序次简单、叙述性较强的序次语后不用标点符号。

示例：语言的社会功能共有三点：一是传递信息；二是确定关系；三是组织生活。

B.3.8 同类数字形式的序次语，带括号的通常位于不带括号的下一层。通常第一层是带有顿号的汉字数字；第二层是带括号的汉字数字；第三层是带下脚点的阿拉伯数字；第四层是带括号的阿拉伯数字；再往下可以是带圈的阿拉伯数字或小写拉丁字母。一般可根据文章特点选择从某一层序次语开始行文，选定之后应顺着序次语的层次向下行文，但使用层次较低的序次语之后不宜反过来再使用层次更高的序次语。

示例：一、……

  （一）……

    1.……

      （1）……

        ①/a.……

## B.4 文章标题的标点用法

文章标题的末尾通常不用标点符号，但有时根据需要可用问号、叹号或省略号。

示例1：看看电脑会有多聪明，让它下盘围棋吧

示例2：猛龙过江：本店特色名菜

示例3：严防"电脑黄毒"危害少年

示例4：回家的感觉真好

          ——访大赛归来的本市运动员

示例5：里海是湖，还是海？

示例6：人体也是污染源！

示例7：和平协议签署之后……